인구 대역전

인플레이션이 온다

인구 대역전
The Great Demographic Reversal

찰스 굿하트·마노즈 프라단 지음 | 백우진 옮김

생각의힘

서문

이 책에서 우리는 인구변동과 세계화가 금융과 실물경제의 장기 추세에 미친 영향에 초점을 맞춘다. 그 추세는 대개 서서히 움직이고, 국가 단위가 아닌 세계적인 범위에서 작동한다. 그러나 거시경제 분석은 대부분 경기순환에 초점을 맞추고 국가 단위에서 이루어지기에 인구변동과 세계화 변수는 대체로 간과되곤 한다.

여기서 우리는 장기적으로 경제에 영향을 줄 기후 변화와 기술 발전과 같은 다른 많은 문제들을 포괄하여 논의하지는 않는다. 우리보다 더 전문성을 갖춘 많은 분이 이미 그런 주제를 연구하고 있기 때문이다. 또한 세상에는 '우리가 알지 못하는 미지'가 존재하고, 그런 변수가 앞으로 우리의 삶에 더 큰 영향을 줄 것이다.

우리의 핵심 주장은 인구변동과 세계화라는 두 변수가 지난 30년 간 디플레이션 경향에 영향을 주었지만 앞으로 30년 정도는 두 추세가 역전하며 세계 주요 경제에 다시 인플레이션 압력이 가해지리라는 것이다. 이에 대해 우리가 가장 자주 받아온 질문은 "정확히 언제 디플레이션이 인플레이션으로 바뀐다고 보느냐"는 것이다. 2019년에 이

책을 집필하는 동안에는 "앞으로 약 5년 이내에는 그 시기를 가늠하지 못한다"고 대답할 수밖에 없었다.

물론 당시는 코로나19 팬데믹이 닥치기 전이었다. 코로나 팬데믹이 바로 '우리가 알지 못하는 미지'에 해당한다. 코로나는 우리가 상정하는 추세를 가속화할 것이다. 중국은 내수에 더욱 치중하게 되면서 더 이상 세계 경제에 디플레이션 효과를 주지 못하게 된다. 그 결과 인플레이션이 우리가 이 책을 집필하던 때에 예상한 것보다 더 이른 시기에 더 빨리 진행될 것이다. 코로나 변수가 우리 주제에 중요하다는 점에 동의한 출판사는 친절하게도 짧은 후기를 추가하도록 배려해 주었다.

이 책은 일차적으로 실증에 기반을 두었고, 여러 연구자의 도움이 없었다면 완성될 수 없었다. 우선 패트릭 드로지Patryk Drozdzik와 보 탕Bo Tang은 데이터와 통찰을 제공했다. 마리나 에먼드Marina Emond는 원고를 준비하고 구성하는 데 도움을 주었다. 우리는 이분들의 지치지 않는 열정에 큰 신세를 졌다. 이 주제의 초기 작업에는 프라티얀차 파르데시Pratyancha Pardeshi로부터 도움을 받았고, 그에 대해 감사를 표한다.

실증 데이터는 이론에 의해 서사narratives로 전환되어야 한다. 그래야 많은 이들을 이해시킬 수 있고 설득력도 커진다. 이런 측면에서는 우리는 여러 선행 연구자들에게 신세를 졌다. 빌 필립스Bill Phillips는 실업과 임금 상승의 관계를 주창했다. 브랑코 밀라노비치Branko Milanovic는 불평등에 대해 유의미한 연구를 수행했다. 캐롤 재거Carol Jagger는 의존이나 치매와 관련해 우리가 범한 실수를 교정해 주었다. 또한 재거와 공저자들은 '고령화와 간병 시뮬레이션 모형PACSim'을 활용한 연구 데이터를 우리가 활용할 수 있도록 허락해 주었다. 카밀라 카벤디시Camilla Cavendish는 4장의 길잡이 역할을 해 주었다. 크리스 린치Chris Lynch와 국제알츠하이머협회는 세계알츠하이머 보고서의 표 여럿을 활용하도록 허용했다. 글로벌 CEO 이니셔티브가 개최한 콘퍼런스에서 얻은 알츠하이머에 대한 통찰은 큰 도움이 되었다. 우리는 조지 브란덴부르그George Vradenburg와 드류 홀자펠Drew Holzapfel, 나탈리아 셸비Natalia Shelvey에게 고마움을 표한다. 마이클 데브뢰Michael Devereux와 공저자들에게 논문의 핵심 요약문을 전재하도록 허용해 준 데 대해 감사드린다. 데브뢰는 초고에 도움이 되는 코멘트도 제공했다. 베누아 모존Benoit Mojon과 재비에 라고Xavier Ragot는 노동참여율 데이터에 도움을 주었다.

아울러 우리는 다음 기관들에 감사한다.

- 영국은행은 G. 구티에레스G. Gutiérrez와 S. 피톤S. Piton(2019)의 그림과 2019년 금융안정보고서의 그림을 활용하도록 허용했다.
- 세인트루이스 연방은행은 R. 에르난데스-무릴로R. Hernández-Murillo 등(2011)의 그림을 인용하도록 허용했다.
- 테일러 & 프란시스Taylor & Francis Group는 G. 민G. Meen(2005)의 그림을 쓰도록 허용했다.
- 런던 은행·금융연구소는 L. 메이휴L. Mayhew의 2019년 〈파이낸셜 월드Financial World〉 논문의 일부 문단을 인용하도록 허용했다.
- 스페인은행은 Y. 악소이Y. Aksoy 등(2015)의 표 하나를 쓰도록 허락했다.
- 라이츠링크Rightslink는 M. 하이세M. Heise(2019)의 표 하나를 재인쇄하도록 허용했다.
- 브루킹스 연구소는 L. 라헬L. Rachel과 L. H. 서머스L. H.

Summers(2019)의 도표 하나를 공유하도록 허용했다.

- 마켓플레이스 카피라이트는 W. 그보호우이W. Gbohoui 등(2019)의 일부 문단과 그림을 재인쇄하도록 허락했다.
- 미국경제학회American Economic Association는 D. H. 오토D. H. Autor(2019)의 그림 둘을 활용할 수 있게 해 주었다.
- 스태티스타Statista는 그림 하나를 재인쇄하도록 허용했다.
- 하이페이센터The High Pay Centre는 그림 하나를 활용하도록 해 주었다.

특별히 감사를 드릴 다른 분들이 있다. 신현송 프린스턴대 교수는 우리가 이 책을 집필하도록 격려해 주었다. 우리는 황해주黃海洲 상하이고급금융학원SAIF 교수에게 특히 감사한다. 황 교수는 우리 원고 전체를 세심하게 읽고, 중국 부분 원고를 크게 개선해 주었다. 우리는 이토 다카토시伊藤 隆敏 콜롬비아대 교수에게 감사를 표한다. 이토 교수는 일본 부분에 도움을 주었다. 우리는 펠그레이브 맥밀란 출판사의 편집자인 툴라 바이스Tula Weis와 라헬 생스터Rachel Sangster, 루시 키드웰Lucy Kidwell, 아자루딘 아흐메드 셰리프Azarudeen Ahamed Sheriff와 함께 작업하는 행운을 누렸다.

무엇보다 우리는 우리 각자의 가정에 가장 큰 빚을 졌다. 우리는 어느 때보다 가정에 소홀했지만 여전히 용서를 받았다.

영국 런던에서
찰스 굿하트
마노즈 프라단

차
례

서문   5

1장   들어가며   11

2장   중국, 역사적 동원이 끝나다   43

3장   인구변동의 대역전과 성장에 드리운 그림자   75

4장   의존과 치매, 다가오는 간병의 위기   93

5장   인플레이션의 부활   117

6장   대역전 시기의 금리 결정   143

7장   불평등과 포퓰리즘의 부상   163

8장   필립스 곡선   185

9장   일본에서는 왜 인플레이션이 발생하지 않았나   205

10장   무엇이 세계적 고령화를 상쇄하는가   235

11장   우리는 부채 함정을 피할 수 있을까   257

12장   주식을 통한 자금조달   281

13장   향후의 정책적 문제   297

14장   주류를 거스르기   317

후기   코로나 바이러스 이후의 불완전한 미래   333

주   341
참고문헌   347
찾아보기   367

일러두기

1. 이 책의 원제는 《인구구조의 대역전The Great Demographic Reversal》이며, 한국어판 제목은
《인구 대역전》이다.
2. 단행본은 겹화살괄호(《》)로, 신문, 잡지, 논문 등은 홑화살괄호(〈〉)로 표기했다.
3. 인명 등 외래어는 외래어 표기법을 따랐으나, 일부는 관례와 원어 발음을 존중해 그에 따
랐다.
4. 저자 주는 번호를 달아 미주로 처리하고, 옮긴이 주는 본문에서 괄호로 적고 표기하였다.

1장

들어가며

중국의 부상과 인구변동이 만든 '스위트 스폿'(공을 가장 잘 날아가게 하는 클럽·라켓·배트 등의 최적 지점으로, 여기에서는 경제변수의 최적 조합을 지칭한다 – 옮긴이)이 지난 30년 동안 인플레이션과 금리, 불평등의 경로를 규정해 왔다. 그러나 미래는 과거와 전혀 다를 것이다. 우리는 굴절의 시점에 있다. 스위트 스폿이 약해지면서 인구변동이 초래해 온 수십 년의 추세가 극적으로 역전될 참이다.

우리가 내놓는 결론 중 다수는 논쟁적이다. 어떤 금융시장도 그리고 어떤 정책 담당자도 인플레이션과 임금의 큰 폭 상승 또는 명목금리의 상승에 대비하지 않고 있다. 우리의 예측 중에는 듣기 좋은 소식도 있다. 생산성이 향상되어 노동이 국가 생산의 더 큰 몫을 차지할 것이며, 그토록 심각한 사회·정치적 격변을 야기한 불평등이 완화되리라는 것이다.

우리가 맞든 틀리든 '인구변동의 대역전'이 주는 영향은 금융과 보건, 연금 시스템, 통화·재정정책으로 확산될 것이다.

단언컨대 미래는 과거와는 완전히 다를 것이다.

인구변동과 중국, 세계화라는 힘이
어떻게 최근 수십 년 동안 글로벌 경제를 규정하였나

중국의 부상

　1990년부터 2018년까지 세계 경제에서 가장 중요한 사건은 중국의 부상과 세계 무역 체제로의 통합이었다. 덩샤오핑 중국 주석은 처참히 실패한 마오쩌둥의 정책들을 1980년대 들어 뒤집었다. 그는 '중국 특색의 사회주의'라는 슬로건 아래 사회주의 이념에 실용적인 시장 경제를 결합했다. 이는 결국 중국의 2001년 세계무역기구WTO 가입으로 귀결되었다. 중국이 세계 제조업 복합체에 통합되었다는 변화만으로도 제품 생산에 투입이 가능한 노동의 공급이 두 배 이상으로 증가했다. 이는 우리가 이 책의 본론을 중국으로 시작하는 이유이다.

　중국의 생산가능인구(15~64세) 증가는 유럽과 미국을 압도했다. 1990년부터 2017년까지 중국의 생산가능인구는 2억 4,000만 명이 늘었고, 유럽과 미국에서는 6,000만 명이 증가했다. 생산가능인구의 노동시장 참여도 중국이 두 선진 지역을 크게 앞섰다. 중국에서는 농촌에서 도시로 대대적인 이주가 이루어졌고, 2000년부터 2017년 사이에 도시 인구가 3억 7,000만 명이 증가하며 그 비중이 23%p 높아졌다. 반면 미국에서는 같은 시기 경제활동인구(생산가능인구 중 취업자와 취업할 의사가 있는 실업자 – 옮긴이)의 노동참여율(생산가능인구 중 경제활동인구의 비중으로 경제활동참가율을 의미 – 옮긴이)이 4%p 하락했다. 이 비율이 이전 수준에서 꾸준히 유지되었다면 코로나19 팬데믹 이전의 실업률이 더 높았을 것이다.

동유럽의 재통합

세계 유효 노동 공급을 증가시킨 다른 요인도 있었다. 1989년 베를린 장벽 붕괴에 이은 소련의 해체였다. 그 결과 발트해 연안 국가들부터 폴란드를 거쳐 불가리아에 이르기까지 동유럽 전체가 세계 무역 체제에 통합되었다. 동유럽의 경제활동인구는 2000년 2억 940만 명에 이르렀고, 2010년 2억 970만 명으로 조금 늘었다. 2020년에는 1억 9,390만 명으로 예측된다.

이 같은 정치·경제적 전개, 즉 세계 무역 체제에서 중국의 부상과 동유럽의 복귀는 투입 가능한 노동력에 엄청나게 긍정적인 공급 충격을 제공했다. 당시는 경제 자유주의가 일반적으로 받아들여지며 국제 무역의 장벽이 낮아지는 추세였고, 새롭게 공급된 노동력을 활용할 기회가 강화되었다. 이는 1986년 개시된 우루과이라운드에서 2001년 시작된 도하개발어젠다에 이르는 일련의 무역 협상을 통해 구체화되었다. 그 결과 세계화가 거세게 진전되어, 세계 교역량은 1990년부터 2017년까지 연평균 5.6% 증가했다. 이는 같은 시기 세계 국내총생산 GDP 증가율 2.8%에 비해 가파른 증가세였다. 그리고 2004년 세계 제조업 생산량에서 중국이 차지한 비중은 8.7%였다가 2017년에 이르러 26.6%가 되었다.

중국과 동유럽의 통합이 투입 가능한 노동력을 극적으로 증가시킨 유일한 요인은 아니었다. 세계 노동 공급은 다른 두 가지 인구변동 특성으로 더욱 증가했다. 그 두 가지는 모두 선진경제의 내부적인 것이었다.

선진경제의 우호적인 인구변동

두 가지 인구변동 특성 중 첫째는 이 시기에 부양인구비dependency ratio가 낮아졌다는 것이다. 부양인구비는 비생산가능인구(유소년 및 노년층)의 생산가능인구 대비 비율을 가리킨다. 둘째는 유급 일자리를 얻은 생산가능인구 중 여성의 비율이 상승했다는 점이다.

부양인구비가 개선된 것은 제2차 세계대전 종전 후 출산율이 급등했다가 1950년대와 그 이후에 급하게 낮아졌기 때문이다. 그에 비해 기대수명은 출산율이 하락한 이후에 장기에 걸쳐 늘어났다. 전후에 태어나 1960년대 말에 노동시장에 진입하기 시작했고 2010년대에서야 은퇴하기 시작한 세대는 인구동학에서 중요한 역할을 수행했다. 즉, 1970년부터 2010년까지는 노동 인구가 부양해야 하는 유소년 인구의 감소가 노년 인구의 증가보다 많았다(표 1-1). 동시에 일하는(구

표 1-1 유소년과 은퇴자의 전체 인구 대비 비율(%)

	미국	영국	독일	일본	중국
유소년 비율					
1970	28	24	23	24	40
2010	20	17	14	13	19
1970~2010년 사이 변화(%p)	−8	−7	−9	−11	−21
2010	20	17	14	13	19
2019	19	18	14	13	18
2010~2019년 사이 변화(%p)	−1	1	0	0	−1
은퇴자 비율					
1970	10	13	24	7	4
2010	13	17	21	22	8
1970~2010년 사이 변화(%p)	3	4	−3	15	4
2010	13	17	21	22	8
2019	16	19	22	28	11
2010~2019년 사이 변화(%p)	3	2	1	6	3

자료: UN 인구통계

표 1-2 여성의 경제활동참가율(%)

	미국	영국	독일	프랑스	일본
1970	43.3	44.6	38.4	39.0	49.2
1990	57.5	53.9	43.1	46.8	49.3
2010	59.7	56.8	52.4	51.0	48.1
1970~2010년 사이 변화(%p)	16.4	12.2	14.0	12.0	-1.1

* 원문에는 1990년부터의 데이터만 제공되고 있어, 1970년의 데이터를 추가했다 – 옮긴이
자료: 세계은행, 미국 연방준비제도

직 중인 경우도 포함하여) 여성들의 비율이 높아졌다(표 1-2).

중국과 동유럽의 세계 무역 체제로의 재통합이라는 두 가지 요인
에 베이비 붐 세대의 노동시장 진입과 부양인구비 개선, 여성 고용 증
가는 사상 최대의 긍정적인 노동 공급 충격을 주었다. 세계 경제의 유
효 노동 공급은 1991년부터 2018년까지 27년간 2배 이상으로 증가했
다(그림 1-1).

경제 효과의 극적인 전개

1990년대 초부터 지금까지 지난 30년은 세계 경제의 특별한 시기
였다(3장). 노동 공급이 그처럼 대규모로 늘어나면 노동의 협상력이
약해질 수밖에 없다. 그에 따라 비숙련 노동자의 실질임금이 감소했
다. 아울러 준숙련 노동자의 상대적인 경제적 보상도 자본과 이윤, 경
영진, 숙련 노동자에 비해 악화되었다. 이 같은 괴리는 선진국에서 더
욱 두드러졌다.

노동자의 협상력이 약해진 결과이자 추가로 협상력을 약화시킨
요인은 민간 부문의 노조 가입자가 꾸준히 감소했다는 사실이다. 이
현상은 대다수 선진경제에서 공통적으로 나타났다. 그림 1-2는 주요

그림 1-1 나이 드는 세계

생산가능인구(위). 연간 생산가능인구의 증가가 둔화되고 있다(아래).

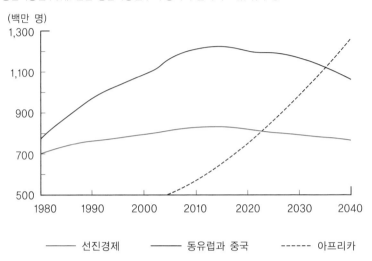

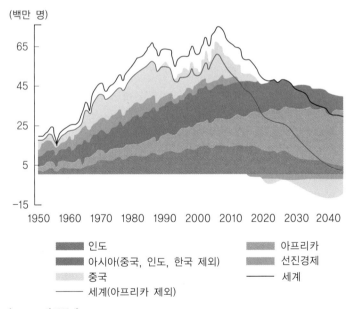

자료: UN 인구통계

그림 1-2 노동조합 가입률 추이

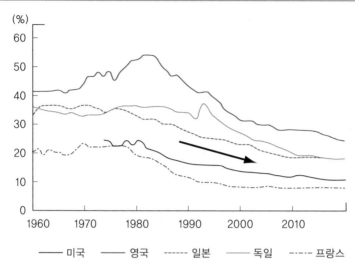

자료: OECD

선진경제의 관련 데이터를 보여 준다.

이를 고려하면 그토록 강하게 유지되어 온 디플레이션의 힘이 놀랍지 않게 된다. 지난 28년 동안 내구성소비재의 가격은 대다수 선진경제에서 꾸준히 하락했다. 이 추세는 근년에는 둔화되었다. 대조적으로 선진경제에서 서비스업 부문의 인플레이션은 1980년에 상당히 급하게 떨어졌다가 1990년대 이후 연간 약 2% 수준에서 안정되었고, 지난 몇 년 동안에는 약간 하락했다. 모리스 옵스트펠드Maurice Obstfeld(2018)는 그림 1-3과 비슷한 그림을 제시한 바 있다.

이처럼 디플레이션 압력이 매우 강했던 탓에 인플레이션은 지난 1990년대 이후 대부분 약 2%로 설정된 중앙은행의 물가안정 목표 수준이나 그보다 아래로 유지되어 왔다. 대규모 팽창적인 통화정책과 재

그림 1–3 선진경제의 인플레이션: 내구성소비재와 서비스

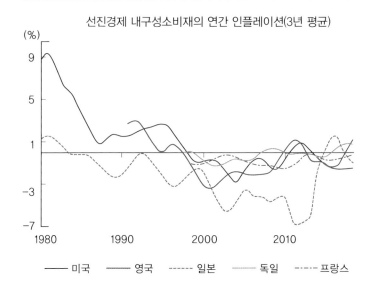

선진경제 내구성소비재의 연간 인플레이션(3년 평균)

──── 미국　──── 영국　------ 일본　──── 독일　---‧--- 프랑스

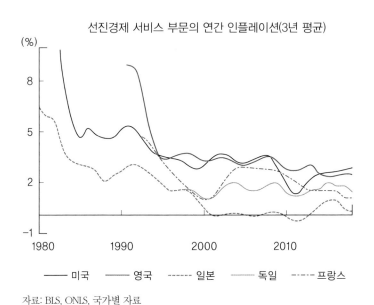

선진경제 서비스 부문의 연간 인플레이션(3년 평균)

──── 미국　──── 영국　------ 일본　──── 독일　---‧--- 프랑스

자료: BLS, ONLS, 국가별 자료

정정책에 따라 일반정부 부채가 평화 시기를 통틀어 가장 줄기차게 대규모로 증가했지만, 세계 경제가 다시 인플레이션으로 되돌아가는 데에는 영향이 거의 없었다.

표 1-3 국내총생산 대비 일반정부 부채의 비율(%)

	1990	2000	2010	2017
미국	62.0	53.1	95.7	105.2
영국	27.2	37.0	75.6	87.5
독일	41.0	58.9	80.9	63.9
프랑스	35.4	58.6	85.1	96.8
일본	64.3	137.9	207.9	237.7
중국	N/A	22.8	33.7	47.0

자료: IMF Global Debt Database

그림 1-4 선진경제의 일반정부 부채 장기 추이(국내총생산 대비 %)

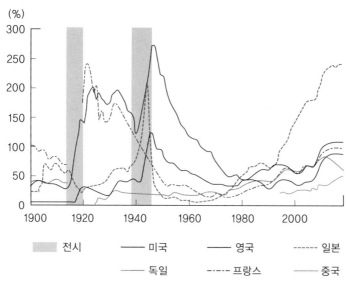

자료: IMF

그림 1-5 10년 만기 장기 국채 수익률

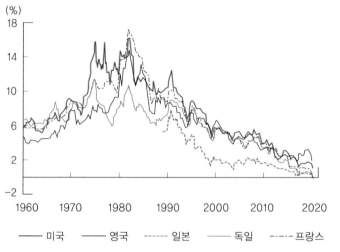

자료: 미국 연방준비제도 데이터베이스

금융도 인구변동의 영향을 크게 받았다. 이자율은 적어도 2017~
2018년까지 꾸준히 낮아지는 추세를 보였다(그림 1-5). 인플레이션이
낮게 유지되면서 현재 인플레이션율로 조정한 실질이자율도 하락했
고, 그에 따라 자산 가격이 올랐다. 2008~2009년 대금융위기 때 멈추
기는 했지만 주가와 주택 가격이 상승해 왔다.

사회적 영향: 승자와 패자, 그리고 불평등

이런 변화에서 체화 자본embodied capital(가족을 통해 문화와 전통을
사회화하는 과정을 거쳐 의식적으로 습득되거나 자연스럽게 물려받는 개인
적인 특성 - 옮긴이)이나 인적 자본을 지닌 선진국 사람들과 중국과 동
유럽의 노동자들이 이득을 얻었다. 그래서 미국 노동자 임금의 중국
노동자 임금 대비 배율과 프랑스 노동자 임금의 폴란드 노동자 임금

대비 배율이 급격하게 하락하였다(표 1-4). 중국인 수가 미국인 수보다 훨씬 더 많기 때문에 국가 간 소득 불평등과 함께 세계 전체의 소득 불평등은 개선되었으나 국가 내 소득 불평등은 악화되었다. 상위 10% 소득의 나머지 90% 소득 대비 비율을 기준으로 측정한 불평등은 대다수 국가에서 악화되었는데, 특히 선진국에서 심화되었다. 이는 7장에서 더 상세하게 다룬다.

소득과 부의 불평등 심화와 저숙련 노동자의 실질임금 증가율 둔

표 1-4 노동자 임금 배율(%)

	미국/중국	프랑스/폴란드
2000	34.6	3.9
2001	30.6	3.3
2002	27.4	3.5
2003	25.0	4.0
2004	22.9	4.2
2005	20.4	3.8
2006	18.1	3.7
2007	15.2	3.5
2008	12.2	3.0
2009	10.8	3.7
2010	9.7	3.3
2011	8.4	3.3
2012	7.5	3.4
2013	6.7	3.4
2014	6.3	3.3
2015	6.0	3.4
2016	5.9	3.4
2017	5.6	3.2
2018	5.1	2.9

자료: 국가별 데이터

화에 따라 선진국의 유권자들이 정치 제도에 대한 신뢰를 잃어버린 데다 엘리트들이 자기들에 대한 관심을 끊었다고 믿는 사람들의 비율이 높아졌다. 제2차 세계대전 이후 최초로 선진경제의 많은 사람, 아마도 대다수가 자신들이나 자녀들의 경제적 후생이 향후 수십 년 동안 나아질 가능성이 크지 않다고 보게 되었다. 그들은 이런 암울한 전망의 탓을 대체로 세계화와 제조업 생산기지의 외국 이전을 포함한 해외로부터의 경쟁, 자국 내에서 비숙련 일자리를 차지하는 이민자들과의 경쟁, 자신들의 문제에 대응하지 않는 엘리트들의 실패로 돌렸다. 결과는 정치 포퓰리즘의 확산과 경제 자유주의의 위기였다.

2008년 대금융위기 전에는 정치적인 반발이 나타나지 않았는데, 이른바 '대안정기Great Moderation'에 경제적 후생이 전반적으로 향상되며 국가 내 불평등이 상쇄되었기 때문이다. 사실 여러 측면에서 대금융위기 전 15년여는 전반적인 경제적 번영을 이룬 성공적인 시기였다. 성장률은 꾸준했고 실업률은 낮았고 인플레이션은 안정적이었으며 이전의 어떤 시기보다 많은 사람이 빈곤에서 벗어났다. 영국 중앙은행 총재 머빈 킹Mervyn King이 2003년에 표현한 것처럼 이 시기는 NICE, 즉 인플레이션 없는 지속 성장Non-Inflationary with Continuous Expansion 연도들로 채워졌다. 자연스러운 결과로, 선진국들 내부의 불평등 악화가 드러나지 않았다.

그러나 일단 대금융위기가 닥치자 이 같은 우호적인 상쇄 효과가 사라졌다. 불평등은 대다수 선진경제에서 실질임금의 감소로 인해 악화되었다. 대중은 은행에 대한 구제금융과 팽창적인 통화정책의 자산 가격에 대한 영향을 두고 엘리트들이 자기네 이익을 챙길 뿐 노동자 대다수의 악화되는 상황에는 대응하지 않는다고 여기게 되었다. 대중의 이런 인식은 오해였음에도 확산되었다.

이제 독자들도 중국의 부상과 노동 공급의 대규모 증가라는 충격이 세계에 끼친 영향에 주목하게 되었을 것이다. 그렇다면 그동안의 일반적인 거시경제 분석에서는 왜 여기에 초점을 맞추지 않았을까? 기본적인 이유는 금융시장·거시경제·정책 토론의 대부분이 향후 2년이나 길어도 3년의 전망을 놓고 논의한다는 데 있다. 시기를 상대적으로 짧게 잡는 것이다. 인구변동과 세계화의 영향 같은 근본적인 추세는 너무 느리고 꾸준히 움직이기 때문에 단기 예측과 경기변동 예측의 주요 측면에 영향을 주지 못한다. 드문 예외를 제외하면 그런 근본적인 추세는 단기 충격과 정책 대응에 묻혀 드러나지 않는다.

단기 예측에서의 이 같은 실패는 장기 전망으로도 이어진다. 단기 예측에 큰 영향을 주는 주요 요인들을 장기 전망에도 중요하게 반영하는 반면, 인구변동처럼 서서히 움직이면서 장기 변화를 주도하는 요인은 너무 적게 반영하는 것이다.

지금 대역전이 시작되고 있다

비록 기존 문헌에서는 제대로 분석되지 않았지만, 이런 장기 추세는 우리 경제의 근본적이고 기본적인 여건을 지배한다. 세계화와 인구변동의 충격은 지난 30년 동안 예외적인 디플레이션 추세로 이어졌다. 1970년대부터 2000년까지 수십 년 동안 전후 세대가 노동력의 주력으로 부상했고, 인구변동 추세에 따라 부양인구비가 개선되었다.

그러나 미래는 이런 과거와 같지 않을 것이다. 많은 결정적인 측면에서 과거 추세는 역전될 것이다.

스위트 스폿이 사라지고 있다

앞으로 30년 동안, 1950년대부터 선진경제 여러 곳, 특히 유럽에서 시작된 출산율의 꾸준한 하락이 현재 인구를 유지할 수 있는 수준 아래로 이어지고, 많은 나라에서 노동력 증가율이 큰 폭으로 하락할 것이다. 몇몇 국가에서는 노동자의 절대 숫자가 감소할 것이다. 유럽 대륙의 독일과 이탈리아, 스페인, 폴란드는 물론이고 일본과 중국, 동아시아 국가에서도 노동력이 줄어들 것이다. 한편 유병률 및 사망률 개선에 따른 기대수명 연장으로 65세 이상 은퇴자 숫자가 빠르게 늘어날 것이다. 이 부분은 3장에서 다룬다.

고령자 간병은 경제적 비용을 크게 늘린다

우리는 특히 4장에 의미를 둔다. 4장에서 우리는 기존 연구의 단점을 보완하고자 인구동학의 학제 간 연구를 시도했다. 즉, 고령화의 의료적인 관점을 급격하게 증가하는 간병 의존 상태와 치매의 경제학과 결합했다. 이 장에서는 치매 치료의 의학적 진전과 치매 환자의 진단과 치료, 간병에 드는 비용을 추산한다.

다른 주요 질병과 달리 치매는 수명을 단축하지 않는다. 대신 치매는 환자가 정상적인 생활을 하지 못하게 하고 따라서 많은 자원이 그들을 돌보는 일에 투입되게 한다. 환자를 단기에 사망에 이르게 한 암과 심혈관 질환 치료에서는 주목할 만한 진전이 이루어진 반면, 치매 치료에서는 진척이 거의 일어나지 않았다. 또한 고령자 간병은 로봇공학이나 AI 같은 신기술의 발달로 도움을 받을 수 있는 분야가 아

그림 1-6 치매 인구의 증가

치매 인구가 특히 선진경제 각국에서 빠르게 증가할 것이다.

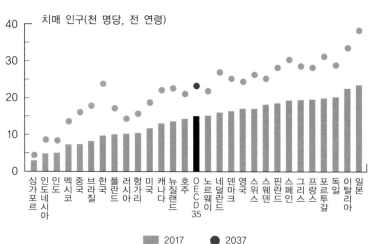

자료: OECD 2017년 보건통계

니다. 물론 이 모든 것은 바뀔 수 있다. 정부가 치매와 같은 정신적 질환에 더 많은 연구 자원을 배분할 것은 분명하다. 과거 추세를 미래에 외삽해 추산할 경우 의료비용과 요양시설, 간병인력 부분이 걱정스럽다. 간병 의존 상태에 있는 인구가 늘어날 경우 재정적으로 미칠 영향은 심각하고 우려할 수준이다(그림 1-6).

둔화되는 세계화

과거 세계화가 진행되던 때에 부양인구비가 낮아졌지만 앞으로 세계화가 둔화되면 고령화 문제를 더욱 크게 만들 것이다. 세계화는 두 갈래의 역풍을 맞아 둔화될 것이다.

첫째, 중국에서 불어오는 역풍이다. 중국에서 새로 유입되는 노동자의 수가 급격하게 감소하고 있는 데다 서부 농촌 지역에서 동부 도시로의 이주도 끝나고 있다(2장). 게다가 다시 기승을 부리는 국가주의가 정치적으로 더 인기를 끌고 있다. 그에 따라 세계화의 외형인 국경 간 재화와 서비스의 흐름과 사람들의 이주, 자본 이동이 점증하는 정치적 위협 아래 놓이게 되었다.

둘째, 제조업의 재화와 일부 서비스는 다른 곳에서 생산되어 소비지로 운송될 수 있는 반면 노인 간병 노동은 이동이 사실상 불가능하다. 선진국은 따라서 점점 더 자국 내 자원에, 특히 감소하는 노동력 자원에 의존할 것이다.

경제적 영향

우리는 먼저 광범위한 경제적 영향을 살펴볼 것이다(3장). 그리고 인플레이션에 미치는 영향(5장)과 실질이자율에 대한 영향(6장), 불평등에 대한 영향(7장)을 논의할 것이다. 4장은 이중의 역할을 하는데, 고령화의 경제적 영향을 설명하면서, 고령화가 인구변동의 대역전에 가하는 충격의 극심함을 보여 주는 것이다.

그렇다면 주요한 경제적 영향은 무엇일까?

첫째, 노동력 증가율의 하락에 따라 필연적으로 실질생산이 감소할 것이다. 생산성이 예기치 않게 그리고 상당히 주목할 정도로 향상되지 않는다면 말이다. 성장률은 회복되리라고 기대할 수 없을 것이고, 회복되더라도 대금융위기 이후 수년간의 실망스러운 낮은 수준보다 높지 않을 것이다(3장).

둘째, 우리가 가장 확신하는 견해는 세계가 디플레이션 편향으로부터 인플레이션 편향으로 점점 더 이동하리라는 것이다. 왜 그런가?

간단히 말하면, 부양인구비 감소는 디플레이션적이다. 왜냐하면 노동자들은 소비하는 것보다 더 생산하는(그렇지 않으면 그들을 고용하는 행위 자체가 수익성이 맞지 않을 것이다) 반면, 피부양자들은 생산하지 않으면서 소비하기 때문이다. 부양인구비가 세계 전역에서 가파르게 상승하면 생산하지 않고 소비하는 (인플레이션적인 - 옮긴이) 피부양자가 디플레이션적인 노동자를 넘어설 것이다. 결과적으로 인플레이션은 필연적이다.

노동 공급이 감소할 경우, 표준적인 경제학에 따르면 노동의 협상력이 증대하고 실질임금과 노동에 대한 상대적인 분배가 다시 증가한다. 이는 해당 국가들의 불평등을 완화시키는 영향을 주는 반면 단위비용 증가로 인해 인플레이션적일 것이다. 여기에 노동자들에 지워진 세금 부담이 증가하면서 노동자들은 원하는 세후 실질임금을 확보하기 위해 임금 수준을 높여 요구할 것이다(세금 부담 증가는 곧 따로 설명한다). 밀튼 프리드먼Milton Friedman(1968)이 제시했고 다른 탁월한 경제학자들도 주장한 것처럼, 노동자들은 화폐 환상에 빠져 있지 않다. 즉, 그들은 미래의 인플레이션을 고려해 원하는 수준의 실질임금을 얻기 위해 협상에 나선다. 노동자들이 인플레이션에 대응하는 것처럼 세금에도 대응할까? 만약 세율이 연금과 의료비용 재원을 마련하기 위해 크게 올라야 한다면, 노동자들은 세후 실질임금을 목표로 협상에 나설까? 우리는 그러리라고 생각한다. 만약 우리의 예상이 정확하다면 그런 움직임은 인플레이션에 추가적인 압력을 가할 것이다.

셋째, 인플레이션을 조정한 실질이자율은 특히 수익률 곡선의 오른쪽인 장기長期로 갈수록 상승할 것이다(6장). 우리가 실질이자율이 상승하리라고 내다보는 근거는 저축과 투자에서 예상되는 행태이다.

고령층이 덜 저축하는 경향에 대해서는 이견이 없다. 실질이자율이 하락하거나 낮게 유지되리라고 믿는 사람들은 줄어든 저축보다 투자가 더 감소하리라고 굳게 믿는다. 그러나 투자는 많은 사람들이 믿는 것보다 더 활발할 것이다. 우리가 그렇게 믿는 데에는 (적어도) 두 가지 이유가 있다. 첫째, 주택에 대한 수요가 상대적으로 꾸준하게 유지될 것이다. 고령층이 자신의 집에 계속 머무는 가운데 신규 가구가 신축 주택 수요를 창출하기 때문이다. 둘째, 기업은 생산성을 향상시키기 위해 자본/노동 비율을 높이는 방식으로 자본에 대해 투자할 것으로 보인다. 결국 우리는 순저축이 순투자보다 더 크게 감소해 실질이자율이 상승하리라고 본다.

마지막으로 우리는 불평등이 완화되리라고 본다(7장). 포퓰리즘의 물결과 국가주의 우익 정당들의 성공이 보여 주는 것처럼, 경제 내 불평등은 심각한 수준으로 악화되었다. 비록 국가 간 불평등은 중국과 아시아의 부상으로 완화되었지만 말이다. 우리는 불평등 심화에 대한 네 가지 설명을 다루고자 한다. 1) 토마 피케티Thomas Piketty가《21세기 자본》(2014)에서 제시하고 다른 연구자들이 주장한 것처럼 불평등 심화에는 피하지 못할 흐름이 있다. 2) 기술적인 변화도 불평등도를 높인다. 3) 경제력 집중과 독점력 강화도 요인이 된다. 4) 세계화와 인구 변동이 넷째 변수이다. 우리는 첫째 설명에 가장 강하게 반대하고, 다른 설명들은 첫째에 비해서는 설득력이 있다고 본다. 불평등 심화에 대한 가장 근본적인 설명은 세계적인 노동 공급 증가이다. 따라서 세계적으로 노동 공급 상황이 역전되면 불평등도가 누그러질 것이다.

이제 더 오래 사는 사람이 더 많아질 것이다. 노령층이 은퇴 후 지출할 재원은 어디에서 올까? 추가로 들어갈 의료비 부담은 차치하자.

이는 6장에서 길게 논의할 내용인데, 대안은 크게 세 갈래가 있다.

첫째, 은퇴 연령이 많이 높아져 미래에는 70대까지 일을 할 수도 있다. 그러나 이후에 서술하듯, 은퇴 연령이 눈에 띄게 높아지는 현상은 나타나지 않았다(다만 여성의 은퇴 연령은 남성의 은퇴 연령에 준해서 높아졌다). 더욱이 일정 연령이 지나면 체력이 떨어져 업무에 적합하지 않게 되는 육체 노동직 종사자가 상당히 많다. 소방수와 경찰, 건설 노동자를 예로 들 수 있다. 이와 반대로 농사는 신체적인 활동이지만 많은 농부가 70대까지도 계속 농사를 짓는다고 반례를 들 수는 있다.

둘째, 노동자들이 저축을 늘려 은퇴 재원을 마련하는 것이다. 이 대안은 정부 연금이 얼마나 후할지에 대한 예상과 노동자의 근시안 여부에 따라 달라진다. 노동자가 25세 때 자신이 (예컨대) 85세까지 살 것을 상정해 노년의 소비 규모에 대비하기는 매우 어렵다. 그러나 어떤 상황에서는 그렇게 할 가능성이 높아진다. 예를 들어 예상되는 연금 수령액이 적을수록, 또 예상되는 은퇴 생활 기간이 길어질수록 개인의 저축률은 더 높아지는 경향이 있을 것이다. 다시 중국이 중요한 사례이다. 복지국가가 존재하지 않고 가족의 젊은 구성원에 대한 의존이 붕괴된(한 자녀 정책의 결과로 조부모 넷 아래 손주가 하나만 있게 되었다) 중국에서는 과거에 개인 저축률이 매우 높았다. 그러나 평생에 걸친 소비 수준의 변화를 완만하게 하기 위해 개인 저축률을 높이는 징후가 서구에서는 상대적으로 거의 보이지 않았다. 기대수명과 은퇴 연령의 차이가 극적으로 벌어졌는데도 서구의 저축률은 높아지지 않은 것이다. 아마도 그 요인은 국가가 노후를 대비해 줄 것이라는 기대이거나 근시안일 듯하다.

저축률에 영향을 주는 한 가지 복합 변수는 많은 선진국에서 자녀를 갖는 연령이 높아졌고, 근년에 들어서는 자녀가 독립하는 시기도 늦어졌다는 사실이다. 그에 따라 부모 노동자들이 부양할 자녀 없이 은퇴에 대비해 저축할 수 있는 햇수가 줄었다. 반면 부모 집에 더 오래 거주하는 자녀 노동자는 임대료로 지출했을 금액을 저축할 수 있을 것이다. 향후 결과는 지켜볼 일이다.

셋째, 국가가 노동자로부터 세금을 더 걷어 그 재원을 고령층의 의료 지원과 연금에 활용하는 것이다. 여기서 핵심 질문은 국가가 세율 인상폭과 고령층 지원 규모의 적정선을 어느 수준으로 인식하느냐는 것이다. 세율 인상은 숙련도를 떠나 모든 노동자와 경영진, 임대사업자, 자본가에 적용될 것이다.

이와 관련해 향후 세율이 현 수준으로 유지된다는 가정이 있다. 그렇게 될 경우 고령층이 대거 증가하면 연금이 상대적으로 급격하게 감소하게 된다. 다만 이 부분은 노동 인구의 은퇴 대비 저축 증가로 일부 보완될 것이다. 이 가정은 장기 인구변동 결과에 대한 몇몇 다른 연구의 전제인, 향후 수십 년 동안 금리가 낮게 유지된다는 전제의 배경이다.

우리는 이 가정보다 실질연금이 실질 GDP 증가율과 나란히 증가한다고 보는 가정이 더 적절하다고 생각한다. 그에 따라 연금으로 인한 세금 부담이 전체 인구 대비 노령층 인구의 비율과 나란히 증가한다고 본다. 우리가 이 가정을 세율이 일정하리라는 가정에 비해 선호하는 데에는 몇 가지 이유가 있다. 우선, 최근 몇 년 동안 저성장에도 노령층 연금은 대체로 보호되었다. 또한 노령층은 주요 투표층을 형성하며 젊은 층보다 더 투표하는 성향이 있다. 노령층이 유권자에서 차지하는 비중이 커지면 실질생산에 맞춰 연금을 올리는 데 대한 일관성이 유지될 것이다. 연금을 유지하거나 늘린다는 약속이 포퓰리스트 정당들의 선언 중 중요한 부분이었음을 주목하라. 예를 들어 2018년 이탈리아에서 그랬다. 우리의 가정이 정확해 연금 수준이 실질 GDP와 함께 증가한다면, 그래서 재정 수요를 늘린다면, 노동자에 대한 세금 부담은 증가할 수밖에 없다.

우리는 어디에서 틀릴 수 있나?

우리는 우리의 결론과 전망이 논쟁적임을 충분히 인식하고 있다. 상당히 자연스럽게, 다른 많은 차원에서 우리의 결론과 전망에 대해 의문이 제기되어 왔다. 우리는 이를 매우 진지하게 받아들여 8장부터 11장까지에서 논의한다.

8장과 9장에서 우리의 견해를 논박하기 위해 종종 제시되는 두 가지 반론을 논의한다. 둘 중 더 두드러진 반론을 9장에서 다룬다. 그것은 우리가 중시하는 노동력 감소가 이미 일본에서는 10여 년간 이어졌는데도 임금이나 인플레이션이나 실질이자율 어느 하나에도 아직 상승 압력의 징후가 보이지 않는다는 반례를 근거로 삼는다. 많은 사람이 일본을 고령화의 청사진으로 여긴다. 그래서 우리의 예측 중 어느 하나도 일본에서 나타나지 않았음을 들어 우리의 전망이 실현될 가능성에 대해 회의적으로 보는 것이다.

8장에서 다루는 또 다른 반론은 필립스 곡선으로 알려진 실업률과 임금의 관계가 최근 선진경제 중 다수에서 보이지 않는다는 것이다. 실업률이 낮아졌지만 임금도 물가도 오르지 않았다. 실제로 여러 나라에서 실업률이 하락해 지난 세기였다면 임금 상승으로 이어졌을 만한 수준에 도달했지만, 아직 임금이 조금이라도 상승할 기미가 거의 없다. 그 결과 필립스 곡선은 근래 평평해 보이게 되었다. 즉, 실업률이 하락해도 명목임금 증가율이 낮은 수준에 다소 안정적으로 머문다. 명목임금 증가율은 많은 나라에서 2%보다 그리 높지 않다. 다만 미국과 영국에서는 각각 약 3%와 4%인데, 건설 같은 분야에서 노동력이 부족해지면서 높아졌다.

일본의 반례로 돌아오자. 우리는 일본에서 노동력이 감소하는 동안 세계의 나머지에서는 노동력이 넘쳐났음에 주목한다. 일본 기업은 중국과 아시아의 다른 지역으로 생산을 돌림으로써 늘어난 해외 노동력을 이용했다. 달리 말하면 일본의 '진정한' 투입 가능 노동 공급은 오로지 일본에서만 나온 게 아니라 아시아 또는 심지어 세계에서 나왔다. 해외의 렌즈를 통해 보면 주식회사 일본은 상당히 역동적이면서도 신중하게 생산성을 극대화한다. 이 같은 우리 견해는, 일본 기업이 부채를 감축하느라 허덕이면서 지지부진했다는 통념과 상반된다. 우리의 견해는 오늘날 세계가 직면한 시나리오에서도 보편적 인식과 두드러진 대조를 보인다. 우리는 중국과 세계 경제의 많은 부분에서 노동시장의 수급이 빠듯해지면서 해외 생산이 더 어려워지리라고 본다.

일반론으로 넓히면, 우리는 과거 노동 공급의 엄청난 증가라는 충격이 세계 경제에 가해지면서 노동자의 협상력이 크게 위축되었다고 주장한다. 그래서 필립스 곡선 중 인플레이션이 가속될 실업률 수준이 몇 %p나 크게 낮아졌다. 기술적인 용어를 활용하면, 물가안정실업률 NAIRU: non-accelerating inflation rate of unemployment이 큰 폭 하락했다. 그리고 그간 민간 부문의 노동조합 가입 비율이 대부분 국가에서 급격하게 하락했다. 그러나 노동이 다시 희소해지면서 마법의 힘은 다시 회복될 것이다. 다만 얼마나 일찍 그리고 얼마나 빠르게 이 역전이 전개될지는 아직 명확하지 않다.

밀턴 프리드먼은 1968년 논문에서 자연실업률NRU: Natural Rate of Unemployment의 개념을 제시해 유행시켰다. 그러나 자연실업률은 일정하지 않다. 아마도 자연실업률에 대한 최상의 정의는 노동자들이 노동생산성 상승으로 가능해진 실질 임금상승률을 받아들일 용의가 있는 실업률일 것이다(이를 달리 서술하면 자연실업률은 실질임금을 기준으로 그 임금수준하에 일하고자 하는 모든 노동자가 고용된 상태의 실업률이다. 또한 자연실업률은 경기 흐름과 관계없이 구조적으로 존재하는 장기 균형 상태에서의 실업률이라고도 설명된다 – 옮긴이). 노동자의 협상력이 약할수록 자연실업률은 낮을 것이다. 노동력의 힘 및 노조 가입률과 함께 자연실업률도 하락했다. 이는 8장에서 논의한다.

노동자의 협상력 감소로 인해 선진경제의 소득에서 노동의 몫이 감소했으며 명목·실질임금이 정체되었음을 설명하는 일은 긴 작업이다. 이는 앤 크루거Anne Krueger가 잭슨홀 콘퍼런스(미국 캔자스시티 연방준비은행이 와이오밍주의 휴양지 잭슨홀에서 매년 개최하는 경제정책 토론회 – 옮긴이)에서 발표한 논문(2018)에서도 살펴볼 수 있다. 그림 1-7도[1] 참조하라.

다른 사람들은 우리의 전망을 반박하기보다는 인구의 역전이 진행되더라도 이를 상쇄시키는 다른 동학에 의해 그 영향이 훨씬 더 약해질 것이라고 주장한다. 인구변동 요인의 역전으로 향후 30년 동안 세계적인 흐름이 디플레이션에서 인플레이션으로 바뀐다는 우리 전망에는 몇몇 완충 요인이 있다. 그중 두 요인을 이미 언급했는데, 하나는 은퇴 연령이 더 늦춰질 가능성이고, 다른 하나는 세금 부담 증가를

그림 1-7 선진경제의 노동소득분배율(국내총생산 중 노동소득의 비율)

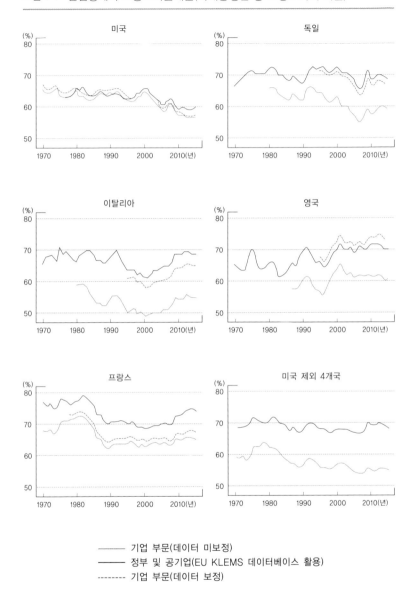

미국

독일

이탈리아

영국

프랑스

미국 제외 4개국

———— 기업 부문(데이터 미보정)
———— 정부 및 공기업(EU KLEMS 데이터베이스 활용)
-------- 기업 부문(데이터 보정)

자료: Bank of England(2019. 7.)

경감하는 목적에서 정부 연금이 상대적으로 감소할 가능성이다. 우리는 이를 10장에서 논의한다.

10장에서는 다른 완충 요인도 다룬다. 세계화가 역전되기보다는 새로운 양상으로 진행된다는 것이다. 출산율이 대다수 선진국에서 급격하게 하락해 왔으나 인도 아대륙과 특히 아프리카에서는 그러지 않았고, 이들 지역에서 투입 가능한 노동 인구가 크게 증가할 전망이다. 지난 30년 동안 서구에서 중국으로 재화의 생산이 이전된 것처럼, 비슷한 이전이 인도 아대륙과 특히 아프리카로 일어날 수 있다. 나이지리아와 콩고 같은 나라의 인구증가율은 다음 수십 년 동안 놀라운 수준일 것이다. 또한 이들 가난한 나라들에서 미주와 유럽, 아시아의 부유한 나라들로의 이민의 물결이 추가로 발생할 수 있다. 그러나 대규모 이민으로 초래된 정치·사회·경제적인 문제가 이미 심각하기 때문에 부국으로의 노동자 이민보다는 빈국의 노동자에게로 자본과 경영을 이전하는 편이 실행 가능한 유일한 대안이 될 것이다. 우리는 세계화의 새로운 방향은 가능하지만 개연성은 낮다고 주장한다.

역설적이게도, 우리가 곧 마주칠 것이고 그래서 이런저런 방식으로 처리해야 하는 잠재된 장애물에 대해 논의하는 사람이 매우 드물다. 그 장애물은 부채의 함정이다. 우리는 11장에서 이를 논의하고, 12장에서는 어떻게 그 함정에서 탈출할지 모색한다. 디플레이션 편향과 대금융위기에 대응해 대규모의 팽창적 통화정책이 실시되었다. 그에 따라 명목이자율과 실질이자율 모두 역사적으로 유례없이 낮은 수준으로 하락했다. 의도한 바에 따라 공공 부문과 민간 부문 모두에서 부채비율이 높아졌다. 다만 예외적인 부분은 있다. 대표적으로 최근 수년 동안 은행의 부채비율과 해당 국가의 가계 부채비율이 낮아졌다.

은행의 부채비율은 2007~2008년 위험한 수준으로 치솟았고 이는 대금융위기의 주요 원인이 되었다. 가계부채비율이 낮아진 국가는 앞서 주택위기를 겪었다.

부채비율이 극적으로 높아졌는데도 부채에 대한 걱정은 그에 걸맞게 충분하지 않다. 부채비율이 상승해도 채무상환비율(채무 원리금 상환액의 연간 소득에 대한 비율 – 옮긴이)은 같은 정도로 높아지지 않기 때문이다. 부채비율과 이자율의 거의 정확한 역의 상관관계 덕분이다. 이는 11장에서 다룬다.

동시에 저금리는 당연하게도 자산 가격을 밀어 올렸다. 가끔 중앙은행들의 통화정책은 불평등을 악화시킨다고 비판받아 왔다. 그러나

그림 1-8 미국 연방정부 부채의 증가

미국 연방정부 부채는 코로나19 팬데믹 이전에도 급격하게 증가하리라고 전망되었다. 대규모인 데다 더 증가하는 연방정부 부채는 국가의 저축과 소득의 감소에 영향을 주고, 정부의 이자 지급을 늘리고, 예기치 못한 사태에 대응하는 의회의 역량을 제한하며, 재정 위기의 가능성을 높일 것이다.

* 2029년까지의 추세는 미국 의회예산처의 10년 예산 전망에 따랐고, 그 이후 2049년까지는 이전 추세를 고려해 예상했다.
자료: 미국 의회예산처

만약 중앙은행이 팽창적 통화정책을 실행하지 않았다면, 다른 정책이 동일하다고 했을 때 실업은 더욱 증가했을 것이다. 실업으로 가장 타격을 받는 쪽은 빈곤층이다. 따라서 종합적으로 고려하면, 중앙은행의 통화정책은 아마도 불평등을 완화했다고 볼 수 있다. 통화정책의 대안으로 확장 재정정책에 더 의존하는 것이 거론된다. 그러나 공공 부문 부채비율이 지난 수십 년 동안 이전의 어느 평화기보다 빠르게 높아졌고 보건과 연금 지출의 전망도 만만치 않음을 고려하면 미래의 상황에 대한 예상은, 좋게 말해도 우려스럽다. 그림 1-8과 1-9가 이와 관련한 추세를 보여 준다.

그리고 만약 우리가 정확하게 예측했다면, 미래의 인플레이션 압력이 이자율을 올려 재정 문제를 더욱 가중시킬 것이다.

그림 1-9 영국 공공 부문 부채 전망

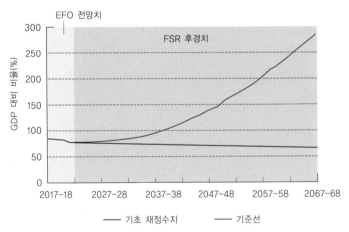

* EFOEconomic and Fiscal Outlook: 경제 및 재정 전망 보고서
  FSRFiscal Sustainability Report: 재정 지속 가능성 보고서
  자료: 영국 예산책임청

요컨대 우리는 부채 함정에 빠졌다. 부채비율이 너무 높은 수준이어서 금리 상승은, 특히 저성장기에 진행될 경우 채무자를 지탱하기 어려운 상태로 몰 것이다. 따라서 통화 당국은 정책금리를 급격하거나 조기에 올리지 못한다. 정책금리를 올리려면 또 다른 경기침체를 촉발할 수 있다는 위험을 감수해야 하는데, 경기침체는 모든 것을 더욱 악화시키기 때문이다. 그 결과 금리와 유동성 과잉이 충분히 팽창적인 상태로 유지되면서(중앙은행 표현에 따르면 협조적인 상태로) 부채비율이 더 높아질 수 있다.

우리가 어떻게 부채 함정으로부터 탈출하느냐는 질문은 불가피하다. 11장과 12장에서 우리는 부채 함정에서 탈출하는 여러 방법으로 성장과 예기치 못한 인플레이션, 채무불이행, 부채 탕감, 부채 조정, 부채의 자본으로의 전환 등을 논의한다. 우리는 성장을 제외하면 이들 대안에 모두 문제가 있음을 보여 준다. 성장은, 아, 잘해야 더딜 것이다. 물론 생산성 향상을 이루면야 좋다. 그러나 생산성은 대금융위기 이후 실망스러울 정도로 약간만 향상되었고, 그 이유는 아직 불명확하다. 고통 없이 생산성을 향상시킬 구조적인 공급 측면 정책이 있다는 아이디어는 환상이다. 만약 로봇과 AI, 기타 신기한 기술이 1인당 생산성을 개선할 수 있다면 그만큼 상황이 더 좋아질 것이다. 세상의 일자리가 사라진다는 걱정은 근거가 없다고 본다. 앞으로 고령자들을 따라다니는 일자리가 차고 넘칠 것이다.

이 모든 상황이 어떻게 정책과 정책담당자를 다치지 않게 할까?

지난 수십 년 동안 중앙은행 총재들은 재무장관들의 최고의 친구였다. 그러면서 중앙은행 총재들은 록 스타 수준의 인기를 얻었다. 재무장관들이 지속되는 적자와 높아지는 부채비율을 주재하는 동안, 이자 부담은 금리 인하로 경감되어 왔다. 중앙은행의 통화정책은 정치인의 길을 평탄하게 닦아 줬다. 중앙은행의 독립성은 진지한 비판의 대상이 되지 않았고, 이는 놀랍지 않다. 다만 비전통적인 통화정책은 통화정책과 재정정책의 경계를 모호하게 한다는 측면에서 독립성과 관련해 비판을 받았다.

중앙은행은 지금까지 운전석 자리에 앉아 있었다. 대금융위기가 시작되기 전, 중앙은행은 지속적인 디스인플레이션(낮은 물가상승률)을 대부분 물가안정목표제의 공으로 돌렸다. 대금융위기 이후 중앙은행은 인플레이션율을 올리지 못한 채 비전통적인 조치들을 통해 자산가격 상승에 도움을 줌으로써 투자자와 주택 소유자를 이롭게 했다고 비판받았다. 우리의 주장이 정확하다면, 이전 수십 년간 디스인플레이션의 요인은 인구변동이었다. 그렇다면 인플레이션 경로를 제어하는 통화정책의 유용성은 위기 이후의 시기보다 훨씬 더 의문에 놓일 것이다.

이 책의 주요 주장은 인구구조의 대역전이 단기에 인플레이션과 금리를 올린다는 것이다. 공공 부문 부채비율이 높은 수준이고, 인구변동으로부터 계속 압력을 받고 있다. 재무장관과 중앙은행 총재의 목적과 목표가 서로 나란히 정렬된 상태는 곧 끝나고 다툼의 시기가 시작될 듯하다. 더욱이 양적 완화QE의 효과로 공공 부문 부채(중앙은행의 현금 부채 포함)의 평균 상환기간이 짧아졌다. 이것이 시사하는 바는 금리가 상승하면 재무장관이 직면해야 하는 이자 부담이 더 빠르게 지워진다는 것이다. 우리는 13장에서 중앙은행의 독립성이 최근보다 앞으로 한층 더 위협받을 것이라고 주장한다.

마지막 14장은 우리 주장을 되짚고 요약하며 현재의 주류적 분석과 다른 점들을 서술하고 강조한다. 우리는 장기 미래에 대한 주류적 견해가 분명히 틀렸다고 믿는다.

2장

중국,
역사적 동원이
끝나다

세계화가 중국의 부상으로 이어졌나, 아니면 중국의 부상이 세계화로 이어졌나? 이는 쉬운 질문이 아니다. 지난 5년 동안 세계화와 중국의 운명이 어떻게 펼쳐졌는지 살펴본다고 해도 그에 대한 답변이 더 쉬워지지는 않을 것이다.

지난 2천 년 역사의 대부분 시기에 중국은 혁신과 성장 모두에서 세계의 지배적인 강국이었다. 중국의 노동력은 수공업자 조합을 통해, 그리고 대부분 중국 국경 내에서 최초로 이뤄진 혁신의 흡수를 통해 효율적으로 훈련되었다. 훈련과 조직의 문화 덕분에 중국은 국경 밖에서 개발된 기술도 흡수했다. 즉, 중국은 다른 경제들 대부분에서 따라잡지 못한 규율과 목표에 매진하고, 정부의 지원을 받으면서 방해받지 않고 외부 기술을 습득했다.

만약 중국이 세계화를 주도했다는 주장을 한다면 인구변동이 주요 근거가 될 것이다. 중국 인구가 세계에서 차지하는 비율은 사실 1955년 이후로 하락했다. 따라서 중국 인구의 상대적인 규모가 아니라 중국 노동력이 세계 경제에 통합된 속도의 가속이 중요했다.

중국은 세계 경제에 다시 통합된 수십 년 동안 자국을 제외한 세계의 나머지에 비해 비대칭적으로 이득을 취했다. 그 이유 중 일부는 중국이 풍부하고 저렴한 노동을 보유했고, 노동자당 자본과 기술은 매우 미미했기 때문이었다. 다른 일부는 중국 정부가 자국의 특별경제구역으로 국내 저축과 글로벌 자본이 투자되도록 경제정책을 수립하고 집행했기 때문이었다.

일련의 마찰적 환경도 비대칭을 뒷받침했다. 글로벌 자본은 대체로 중국의 금융시장에 접근할 수 없었다. 또 개방 초기 중국 금융시장의 수익률은 해외 투자자에게 충분히 매력적이지 않았다. 그 결과 글로벌 자본은 실물 부문으로 흘러들어 갔다. 엄격한 자본 규제도 중국이 글로벌 경쟁력을 유지하도록 했다. 중국 정부는 국가 소유 은행을 도관導管 삼아 국내 저축이 국가 소유 기업에 투자되게 했다.

중국의 역사적인 동원을 가장 잘 이해하려면 두 가지 관점, 즉 일련의 역사적 사건과 중국의 성장 모델의 진화라는 관점을 취해야 한다. 이 둘은 중국의 방대한 노동력이 세계 경제에 전례 없는 속도로 통합되도록 했다.

중국이 세계 속 위상을 형성한 역사의 3막

세계 경제에서 중국의 부상은 세 개의 사건과 시기로 거슬러 올라갈 수 있다. 셋 중 첫째 단계는 덩샤오핑의 '중국 특색의 사회주의'라는 구호 아래 진행되었다. 중국의 부상은 특히 1992년 둘째 단계에서 뚜렷해졌다.

첫째 단계는 1978년에 시작되었다. 농업이 개혁되었고 사기업이 중국 경제에 재진입하도록 허용되었으며 외국인이 투자할 수 있는 특별경제구역(우리가 곧 논의하는 주장삼각지 포함)이 설치되었다. 도시의 제조업에 대해서는 가격 통제가 폐지되었지만, 여전히 상당히 비효율적인 국유기업이 경제를 장악하고 있었다.

둘째 단계는 국유기업의 민영화가 시작된 것이다. 중소기업은 물론 몇몇 대규모 국유기업들이 폐쇄되거나 민간 부문에 매각되었다. 이 시기에 민간 부문이 극적으로 성장했다. 그러나 금융을 포함해 국가 이익에 핵심적이라고 여겨진 분야에서는 대규모 국유기업들이 독점을 유지했다. 그림 2-1에 나타낸 두 단계의 성장은 이들 전략이 성공했음

그림 2-1 중국의 성장률과 순수출

둘째 단계인 1990년대 초반의 성장률이 돋보인다.

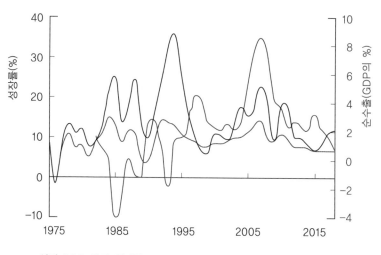

—— 실질 GDP 연간 성장률   —— 명목 GDP 연간 성장률   —— 순수출

자료: IMF

을 보여 준다. 새로운 개혁이 추진될 때마다 성장률이 두 자릿수를 기록했다.

둘째 단계의 성공은 미국의 중국에 대한 무역적자에서 분명하게 드러났다. 무역적자는 1978년부터 2000년까지 극적으로 증가했지만, 규모가 확대된 때는 1980년대가 아니라 1990년대였다. 중국으로의 외국인 직접투자FDI 또한 같은 양상을 보인다. 중국이 경제를 개방한 이후 10년 동안 FDI는 50억 달러가 안 되었다. 1990년대 말에 이르자 FDI는 500억 달러에 육박하게 되었다. 1990년대 말 몇 년 동안에만 FDI가 감소했다.

1990년대 말 중국의 상황은 오늘날 중국이 서 있는 상황과 기묘하게도 비슷하다. 지금처럼 그때도 중국의 개혁이 힘을 잃는 듯했다. 성장률은 지속적으로 낮아졌고, 하락한 성장률조차 부풀려진 수준이라는 인식이 팽배했다. 국유기업들은 비효율적이었고 재고가 많이 쌓였다. 지금처럼 그때도 중국의 무역흑자 확대는 중국의 중상주의 정책의 증거라고 널리 여겨졌다. 또는 적어도 외국의 수출 시장에 접근하면서 다른 나라들이 자국 시장에 접근하지는 못하게 하는 비대칭적인 처우의 증거로 여겨졌다.

종합해 되짚어 보면, '중국 특색의 사회주의'가 중국을 개방하기 시작했고, 1992년 이후의 둘째 단계가 중국을 세계 경제와 더욱 빠르게 통합시켰다. 1990년대 말에 이르자 개혁의 힘이 빠지는 게 아닌가 하는 우려가 뚜렷해졌다. 중국의 지도자들은 성장을 위한 새로운 방책을 추진했다. 세계무역기구WTO 가입이었다.

중국의 WTO 가입에 앞서 미국은 2000년 중국에 대해 입법을 통해 영구정상무역관계PNTR: Permanent Normal Trade Relations 지위를 부여했다. 이는 미국의 최혜국대우MFN에 해당하며, 중국의 WTO 가입을 보장하는 절차 중 하나였다. 중국은 1995년에 출범한 WTO 체제에 수년간의 긴 협상 끝에 2001년에 진입했다.

WTO 회원국 자격 획득 이후 글로벌 금융위기 사이의 시기에 중국은 경제·정치적으로 초강대국의 기반을 다졌다. 세계 경제의 힘과 '상품 슈퍼사이클' 및 신흥시장을 둘러싼 열띤 분위기, 세계화의 이익에 대한 칭송 등은 모두 정도는 달라도 이 시기 중국의 확장에서 파생된 현상이었다.

중국의 WTO 가입은 자유화와 개방의 긴 조건을 전제로 승인되었다. 미국이 부과한 전제조건은 대부분 중국 시장에 대한 더 큰 접근 가능성과 중국 시장의 투명성이었다. 중국은 대략 다음과 같은 전제조건을 요구받았다.

- 수입관세를 5년 이내에 10% 아래로 인하하고 몇몇 농산물에 대해서는 0%에 가깝게 인하
- 비관세장벽 완화 또는 철폐
- 통신과 은행을 포함한 몇몇 핵심 분야 개방
- 세계 지적재산권 보호

중국에 부과한 이 같은 전제조건은 전무후무하게 가혹했다. 이를 검토한 N. R. 라디N. R. Lardy는 중국의 WTO 가입 전에 발표한 논문(2001)에서 왜 중국의 지도부가 WTO 가입을 추구하는지 의문을 제기했다. 그러나 WTO에 받아들여진 이후 10년간 중국의 양적·질적 성장을 보면 외국 시장으로 더 접근하려 한 중국 지도부의 전략은 주효

했다.

WTO 가입 전 중국이 처한 상황을 더 살펴보자. 1990년대 말에 이르러 중국의 개혁이 힘을 잃고 있다는 사실이 명확해졌다. 고공 행진하던 성장률은 1990년대 중반 이후 대부분 시기에 매년 하락했고, 재고는 걱정스러운 수준으로 쌓였으며, 국유기업의 비효율이 공개적으로 거론되었다. 1999년 4개 대형 자산운용회사(결과적으로 배드뱅크)가 설립되었는데, 은행의 부실채권 중 큰 물량을 인수해 처리하기 위해서였다. 국제결제은행BIS(2002)은 "4대 국유은행의 부실채권 총액은 3조 4,000억 위안(미화 4,100억 달러)으로 2001년 말 그들의 대출 총액의 42%에 이를 것"으로 추정했다. 이어 "이는 (아시아 금융위기 당시) 한국과 인도네시아의 피크 부실채권 비율의 40~60% 수준"이라고 분석했다. 그들 4대 은행이 은행 부문 대출 총액의 65%를 차지했다는 사실을 중국의 은행 부문 전체에 적용하면, 중국 경제 전체의 부실채권은 5조 7,500억 위안으로 2001년 중국 GDP의 50%를 넘었을 것이다. 이런 측면에서 다시 살펴보면, 왜 중국 지도부가 긴 전제조건 목록을 감수하고 WTO 가입을 추진했는지 명확해진다. 한편 자본 배분 실패와 부실채권이라는 측면에서 당시 중국의 상황이 지금과 비슷하다는 특징도 분명하다.

전제조건 목록을 일별하면 중국이 주요 관세장벽을 낮추고 외국기업들이 진입하도록 자국 시장을 개방한 듯하다. 그러나 그렇게 한 분야는 자국 기업의 역량이 없는 곳이었다. 게다가 중국은 자국 기업의 역량이 강하거나 확보된 영역에서는 비관세장벽을 유지하고 대체로 외국 기업이 중국에서 성공하기 어렵게 만들었다.

반면 미국은 중국에 PNTR 지위를 부여한 이후 새로운 시장 접근

양허를 추가할 수 없었다. 만약 미국이 중국에 PNTR 지위를 주지 않았다면, 중국의 WTO 가입에도 미국과 중국의 무역관계는 복잡하게 전개되었을 것이다.

　J. R. 피어스J. R. Pierce와 P. K. 쇼트P. K. Schott(2012)는 미국 제조업 몰락의 주요 원인으로 중국에 대한 PNTR 지위 부여를 지목했다(그림 2-2). 이들에 따르면 미국이 2000년 중국에 PNTR 지위를 부여하고 향후 중국에 대한 관세 위협 가능성을 제거하면서 상황이 변했다. 제조업 일자리를 국내에 두도록 하는 관세 같은 마찰적 요인이 사라지면서 미국의 많은 제품 생산이 중국으로 옮겨졌다. 이들은 미국에서 생산되다가 중국에서 수입된 제품이 무엇이었는지 조사했다. 그리고 그런 제품을 생산하던 제조업 일자리가 가장 많이 줄어들었다고 분석했다. 그런데도 미국의 제조업 부가가치는 계속 증가했는데, 그것은 미

그림 2-2 미국 제조업 일자리의 놀랍도록 빠른 몰락

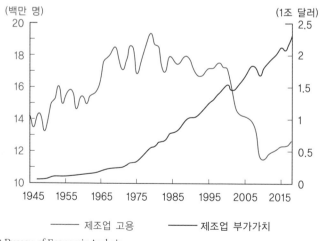

자료: Bureau of Economic Analysis

국 기업들이 국경 밖에서 생산하고 고용했기 때문이었다. 그에 비해 유럽은 중국에 최혜국대우 지위를 미국보다 앞서 부여했는데, 중국의 WTO 가입 이후 미국 정도로 제조업 일자리가 감소하지는 않았다. 아마 유럽(과 다른 곳들)에서 중국으로의 제조업 일자리 재배치가 그 전에 더 서서히 진행된 듯하다.

요컨대, 중국은 WTO 가입을 통해 비대칭적으로 이익을 얻었다. 중국은 WTO 가입 직전에 최혜국대우 조건으로 미국 시장에 진입했는데, 그 이후 미국에서는 이전 수십 년 동안 나타나지 않았던 속도로 제조업 일자리가 줄어들었다. 동시에 중국의 노동력은 글로벌 자본과 세계 무역에 아주 빠르게 통합되었고, 그러면서 세계가 이미 득을 보아 온 인구변동의 상당한 순풍에 강도를 더했다.

셋째 단계는 중국의 대금융위기 대응이었다. 중국은 대금융위기에 공격적으로 대응했고, 그럼으로써 세계 경제가 붕괴되지 않도록 막는 주요 역할을 했다. 대금융위기 이후 중국의 신용 규모는 35% 증가했다(그림 2-3). 그 정도 규모의 정책의 영향은 자연스럽게 세계 경제 성장률과 상품가격과 신흥시장경제를 밀어 올렸을 것이다. 그 이후에는 중국과 신흥시장이 위기 전에 본 모든 추세가 가속되어 전개되었다. 중국과 신흥경제는 선진경제를 대신할 성장 엔진으로 여겨졌다. 2007년에서 2012년 사이에 이는 수학적·경제적으로 참인 명제였다. 신흥시장은 세계 경제 성장률에 압도적으로 기여했다.

2012년은 세계에 대한 중국 인구변동의 기여가 끝나기 시작한 시기였다. 중국은 신용 규모가 그렇게 늘어나지 않았다면 수년 뒤에 왔을 경기 둔화를 앞당겨 초래했다. 지탱할 수 없는 규모로의 신용 팽창은 대개 미래로부터의 차입으로 여겨지는데, 당시 중국이 그런 경우였

그림 2-3 중국의 민간 부문 신용과 인플레이션

중국의 신용은 1990년대 초와 대금융위기 이후 급증했다.

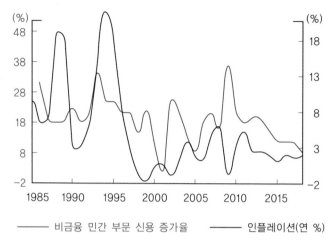

———— 비금융 민간 부문 신용 증가율　　———— 인플레이션(연 %)

자료: 국제결제은행, IMF

다. 2014~2015년에 중국의 제조업과 부동산 부문이 경기둔화에 빠졌다. 여기에 더해 신흥시장과 세계 제조업이 나란히 부진해졌고, 중국의 경기둔화는 유가 급락과 세계 무역 붕괴로 이어졌다. 유가는 2015년 배럴당 150달러에서 27달러로 추락했다.

중국의 제조업과 부동산 부문이 신용 팽창이 아니라 경기순환에 따라 저조해졌을 가능성도 무시할 수 없다. 그러나 인구변동이 중국의 경제 구조에 준 충격이 너무 간과되고 있다. 신흥경제에서 제조업 부문의 역할은 선진경제에서와 크게 다르다.

경제력 집중과 정치력 분권

경제 전반과 달리 제조업은 노동생산성에서 강하고 무조건적인(세계 수준으로의 – 옮긴이) 수렴을 강하게 보인다. 제조업의 강한 수렴에도 불구하고 경제 전체적인 수렴은 이뤄지지 않는데, 그 원인은 저소득 국가 내 낮은 제조업 고용 비중과 느린 산업화 속도이다.

이는 대니 로드릭Dani Rodrik이 낸 조사보고서(2011)의 일부이다. 이 현상이 왜 중요한가? 이런 결과 이면의 직관은, 제조된 제품은 어디에서 만들어졌는지로 차별하기가 불가능하다는 것이다. 어디에서 제조되었는지와 무관하게, 제조업 제품은 대개 교역이 가능하고 품질과 관련하여 세계적인 기준을 충족해야 하며 다른 지역의 제품에 비해 비용 효율적이어야 한다. 만약 한 경제가 경제개발 초기에 제조업 부문의 비중을 확대한다면, 그 경제의 노동생산성은 세계 수준에 빠르고 일관되게 수렴할 것이다.

수십 년간 중국의 생산 전략은 국내·글로벌 자원을 제조업과 투자를 가속하는 데 투입하는 것이었다. 이 전략의 기본적인 강점은 중국 내륙 농촌에 주로 거주하던 노동의 공급이 엄청난 데다 덜 활용되고 있었다는 사실에 있다.

중국의 성장 전략은 경제적 중앙집권에서 출발했다. 예컨대 급속한 자본 축적이라는 유일한 목표를 이루기 위해 단일한 통화정책을 운용하였다. 특히 대금융위기 이후 이 전략은 최근 분권화decentralization로 바뀌고 있다.

선진경제와 신흥시장경제의 주요 차이는 전자에서 자본이 저렴하고 노동이 비싼 반면 후자에서는 대개 반대라는 것이다. 자본이 빨리 축적되려면 자본 비용이 떨어지거나 의도적으로 왜곡되어야 한다. 중국 성장 전략의 초기 단계에서 금융정책은 자본 비용을 극적으로 낮추는 쪽으로 설계되었다. 이 단계에서 민간 부문이 빠르게 성장했지만 선봉은 공공 부문이 맡았다. 국유기업과 국유은행, 현대적인 국가 주도의 산업정책은 중국 부상기 성장 전략의 불가분한 요소들이었다. 한편 중국의 성省들, 특히 특별경제구역의 성들에도 상당한 권한이 주어졌다. 성의 지도자들과 국유기업 경영자들은 중국의 성장과 함께 핵심 권력층이 되었다.

중국의 발전 과정에는 생산함수의 모든 요소가 적극적으로 활용되었다. 토지와 노동, 자본, 기술 모두 중국의 대동원기에 저마다 제 몫을 했다. 이를 각각 살펴본다.

토지

특별경제구역은 중국의 산업정책을 전형적으로 보여 준다. 기업의 토지 활용에 대해서 후한 지원이 이루어졌다. 기업은 사업을 시작하고 효율적으로 운영하는 데 필요한 토지와 관련하여 모든 도움을 받았다. 전력과 유통망 등 사회간접자본은 우선적으로 확충되었다.

광동성의 주장삼각지는 특별경제구역 중 가장 잘 알려졌고 가장 성공적이었다. 1978년 이후 외국인 직접투자의 30% 가까이가 이 구역에 들어왔고, 이 구역의 성장률은 중국 성장률보다 평균 3%p 높았다. 세계은행은 1980년대 중반만 해도 농촌의 평범한 마을이던 이 구역을 오늘날 세계에서 가장 큰 도시권으로 꼽는다. 이곳의 9대 도시에 거의 6,000만 명에 이르는 인구가 거주한다.

노동

농촌에서 도시로의 역사적인 이주가 무한해 보이는 저렴한 노동을 도시와 특별경제구역에 공급했다. 중국의 호구戶口제도 덕분에 도시는 큰 부담 없이 이주민을 받아들일 수 있었다. 호구제도의 본질은 도시 시민에게 호구부를 발급해 주는 것이다. 이 증명이 없는 사람은 도시에서 거주하고 일할 수는 있어도 의료나 교육을 포함해 도시 서비스의 대부분을 받지 못한다. 그래서 일자리를 구한 노동자들만 도시로 이주하고, 가족들은 기존 거주지에 머물게 되었다. 그 결과 이주에 따른 도시의 운영 비용이 크게 증가하지 않았다. 호구제도가 없었다면 어땠을까? 농촌 노동자들은 토지를 팔아 도시 지역으로 더 빠르게 이주했을 것이고, 도시의 노동 공급은 더 풍부했을 것이다. 농촌 토지도 더 공급되었을 것이다.

어쨌든 농촌에서 도시로의 이주는 서서히, 하지만 꾸준히 수십 년 동안 저렴한 노동력을 공급했다.

자본

신흥시장은 대부분 세계적인 힘이 작용하거나 정부 정책에 의한 왜곡으로 자본의 비용이 하락할 때 자본을 축적한다. 중국은 둘 다로부터 득을 보았다. 수십 년간의 세계적인 명목·실질금리 하락은 이 책의 앞에서 서술된 바 있다. 중국 국내 자본 비용은 세 가지 메커니즘으로 낮아졌다.

첫째, 중국은 '삼위일체 불가론impossible trinity' 측면에서 자본 이동을 엄격하게 규제함으로써 고정환율과 독자적인 통화정책을 선택했다. 삼위일체 불가론이란 세 정책, 즉 자유로운 자본 이동과 고정환율

제도, 세계 통화 상황에 독립적인 통화정책 모두를 구사할 수 없기에 둘만 선택해야 한다는 내용이다. 예를 들면, 중국이 고정(또는 크게 통제되는)환율제도를 유지하고 있다고 하자. 만약 중국의 중앙은행인 인민은행이 정책금리를 아주 낮은 수준으로 유지한다면 중국 거주자들로서는 외국의 더 높은 금리를 추구하는 선택이 매력적이게 된다. 자본이 신속하고 자유롭게 이동한다면 자본이 중국으로부터 대거 이탈하면서 환율에 압박을 주고, 고정환율이 지탱하지 못할 상태가 될 것이다. 그러나 만약 자본 이동이 자유롭지 않다면 환율이 고정된 상태로 유지되고 인민은행은 국내 성장전략의 필요에 따라 정책금리를 낮게 유지할 것이다. 중국은 후자를 선택했다.

자본 이동을 엄격하게 통제했을 뿐 아니라 중국 인민은행은 외환시장에도 대거 개입해 투자 펀드의 유입에 따라 위안화 가치가 오르는 일이 발생하지 않게 했다. 2001년에서 2015년 사이에 인민은행은 외환시장에 규칙적으로 개입했다. 가장 적극적으로 개입한 2007년에는 외환 매입액이 GDP의 18%에 달했다고 공식 집계되었다. 그에 따라 인민은행의 외환 보유액이 대규모로 축적되었다(그림 2-4). 그렇게 지속된 개입으로 중국의 환율은 수출기업에게 상당히 유리한 수준으로 유지되었고, 그 결과 중국의 상품수지 흑자가 빠르게 증가했다.

둘째, 금융 통제 정책에 의해 중국 가계의 저축은 은행을 거쳐 국유기업으로 이전되었다. 중국 가계는 국유기업 성장을 지원하는 내재적 조세를 부담한 것이다.

중국은 어떻게 이를 실행했나? 자본 이동 통제를 통해서였다. 그로써 이자율이 결정되는 시장을 외부 세계로부터 격리했다. 중국에서는 인민은행이 은행이 빌리고 빌려주는 금리를 결정했다. 사실 은행

그림 2-4 중국의 외환 보유고

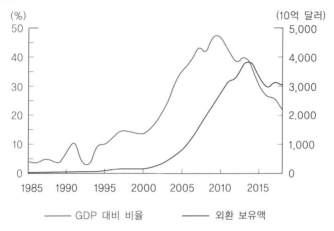

자료: IMF

부문은 국유은행들이 장악하고 있었다. 인민은행은 지금도 경제의 신용 흐름을 통제한다.

중국의 금리는 성장률과 인플레이션율보다 낮은 수준에 묶였다. 중국 경제는 1990년부터 2020년까지 연평균 10% 전후 성장했지만, 같은 기간 물가조정 예금금리는 평균 연 -3.3%였다(물가조정 예금금리는 명목 예금금리 평균인 연 1.4%에서 연평균 인플레이션율 4.75%를 뺀 값이다). 은행 예금을 인플레이션으로부터 보호받기는커녕 국내외 금융 투자를 통해 중국 성장의 과실을 얻지 못하게 된 상황은 중국 가계에게는 이중적 불이익이었다. 중국 가계는 재무적으로 스스로를 보호할 수단이 거의 없었다. 결과적으로 중국인들은 주택 매입 투자를 선호했고, 그에 따라 가계 부채비율이 상승했다.

다르게 말하면, 저금리는 가계에 대한 효율적인 세금이었다. 가계

저축은 은행에서 취합된 후 국유기업으로 흘러갔다. 가계의 세금이 국유기업에 대한 효율적인 보조금이 되었고, 은행은 도관 역할을 한 것이다.

왜 중국의 가계는 자신의 돈을 다른 금융자산에 운용하는 대신 은행에 맡겼을까? 가계가 자신의 저축을 보호할 수단이 극히 제한적이었기 때문이다. 외국 자산 매입은 극도로 적은 수의 부유한 계층에게만 선택 가능했다. 주식 소유가 가능한 사람 역시 제한적이었다. 평균적인 가계가 부를 저장하는 방법으로는 주택과 은행계좌 두 가지만 있었다.

M. 나바르M. Nabar(2011)는 중국의 도시 가계저축과 실질 예금금리 사이에 음陰의 상관관계가 있음을 밝혀냈다. 은행이 가계저축을 보호하지 못하는데도 가계는 저축을 줄이지 않고 오히려 늘렸다. 왜냐하면 교육이나 주택 매입 같은 '목표'를 달성하기 위해서였다. 또한 중국의 가계저축은 사회안전망 부족과도 관련이 있었다. 이 책의 맥락에서 중국 가계저축 증가의 중요한 요인은 은퇴 이후를 대비해 저축하는 행태였다.

셋째, 앞서 우리가 주장한 것처럼 글로벌 자본은 중국의 금융자산보다 실물자산에 투자하는 쪽에 매력을 느꼈다. 다국적 기업들은 보조금이 지원되는 토지와 사회간접자본, 저렴한 노동력, 극히 경쟁력 있는 환율, 선진경제 시장에 대한 접근에 이끌려 중국을 제조 기지로 삼았다.

노하우

서구는 중국의 저렴하고 풍부한 노동력과 교환해 노하우와 물적 자본의 대부분을 제공했다. 자본재는 저마다 연식年式의 기술을 내장하고 있고, 최근의 자본재는 최신 연식의 기술을 내장하고 있다. 특히 제조업에서 중국에 들어온 물적 자본은 최신 연식의 기술을 함께 가져왔다. 게다가 다국적 기업들은 노동과 자본, 자본에 내장된 기술을 결합하는 최신 기술을 중국에 들여왔다.

중국은 주요 업종에 대한 외국 기업들의 진출이 중국 기업들과 합작을 통해서만 가능하도록 규제했다. K. 지앙K. Jiang 등(2018)에 따르면 상당한 기술 이전이 일어났다. 지앙은 외국 기업으로부터 중국의 합작 파트너 기업으로 기술이 이전되었을 뿐 아니라 같은 업종의 다른 현지기업으로도 이전되었다는 증거를 제시했다. 기술 이전이 의도되었는지 아니면 단순히 '소화'되었는지와 무관하게 결과는 동일했다. 기술과 노하우가 외국 기업에서 현지 기업으로 일관되게 이전되었다.

중국은 세계 경제로 통합되면서 막대한 이익을 얻었다. 우리가 앞에서 주장한 것처럼, 글로벌 자본의 중국 금융시장에 대한 접근은 대부분 제한되었다. 대신 물적 자본은 중국으로 진입하도록 장려되었다. 기술 이전과 용이한 신용 덕분에 중국 국유기업과 민간 부문은 빠르게 성장했다.

그 결과, 중국에 대한 교역 상대국들의 경상수지 적자가 막대한 규모로 확대되었다. 이는 글로벌 자본이 중국에 물적 자본을 투자한 결과였다. 다만 그 규모는 중국 내부 저축이 훨씬 더 컸다. 금융 규제로 인해 가계저축이 막대한 규모로 형성되었고, 이는 국내 투자를 위한 재원을 제공하기에 충분했다. 중국의 국내 저축은 투자보다 많았고 경상수지 흑자를 낳았다.

중국에 진출한 자본은 외환시장에서 인민은행과 마주쳤다. 인민은행은 위안화 가치 상승을 막기 위해 외환시장에서 대규모 불태환정책을 실행했다. 앞서 서술했듯이, 2007년에는 외환을 GDP의 18% 규모까지 매입했다. 중국의 외환 보유고는 4조 달러에 근접하게 되었다. 외환 보유고는 자산이고 투자되어야 한다. 중국은 국가외환관리국의 지도 아래 대부분 선진경제의 규모가 크고 유동성이 있는 자산에 외환을 투자하고 있으며, 포트폴리오의 큰 부분이 미국 국채로 구성되어 있다.

글로벌 자본은 그래서 '언덕 위로', 즉 중국으로부터 선진경제로 흐름을 바꾸고 있다. 이를 두고 벤 버냉키Ben Bernanke 미국 연방준비제도FRB 의장은 '글로벌 저축 과잉'이라고 표현했다. 선진경제의 투자 대비 저축 과잉은 균형 실질금리를 낮추었다. 이는 1980년대 부양인구비가 개선된 이후 나타났다. 중국과 동아시아의 과잉 저축이 주입되면서 금리는 더 떨어졌다.

미국 소비자는 소비 촉진책이 필요하지 않기로 유명하다. 그런 미국 소비자에게 우호적인 변수가 등장했다. 금리가 하락하면서 주택을 포함한 자산의 가격이 상승한 것이다. 앞서 서술했듯이 2000년대 들어 제조업 고용은 급격하게 감소했지만, 당시에는 대체로 주목받지 못했다. 건설업 고용이 왕성하게 늘어났기 때문이다. 수입도 크게 증가하면서 소비 증가의 불길이 더욱 거세게 타올랐고, 중국에 대한 미국의 경상수지 적자가 위기 전까지 크게 확대되었다.

중앙은행은 이 세계적인 인구변동 추세를 잘못 해석하여 1990년대부터 도입한 물가안정목표제의 성공으로 풀이했다. 인플레이션과 변동성, 금융안정성을 제어하는 능력에 대한 중앙은행의 과도한 자신감은 느슨한 규제 속에서 집값이 상승하는 결과를 낳았다. 그 이후는 흔히들 말하는 것처럼, 역사가 되었다.

중국의 대역전

세계 경제 성장과 세계화에 대한 중국의 위대한 기여는 과거가 되었다. 중국의 경상수지 흑자는 2007년 정점을 찍었고, 시일이 지나면서 적자로 돌아설 것이다. 명목 GDP 성장률은 2012년 약 18%로 최고치를 기록한 이후 급격하게 하락해 2015년에는 5%를 살짝 웃도는 데 그쳤다가 이후 다소 회복했다. 투자증가율과 부동산 부문은 이런 부진을 그대로 반영하면서도 더 저조해져 위기 후 상태에 머물고 있다. 외환보유액은 3조 달러로 감소하는 선에서 선방했지만, 경상수지가 적자 영역으로 넘어가면서 더 감소할 수 있다.

중국의 생산가능인구는 줄어들고(그림 2-5), 고령 인구는 급격

그림 2-5 감소하는 생산가능인구

중국의 생산가능인구가 줄고 있고 도시 인구 비중이 이제 60%에 이른다.

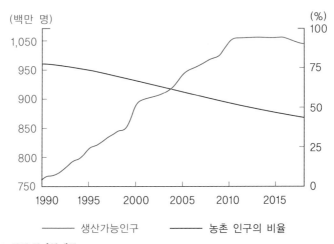

생산가능인구 ——— 농촌 인구의 비율

자료: 중국 국가통계국

하게 증가하고 있다. 내부에서의 이주는 과거에는 무한해 보이던 노동 공급을 산업 지역에 제공했으나, 이른바 '루이스 전환점Lewis turning point'에 이르렀다. 즉, 농촌에 남아 있는 노동력의 도시로의 이주가 더 이상 경제적으로 순이득을 제공하지 않는 단계에 봉착했다. 이에 대해서는 뒤에서 더 논의한다.

자본 측면은 어떤가. 중국을 세계 제조업 공급망에 연결하며 급속하게 진행된 자본 축적은 이미 종국으로 접어들었다. 2014~2015년에 제조단지와 부동산 부문이 붕괴된 이후 추가적인 자본 축적보다 통합과 생산능력 감축이 뒤따랐다.

세계적으로 살펴보자. 중국의 인구구조 역전은 사회적인 물결이 세계화의 반대로 돌아선 시기에 진행되고 있다. 그래서 물적 자본이 중국으로 계속 흘러들어 갈 유인이 줄어들었다. 금융투자의 흐름은 크지 않았는데, 중국이 블룸버그 바클레이스 애그리게이트 글로벌 인덱스Bloomberg Barclays Aggregate Global Index에 포함된 이후 지수를 추종하는 자산운용사들이 중국 채권을 1,500억 달러 규모로 매입할 것이다. 중국은 일본에 이어 최대 투자처가 되면서 다른 신흥시장의 비중을 낮출 것이다. 여하튼 해외 유입에 의한 중국의 물적 자본 투자는 다시 증가하지 않을 듯하다. 왜냐하면 기대되는 수익률이 낮아졌기 때문이다. 이 대목은 이후에 상술한다.

노동과 자본의 유입에서 제약에 처한 중국은 기술 향상으로 눈을 돌렸다. 성장을 이어가고 줄어드는 노동 공급을 만회하는 방법으로 기술 발전을 택한 것이다. 하지만 외국 기업의 유입이 없는 상태에서, 그리고 중국 기업의 외국 기술 확보에 대한 견제가 심해진 상황에서 과거와 같은 기술 이전은 실현되지 않을 것이다.

이는 중국 기업이 혁신적이지 않고 혁신을 이루지 못한다는 의미가 아니다. 실상은 그 반대이다. 중국은 통신과 전력, 심지어 전기차 분야에서 가장 혁신적인 기업을 보유하고 있다. 통신 분야의 경우 중국 화웨이와 샤오미 같은 기업이 건수 기준 5세대5G 통신기술 특허의 큰 비중을 차지하고 있다.

과거에는 손쉬웠던 기술 이전이 더 이상 가능하지 않게 된 데에는 두 가지 원인이 있다. 첫째, 중국 안팎으로 외국 기술을 확보하기가 더 어려워졌다. 둘째, 현재 중국 기업의 기술 수준이 출발점에 비해 크게 발전했고, 이제 세계 기준으로의 향상이 과거와 달리 큰 도약이 아니게 되었다. 이제 혁신은 국내에서 창출되어야 하고 상당히 큰 정도로 이루어져야 한다. 이는 버거운 도전 과제로 보인다.

혁신과 기술의 강조는 이미 교육을 받은 도시 인구에 적합할 것이다. 그러나 이는 투자를 농촌으로 이전한다는 '안행雁行, Flying Geese' 모형 전략과 상충한다(일본에서 제시된 안행형태론은 앞서 날아오른 일본 경제와 그 성장 방식을 따라 하면서 뒤를 좇은 아시아 각국의 발전 형태를 편대 비행하는 기러기 무리에 비유했다. 이 책에서 안행 모형 전략은 도시의 산업 지역에 이어 농촌을 개발한다는 중국의 발전 전략으로 쓰였다 - 옮긴이). 중국은 안행 모형 전략이 실현되기를 희망했고, 여전히 희망하고 있다. 혁신은 자연히 교육과 훈련 수준이 높은 노동자를 필요로 한다. 하지만 중국에서 그런 노동자들은 발전한 해안 지역에 거주하고, 저개발된 내륙 지방에는 많지 않다. 생산성 향상을 이룰 가망성이 가장 큰 중국의 고도기술 기업들이 중국 내륙으로 이전할 가능성은 희박하다.

한편 숙련된 노동자에 대한 세계적인 수급은 더 빠듯해질 것이다. 이론적으로는 교육받은 노동자가 세계적인 차원에서 공급되면서 일부 위험을 부분적으로 상쇄할 수 있다. 그러나 그 효과는 크지 않을 듯하다. 왜냐하면 선진경제와 신흥경제 모두가 저마다 비슷한 인구변동을 거치고 있기 때문이다.

사실 내부로 향하는 발전 전략보다는 밖으로 나가는 '일대일로—帶—路' 전략을 구상하는 것이 더 유망해 보인다. 구체적으로 설명하면 이렇다. 중국 내 사회간접자본에 대한 경제적으로 지속 가능한 수요가 부족해졌다. 그로 인해 초과 생산능력 문제가 발생할 텐데, 일대일로 전략으로 그 초과 생산능력을 수출한다는 것이다. 일대일로 전략은 처음에는 중국뿐 아니라 일대일로가 지나는 다수의 국가들로부터 크게 지지받았었다. 그러나 최근 들어 이 야심 찬 전략의 수익성과 자금 조달을 놓고 심각한 의문이 제기되었다. 성장이 미미해진 세계에서 일대일로가 지속 가능할 정도로 경제 활동이 충분할지에 대한 의심이다. 따라서 중국이 이 전략으로 성장을 창출할 가능성은 제한적이다.

자본수지가 경상수지의 방향에 변화를 줄까? 즉, 자본수지가 지속적으로 적자로 돌아서면 경상수지가 흑자로 바뀔까? 그러나 자본수지가 어떤 방향으로 나아갈지는 분명하지 않다. 한편에서 부의 대부분을 자국 내에 보유하고 있는 중국 가계는 더 많은 외국 자산을 가지려 하고 있다. 또 일대일로 전략 구상에 따른 투자도 자본 유출로 이어질 것이다. 다른 편에서는 중국의 금융 부문과 금융시장 개방으로 세계 투자자들이 중국 자산에 투자하는 자금을 늘릴 것이다. 두 흐름 중 어느 쪽이 더 강할지는 지켜봐야 한다.

I. 아가르왈I. Agarwal 등(2019)은 중국의 은행 예금 중 10%만 외국 자산 매입으로 이동해도 2조 달러가 해외 시장으로 흘러들어 간다고 주장했다. 그러나 자본계정 자유화의 역사를 보면 가계 자금 자유화는

결과를 예측하기가 가장 어렵고 자본 이동 중 통제도 가장 어렵다. 자본계정 자유화 과정에서 가계 자금을 가장 마지막 단계에서 푸는 것이 그 때문이다. 일대일로의 지속 가능성과 재원 조달, 실행 속도를 둘러싸고도 의문이 있다. 앞서 서술한 것처럼 중국 자산의 수익률은 평범하고 불확실해졌다. 그래서 중국에 대규모로 투자할 의향이 꺾일 것이다. 따라서 자본수지와 경상수지의 방향은 기껏해야 불확실하다.

중국은 약 10년 전에 성장 전략의 기조를 근본적으로 수정하였다. 중앙집권적으로 이루어지던 의사결정을 분권적인 구조로 바꾼 것이었다. 분권화 전략은 다음 세 가지로 정의된다. 1) 소비 기반 성장 모형을 일념으로 추구하고, 2) 규제 완화로 민간 부문이 더 큰 활약을 하게 하며, 3) 국유기업 역할을 바꿔 생산성 향상을 목표로 초과 생산능력과 과도한 부채를 감축하도록 한다.

이 중 둘째와 셋째는 이미 가시화되었다. 몇몇 산업에서 초과 생산능력은 극적으로 감축되었다. 철강산업이 대표적이다. 부채는 서서히 자본으로 전환되고 있다(12장에서 더 서술). 국유기업의 통합은 전체적으로 이미 수익성을 높이고 있다. 민간 부문의 역할은 극적으로 확장되었다. 지난 10년 동안 민간 부문은 GDP의 60% 이상을 창출했고 조세 수입의 70%를, 혁신의 80% 이상을, 고용의 90%를 기여했다.

중국의 새로운 성장 양상은 어떤 모습이 될까? 소비와 투자, 부채를 살펴보자. 소비 주도 성장이라는 청사진이 전하는 것보다 중국의 향후 성장은 훨씬 더 균형 있게 이뤄질 것이다. 보편적인 인식과 반대로 소비 증가와 소비와 관련된 서비스는 구조적인 둔화를 겪는 중국의 차기 축을 이끌고 있다. 그러면서 경제에서 투자의 역할이 크게 조정되는 부분을 메우고 있다. 투자 측면을 보면, 곤경에 처한 제조업과 부동산 부문은 생산성 향상에 집중할 것이다. 중국 기업부채의 채무불이행 위험은 많은 사람이 믿는 것에 비해 크게 낮다. 그러나 기업부채가 해결된다고 해도 소비 주도 성장이 원만히 이루어질 것 같지는 않다.

"역사는 결코 스스로를 반복하지 않지만, 종종 각운을 맞춘다." 마크 트웨인이 말했다고 알려진 경구이다. 트웨인이 과거 일본의 변화와 현재 중국에서 진행 중인 변화를 지켜봤다면 양자의 유사점을 언급했을 것이다. 일본의 진화는 9장에서 상세하게 추적한다. 여기에서는 일본의 투자가 1990년대 초에 붕괴되면서 소비 증가도 크게 둔화되었다는 사실만 다룬다. 일본의 GDP에서 소비가 차지하는 비중은 커졌다. 왜냐하면 소비증가율이 0%를 살짝 초과한 수준에 머문 해에 투자증가율은 어김없이 마이너스였기 때문이다. 그것은 수학적인 리밸런싱이었지 경제적인 리밸런싱은 아니었다. 그 시기에 일본의 기업 부문은 구조조정을 거쳐 국내보다는 해외에 투자하고 제조업에서 서비스업으로 노동을 재배정함으로써 제조업 생산성을 높였다(그림 2-6).

일본의 교훈이 중국에 적용될까? 중국은 분명 아주 다르다. 중국은 일본보다 발전 단계에서 한참 뒤처져 있고, 여전히 중국 내에는 생산성을 높이기 위해 개혁이 필요한 비효율과 정책이 많다. 이는 개도국 경제가 선진경제를 따라잡는 방법이다. 그러나 중국 노동시장이 신속하게 조정되지 못하는 특성을 고려할 때 진화의 본질은 비슷할 듯하다. 소비 주도 성장은 실망스럽겠지만 경제의 투자 측면은 다수의 예상보다 더 좋은 성과를 낼 것이다. 부채는 해소되면서 경제의 발목을 잡겠지만(이는 다음에 상술한다), 현재나 미래에 위기를 초래하지는 않을 듯하다. 일본처럼 중국의 소비 주도 성장으로의 전이는 경제적인 리밸런싱이 아닌 수학적인 리밸런싱이 될 듯하다.

그림 2-6 일본의 소비와 투자

중국은 일본처럼 수학적인 리밸런싱을 겪을 것이다.

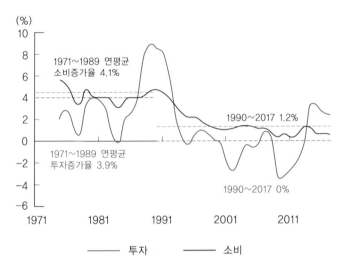

자료: IMF

2014~2015년 국유기업에서의 중국 제조업과 부동산 부문의 '경착륙'은 중국이 성장으로 이행하던 과정에서 중대한 순간이었다. 제조업 부문의 초과 생산능력이 큰 이슈였는데, 특히 철강산업에서 과감한 구조조정이 이루어졌다(당시 세계 5위 바오산강철과 11위 우한강철의 합병을 비롯하여 다수의 설비 감축이 이루어졌다 – 옮긴이). 제조업의 다른 분야에서는 국유기업들이 추가 투자 동결이나 합병을 통해서 초과 생산능력 통합에 관여하였다.

국유기업으로서는 사회적인 고려와 정치적 위험 때문에 대규모 해고라는 방법은 실행할 수 없었다. 1989년 천안문 사태와 같은 일이 반복되어서는 안 되었고, 따라서 노동시장에 구조조정의 칼날을 들이

댈 수 없었다. 예를 들어, 비록 국유기업에 지원된 국유은행의 여신 중 상당 부분이 초과 생산능력과 관련이 있었지만 국유은행과 국유기업 모두 초과 생산능력을 정리하기 꺼렸다. 국유은행은 정부에 의해 다시 자본을 확충받을 수 있는 반면 추가 자본을 받지 못하는 국유기업은 상당한 부실채권을 정리할 경우 상당수의 노동자를 해고해야 했다. 대안으로 선택된 방법은 국유은행이 국유기업에 자금을 계속 제공하면서 그들이 사업을 이어가도록 해 주는 것이었다. 그러므로 중국에서 '좀비' 기업들의 존재는 적어도 부분적으로는 사회적·정치적 제약으로부터 비롯된 것이다. 노동자들은 대량 해고 대신 긱 이코노미(정규직보다 계약직이나 임시직으로 고용하는 경향이 커지는 경제 – 옮긴이)의 도시 일자리를 찾아 스스로 회사를 떠나거나, 국유기업들이 합병하면 작은 규모의 기업으로 내보내졌다.

자본이 이미 줄어든 상태에서 제조업 부문에서의 점차적인 노동 감축은 자본/노동 비율을 높여 생산성을 향상시킬 것이다. 그러나 소비는 부진한 상태에 머물 듯하다. 노동력과 인구 성장이 역전되면서 전반적인 성장이 느려질 것이다. 가계저축은 줄어들 가능성이 높다. 온전하고 적절한 사회안전망이 갖춰지지 않는다면 소비는 고령화와 건강 관련 서비스에 더 지출될 것이다. 이는 직접 이뤄질 수도 있고, 정부를 통해 간접적으로 이뤄질 수도 있다. 중국 공산당이 지켜야 하는 사회적 계약에 따라 중국 정부는 보조금을 지원하며 이들 서비스를 제공할 수 있다. 이 경우 노동자에 대한 증세를 상쇄해 주기 위해 임금을 인상하고 이에 따라 인플레이션이 발생할 수 있다. 높은 인플레이션은 증가하는 명목 의료지출의 부담을 경감하기 위해 필요할지 모른다.

의료 관련 임금 인상이건 인플레이션이건, 중국이 루이스 전환점을 지나면서 임금이 상승하건, 중국에 대한 낙관적인 전망과는 거리가 멀다. 지속적인 임금 인상이 탄탄한 소비로 이어지는 순환은 가능하지 않아 보인다.

실질 임금상승률도 억제 압력에 놓일 것이다. 여기엔 두 가지 동학이 작용할 듯하다. 우선 제조업 투자의 급격한 감소로 생산성 향상이 아주 서서히 나타날 것이다. 또 노동자들이 제조업 부문에서 서비스업 부문으로 이동하면서 대개 노동집약적이고 생산성 향상이 낮은 업종에서 일할 것이다. 이는 다른 선진경제에서 이미 전개되어 온 양상이다.

널리 공유된 견해는 중국의 부채가 지속 불가능한 수준에 도달했고, 부채의 큰 덩어리가 원리금을 상환하기에 충분하지 않은 성과를 내는 자산에 투입되었다는 것이다. 가장 매파적인 견해는 아마 인민은행에서 나오고 있다. 이 견해가 정말 사실인지 확실하게 알 방법은 없다. 그러나 인민은행의 그림자 금융shadow banking(은행처럼 자금중개 기능을 하지만 중앙은행과 예금보험제도 밖에 있어 시스템적 위험을 유발할 가능성이 있는 금융 – 옮긴이) 규제를 생각해 보자. 이 규제는 2017년에 시작되었는데, 미국과의 무역전쟁이 시작되고 격화된 2018년과 2019년에도 내내 지속되었다. 2019년 말에 경제 상황이 악화되는데도 인민은행은 그림자 금융을 통해 자금이 주택 분야로 유입되는 것을 제한했다. 이 같은 움직임으로 볼 때 인민은행은 부채 축소를 큰 사명감을 갖고 추진하는 듯하다. 인민은행은 경제 상황이 너무 악화되어 일부 조정이 필요한 경우에만 공격적인 행보를 늦춘다. 인민은행의 부채 축소 공세와 중국 경제의 경로는 미래의 어느 시점에 부채 위기가 발생하지 않을까 하는 우려를 계속해서 낳고 있다.

하지만 중국의 부채에 대한 이러한 통념적인 견해는 맞지 않다.

첫째, 부채를 단순히 탕감하는 일은 대부분 지역에서 작동하지 않지만, 중국에서는 가능하다. 일반적으로 부채 탕감은 어렵다. 설령 채권을 국내에서 보유할지라도 마찬가지이다. 왜냐하면 부채는 누군가에게는 채무이고 누군가에게는 자산이기 때문이다. 부채 탕감은 채무자를 돕지만 채권자의 부와 미래 소득에 충격을 준다. 이로 인해 손해를 본 채권자는 대출을 늘리지 않으면서 지출을 크게 줄인다. 그 결과 전반적인 소비를 위축시키는 충격이 급격하게 가해진다. 이는 부채 탕감이 전혀 공짜가 아닌 이유이다(11장에서 이 사안을 상술한다).

일본의 부채 특성을 일별하면 도움이 된다. 채권이 일본 내에 보유되고 있음에도 일본의 정부부채는 탕감이 불가능하다. 왜 그런가? 가계를 통한 '누출'이 너무 클 것이기 때문이다. 어마어마한 규모인 일본 정부 발행 채권은 거의 전부가 국내에 있고, 그중 상당 부분을 연금기금이 보유하고 있다. 일본 정부가 채무상환을 취소한다고 하자. 그러면 일본 연금기금의 대차대조표 중 자산이 손상되고, 연금기금의 가계 부문에 대한 연금 서비스가 사실상 불가능해진다. 미래 은퇴 후 수입의 감소에 충격을 받아 가계는 즉각 저축을 늘리고, '절약의 역설'이 소비를 붕괴시키며 일본을 불황으로 밀어 떨어뜨릴 것이다. 이처럼 일본의 부채 탕감이 가져올 가계 지출 '누출'의 충격은 너무나도 엄청나다.

중국에서는 부채의 양쪽이 모두 동일한 대차대조표, 즉 정부의 대차대조표에 기재된다. 왜냐하면 기업부채의 많은 부분이 국유은행을 통해 국유기업에 대출되었기 때문이다. '누출'은 더 적다. 이를 살펴보자. 중국의 국유은행이 채권을 탕감하면 두 가지 문제가 발생한다. 첫째, 국유은행의 자본이 타격을 받게 된다(이에 대해 곧 상술한다). 둘째, 국유은행은 국유기업에 더 대출하기 어려울 것이다. 국유기업은 조업을 단축하고 노동자 중 상당수를 해고해야 할 것이다. 이러한 해결책은 정권이 원하지 않는 사회적인 동요를 야기하는 문제가 있다.

중국의 제조업과 부동산 부문(이른바 구舊중국)은 이미 2015년에 경착륙했다. 그 이후 구중국의 경제활동은 기껏해야 활발했을 때조차 일정 범위의 성장률을 넘어서지 못했고, 그림자 금융 규제와 2018~2019년 무역전쟁 이후 위축되었다. 노동은 도시와 긱 이코노미가 창출하는 수많은 서비스로 이동하고 있다. 국유기업의 노동자가 줄어들면 부채 탕감의 부정적인 효과는 훨씬 적을 것이다. 노동자 감소는 이미 진행되고 있지만 결정적인 규모 이상으로 줄어들려면 앞으로 수년이 더 소요될 것이다.

둘째, 부채 출자전환이 진행 중이다. 그러나 출자전환을 통해 부채 규모를 줄이는 데에는 시간이 걸린다. 사실 출자전환은 우리가 선호하는 부채 해결 방안이다(12장). 부채 일부 경감은 부채 전체의 가치에 대한 의구심을 초래할 위험이 있다. 그에 비해 출자전환을 활용하면 은행은 자본을 한번에가 아니라 단계적으로 상각해 나갈 수 있다. 불행하게도 다른 많은 '해법들'과 마찬가지로 출자전환도 공격적으로 실행할 수는 없다. 자신의 채권에 대해 기꺼이 손실을 인정할 채권자는 없다. 그러나 거시경제적으로는 빙하 이동처럼 점진적으로 출자전환을 실행할 유인이 있다. 출자전환은 대출과 고용 증가라는 효과를 일으킬 수 있다. 출자전환 후 은행은 과거 대출을 연장해 줄 필요가 없고, 거시경제의 안정성이 개선될 것이다. 다만 국유기업이 조업을 이어가려면 여전히 대출이 필요하고, 그래서 국유기업의 지불능력을 둘러싼 의문이 제기될 것이다. 그래서 많은 경우 사업 구조조정과 함께 인력을 더 빠르게 해고할 것이다. 공격적이고 단번에 실행하는 출자전환은 대량 실업과 정치적인 긴장을 유발할 것이다. 따라서 점진적인 출자전환이 우리가 기대하는 최선의 방법이다.

셋째, 대규모 부채를 축적한 대가는 소비와 서비스업에 대한 신용의 부족으로 나타날 것이다. 비록 출자전환이 한층 부드러운 부채 축소를 가능하게 하겠으나, 그에 따라 은행의 자본이 감소할 것이다. 왜냐하면 전환된 지분의 가치가 부실채권의 실현된 가치에 따라 상각될 것이기 때문이다. 은행 자본이 상각되는 가운데, 또 실질임금 증가가 자본 축적으로부터 전보다 적게 뒷받침되는 동안, 은행의 대출 역량과 용의는 줄어들 것이다. 따라서 비록 소비자와 민간 부문은 경제에서 점점 더 큰 비중을 차지하더라도 미래의 소득을 끌어와 소비하지도 못하고, 빠르게 성장하지도 못할 것이다.

요컨대, 중국의 소비 증가는 미미할 것으로 예상되지만 생산성은 (특히 부실자산과 부채를 적극적으로 줄이는 국유기업의 생산성은) 강하게 반등할 것이다. 부채 축소는 이 경향을 강화할 듯하다. 부채는 위기를 야기하지는 않겠으나 은행이 과거의 과도한 부채를 처리하는 과정에서 미래의 신용 흐름을 제약할 것이다.

중국에 관한 우리의 모든 논의는 세 가지 함의를 지닌다.

첫째, 중국은 더 이상 세계적인 디스인플레이션의 원천이 되지 않을 것이다. 인구변동의 압력과 루이스 전환점이 시사하는 바는, 지금까지 경제가 다룰 필요가 전혀 없었던 인플레이션에 대한 압력이 현실화되고 무방비 상태의 우리를 포획하리라는 것이다.

둘째, 인구 고령화와 금융시장 통제가 끝남에 따라 저축이 감소하고 경상수지가 적자로 돌아설 것이다. 우리가 앞에서 논의했듯이, 자본수지가 경상수지를 다시 흑자로 돌려놓을 수 있다. 그러나 상반된 여러 흐름, 즉 가계 부와 일대일로 지출, 중국 내 외국인 투자 등이 종합적으로 어떤 결과로 이어질지는 미지수이다. 앞선 시기와 같이 중국의 경상수지 흑자가 낳은 지속적인 자본 유입이 없다면, 미국과 세계 채권 수익률(그리고 자산 가격)에서 과거와 같은 뒷받침은 역전될 것이다.

셋째, 노동을 절감하고 생산성을 향상하는 기술을 도입하는 능력은 중국 내에서 창출될 수 있는 사소하지 않은 혁신에 달려 있다. 이전해 줄 기술을 보유한 외국 기업의 도움이 없고 중국 기업의 외국 기업 인수를 둘러싼 정치적인 민감함이 있는 상황에서는, 기술의 조직적인 향상은 더 어려울 것이다.

3장

인구변동의 대역전과
성장에 드리운
그림자

우리는 이 장을 열며 지난 약 35년 동안 영향을 미친 인구변동의 스위트 스폿이 세계 산업 복합체에서 어떻게 약해질지 보여 주고자 한다. 중국의 노동력 감소는 지난 수십 년간 중국이 기여한 세계 노동력의 역사적인 급증과 대비된다. 다음으로 인구변동의 주기를 소개하고 양상을 전하고, 끝으로 인구변동이 미래 성장에 미칠 영향을 논의한다. 인구변동의 인플레이션에 대한 영향은 5장으로 넘기고, 금리에 대한 영향은 6장에서, 불평등에 대한 영향은 7장에서 다룬다.

서서히 약해지는
인구변동의 스위트 스폿

스위트 스폿이 사라질 것이다. 일부 경제에서는 이 변화가 상당히 빠르게 진행될 것이다. 우리는 지금 세계의 부양인구비 곡선이 상승하는 추세로 바뀌는 지점에 있다. 세계 부양인구비 상승세는 지금부터 거의 모든 선진경제와 주요 신흥경제에서 대체적으로 가팔라지리라고 예상된다. 특히 중국과 독일에서 두드러지게 진행될 것으로 예상된다(그림 3-3). 반면 세계 생산가능인구의 증가 속도는 크게 떨어질 것이다. 선진경제와 동아시아의 생산가능인구가 감소하면서 고령층 대비 노동자의 비율이 크게 줄어들 것이다.

1980년대 이후로 선진경제에서 출산율은 안정적이었고 많은 경우 대체출산율 수준(현재 인구 규모를 유지하는 데 필요한 출산율 – 옮긴이) 아래에 머물렀으며 높아지지 않고 있다(그림 3-1). 그러나 기대수명은 계속 늘어나고 있다(그림 3-2). 그 결과 은퇴하는 베이비 붐 세대는 더 오래 살지만 선진경제에서 노령층 급증을 상쇄할 출생 인구는

그림 3-1 출산율의 하락

출산율(여성 1명당 아이)이 신흥시장경제에서 급격하게 하락하고 있다. 선진경제에서는 이미 낮아졌다.

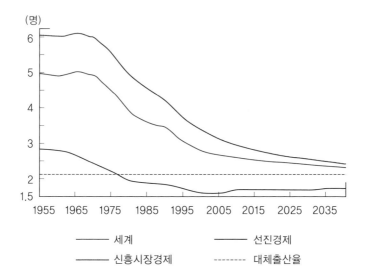

그림 3-2 신생아의 기대수명

세계적으로 신생아의 기대수명이 늘어나고 있다.

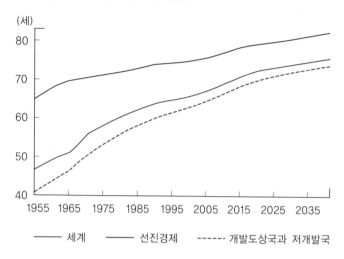

충분하지 않다.

　신흥시장경제의 기대수명이 선진경제의 기대수명을 빠르게 따라 잡고 있다(한국 같은 곳은 이미 따라잡았다). 그러나 출산율은 나라마다 큰 차이를 보인다. 중국과 러시아의 출산율은 이제 선진경제 수준이 다. 동아시아와 동유럽 밖의 나라들은 그와 뚜렷한 대조를 보이는데, 이들 국가의 출산율은 더 높은 수준에서 출발해 서서히 하락하고 있 다. 그 결과 부양인구비가 선진경제에 비해 무척 늦게 악화될 것이고, 고령화라는 세계적인 추세를 완화하는 효과를 해당 경제에 일부 제공 할 것이다.

　그 결과, 부양인구비는 선진경제에서 급격하게 상승하고 동아시 아와 동유럽의 일부 신흥시장경제에서는 더 급격하게 상승할 것이다. 일본은 인구 역풍 국가로 널리 알려져 있다. 독일의 부양인구비도 향

그림 3-3 100명당 부양인구비

선진경제에서 부양인구비 상승. 신흥시장경제에서는 혼재되어 있다.

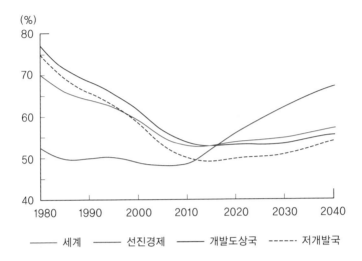

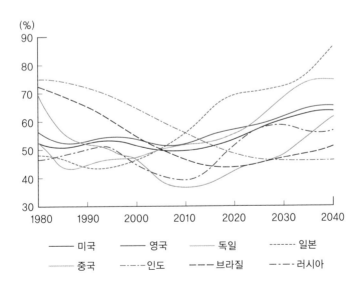

후 수십 년 동안 중대한 억제 요인으로 작용할 것이다. 일본과 독일에서 부양인구비 저점은 1990년대에 이미 나타났다. 이어 미국과 영국이 2010년 무렵 그 뒤를 따랐다. 비슷한 시기에 중국과 러시아에서도 부양인구비가 저점에서 반등했다. 한국이 그다음이었다. 대규모 신흥시장경제 가운데 인도만 저점에서 아직 멀리 있다(그림 3-3). 이 대목은 이후에 다시 논의한다.

선진경제와 동아시아, 동유럽에서 부양인구비가 전반적으로 상승한 요인은 노년 부양인구비, 즉 노인 대비 노동자의 비율이 줄었기 때문이다.

UN 보고서: 세계 인구 고령화 2015 ─────────────

이 보고서는 세계가 수십 년 뒤에 얼마나 달라질 것인지, 가장 큰 변화가 어디에서 일어날 것인지를 탁월한 스냅 사진처럼 보여 준다. 다음은 UN 보고서의 요약이다.

세계 인구의 고령화 속도가 빨라지고 있다. 세계의 60세 이상 인구의 비율은 향후 15년 동안 4%p 넘게 높아질 것으로 전망된다. 즉, 2015년 12.3%에서 2030년 16.5%로 높아질 것이다. 이 비율은 앞서 2000년에서 2015년 사이 15년 동안에는 2.3%p 높아졌다.

60세 이상 인구가 엄청나게 증가한다. 60세 이상 인구는 향후 15년 동안 9억 100만 명에서 14억 명으로 56% 급증할 것이다. 2050년이 되면 21억 명 가까이로 증가해, 2015년보다 두 배 이상이 될 것이다.

2015년에는 세계 인구 8명 중 1명이 60세 이상이었다. 2030년에는 이 비율이

6명 중 1명으로 높아진다. 2050년에는 5명 중 1명이 될 것이다.

80세 이상의 초고령 인구 증가 속도는 더 빠르다. 세계적으로 초고령 인구가 고령 인구 전체보다 더 급속도로 늘고 있다. 2050년 세계 초고령 인구는 4억 3,400만 명으로 2015년의 1억 2,500만 명보다 세 배 이상으로 증가할 것으로 전망된다. 초고령 인구의 비율은 2015년 14%에서 2050년 20% 이상으로 높아질 것이다.

세계 지역별 고령화: 2015년에서 2030년 사이에 어느 지역에서 고령화가 빨리 진행되나? 60세 이상 인구 증가율로 보면 라틴아메리카·카리브해 국가(71%)에 이어 아시아(66%), 아프리카(64%), 오세아니아(47%), 북아메리카(41%), 유럽(23%) 순일 것이다.

고령화는 고소득 국가에서 가장 진전되었다. 2015년 일본의 60세 이상 인구 비중은 33%로, 세계에서 가장 고령화되었다. 그 뒤를 독일(28%), 이탈리아(28%), 핀란드(27%)가 따른다.

2030년이 되면 60세 이상이 유럽과 북미에서 25% 이상을 차지할 것이다. 오세아니아에서는 20%, 아시아와 라틴아메리카·카리브해 국가에서는 17%, 아프리카에서는 6%가 될 것이다.

2050년에 이르면 세계 인구의 44%가 상대적으로 고령화된 국가, 즉 인구의 20% 이상이 60세 이상인 국가에서 거주할 것이다. 세계 인구의 25% 이상은 인구의 30% 이상이 60세 이상인 국가에서 거주할 것이다.

인구변동의 사이클:
지리적으로는 균일하고, 경제적으로는 기울어졌다

우리는 인구변동의 사이클을 파악하기 위해 대상 국가들을 세 범주, 즉 초기, 중기, 후기로 분류하여 표 3-1에 정리했다. 얼핏 보기에 여러 나라가 이들 범주를 기준으로 상당히 넓게 분포되어 있다. 이로부터 세계 인구변동의 양상이 긍정적이라고 여길 수 있다. 그러나 2040년까지 세계 인구증가율은 선진경제와 신흥경제의 인구증가율보다 더 높을 것이다. 왜냐하면 또 다른 국가들로 이뤄진 최저개발지역·국가라는 범주가 있기 때문이다. UN은 2040년까지 아프리카가 대부분인 최저개발지역·국가의 인구증가율이 매우 높으리라고 예측했다.

세계은행은 인구변동 사이클과 관련해 인구변동의 '배당'이라는 유용한 해석을 제공한다. 세계은행에 따르면 출산율이 높고 수명이 짧은 나라는 인구변동의 배당을 앞으로 거두게 되는데, 이는 초기 단계의 국가들이다. 출산율이 하락하고 수명이 늘고 있는 나라들은 지금

표 3-1 인구변동 사이클의 단계별 그룹

초기 단계	인도, 파키스탄, 방글라데시, 사하라 이남 국가, 멕시코, 이집트, 아르헨티나, 알제리, 이라크, 아프가니스탄, 우즈베키스탄, 베네수엘라, 네팔, 예멘, 미얀마, 필리핀, 과테말라, 에콰도르, 카자흐스탄
중기 단계	미국, 브라질, 베트남, 터키, 이란, 콜롬비아, 캐나다, 스리랑카, 사우디아라비아, 페루, 말레이시아, 오스트레일리아, 러시아, 우크라이나, 영국, 프랑스, 모로코, 인도네시아
후기 단계	중국, 일본, 독일, 태국, 이탈리아, 한국, 스페인, 폴란드, 루마니아, 칠레, 네덜란드

* '사하라 이남 국가'에는 50여 국가가 포함된다.

배당을 받을 것인데, 이는 중기 단계의 국가들이다. 출산율이 떨어져 매우 낮은 수준에 머물고 수명이 세계 최고 수준으로 수렴한 나라들은 배당 이후의 경제로, 후기 단계에 있다고 할 수 있다(그림 3-4).

세 그룹이 세계 인구에서 차지하는 비중은 각각 50%, 23%, 27%이다(표 3-2). 이처럼 인구 분포 자체는 그리 치우치지 않은 편이지만, 이 분포 이면의 경제적 분포는 매우 치우쳐 있다. 가장 고령화된 경제, 즉 후기 단계 경제는 부자 국가들이다. 따라서 집중된 경제력은 주로 고령화되고 이미 인구변동의 배당을 '다 쓴' 경제들의 손에 장악되어 있다. 이는 표 3-3에서 볼 수 있다.

가장 우려되는 점은 고령화되는 경제들이 현재 세계 GDP의 큰 몫만 차지하는 게 아니라는 사실이다. 고령화 경제들은 지난 15년간 세계 성장에도 크게 기여했다. 시간 축을 지난 35년으로 확장해도 그 기여도는 별로 달라지지 않는다.

세계 경제가 직면한 위험은 바로 세계 경제 성장을 주도해 온 나라들이 인구변동 측면에서 최대의 도전에 직면하고 있다는 것이다. 따라서 설령 세계 전체적으로는 여전히 인구가 상당히 늘어날 수 있을지라도, 지난 35년간 세계 경제의 성장을 이끈 나라들은 인구변동의 역풍을 견뎌야 한다. 이를 다음과 같이 달리 서술할 수 있다. 세계 경제가 인구변동으로부터 받는 데미지가 매우 경미하려면 지난 수십 년 동안 세계 경제 성장에 미미한 역할을 해 온 경제들이 앞으로는 훨씬, 훨씬 더 큰 역할을 해야 한다. 또한 선진경제에서 파괴적인 기술 혁신이 반드시 진전되어야 한다. 기술 혁신 없이는 세계의 경제가 입을 손상이 더욱 커질 수 있기 때문이다.

그림 3-4 기대수명과 인구변동 배당의 지리적 분포

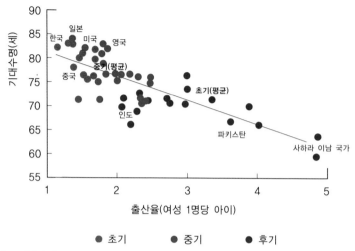

자료: 세계은행

표 3-2 초기, 중기, 후기 단계 국가들의 인구와 비중(2019년)

	인구(백만 명)	비중(%)
초기	3,540	50
중기	1,666	23
후기	1,966	27
합계	7,172	100

* 세계 인구의 90%를 커버한다.

표 3-3 인구변동 사이클 중 각 단계 국가들의 성장 기여도(%)

2012~2018년	GDP 성장률	GDP 성장률 기여도	세계 GDP 중 비중 (구매력평가 기준)
초기 단계	4.9	27	21
중기 단계	2.4	28	41
후기 단계	4.5	45	38

생산의 증가

생산 증가율은 자연히 노동력 증가율과 생산성 향상의 상호작용에 따라 달라진다. 앞에서 서술한 것처럼, 인도나 아프리카 같은 지역의 잠재적 노동 인구증가율은 하락에 직면해 있다. 많은 경우 하락 폭이 클 것이다. 이 하락이 노동시장에 참여하는 잠재적 인구의 비율이 크게 향상되거나 노동자 1인당 생산성이 향상됨으로써 상쇄되지 않는다면, 생산 증가율은 떨어질 수밖에 없다. 인구변동의 역전이 갓 시작된 단계인데도 생산 증가율은 이미 실망스러운 수준을 보여 왔다.

우리는 경제활동참가율을 검토한 뒤 생산성의 향후 경로를 고려해 보고자 한다. B. 모존B. Mojon과 X. 라고트X. Ragot(2019)는 많은 유럽 국가에서 55~64세 연령층의 경제활동참가율이 높아졌음을 보여 주었다. 반면 미국과 일본에서는 그 비율이 유럽 정도로 높아지지는 않았다. 그들은 그렇게 된 유럽 국가들의 대다수에서 이 연령층의 실업률이 전체 실업률의 주요 부분을 이루면서 전체 실업률과 높은 상관관계를 나타냄을 보여 줬다.

여기서의 결론 중 하나는 이 연령층의 경제활동 참여는 젊은 층보다 임금 탄력적이라는 양상이다. 그래서 필립스 곡선이 더 평평하게 그려지도록 하는 요인이 된다는 것이다. 이 결론은 8장에서 다시 다룬다. 한편 그림 3-5는 주요 선진경제의 55~64세 연령층의 경제활동참가율인데, 이 연령층의 경제활동참가율이 일정 수준 이상 높아지기 어려움을 시사한다. 노동참여율이 40%에서 65%로 높아지는 것보다 65%에서 더 높아지기가 훨씬 더 어렵기 때문이다. 그렇다면 노동참여율 추가 상승은 65세 이상에서 나와야 한다.

그림 3-5 55~64세 연령층의 경제활동참가율

선진경제에서 55~64 연령층의 경제활동참가율은 이미 높아졌다

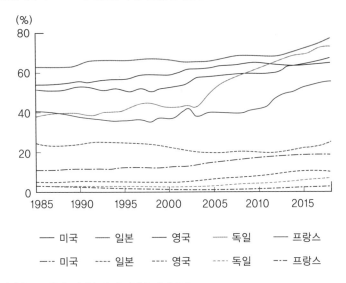

─ 미국   ─ 일본   ─ 영국   ─ 독일   ─ 프랑스

─·· 미국   ---- 일본   ---- 영국   ─·─ 독일   ─··─ 프랑스

* 실선은 55~64세, 점선은 65세 이상을 나타낸다.

장노년층(55세 이상 – 옮긴이)이 어떤 종류의 일을 할 수 있거나 하고자 할까 하는 물음도 있다(Maestas and Jetsupphasuk 2019). 장노년층이 육체노동(스포츠의 대부분도)을 거의 하지 못할 거라는 생각이 있는가 하면, 영국의 농부 평균 연령이 65세가 넘는다는 반례도 제시된다. 농사는 대다수 직업의 작업보다 많은 육체노동을 필요로 한다. 그림 3-6은 65세 이상 중 일하는 비율과 국가 연금 수준의 관계를 보여 준다. 연금 지급 비율은 최종 급여의 백분율로 나타냈다. 미국 시니어의 경제활동참가율에 대한 논의는 버튼Button(2019)이 다뤘다.

이 그림은 명쾌하고도 자연스럽게, 장노년층의 경제활동참가율은 연금이 얼마나 두둑한지와 역의 상관관계임을 보여 준다. 이와 병렬적

그림 3-6 연금 지급 비율과 경제활동참가율의 역 상관관계

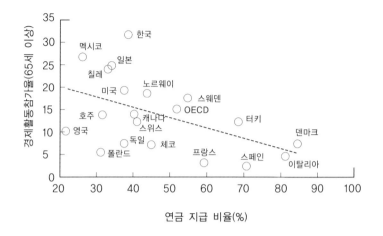

인 관계가 성장률 둔화의 가능성이 은퇴 연령을 높이고 연금 수준의 비율을 낮추는 것이다. 그러나 실질 은퇴 연령은 이제 막 높아지기 시작했고, 기대수명의 연장을 마지못해하며 덜 따라오고 있다. 그림 3-7이 이를 보여 준다.

여하튼 이 추세는 어느 정도까지 이행해야 할까? 또는 이행할 수 있을까? 과거에는 연령이 높아질수록 생산성 향상이 둔해진다는 명제가 공리처럼 여겨졌다. 실제로 최근 성장률 둔화의 일부를 베이비 붐 세대의 연령이 증가한 것으로 설명하려는 시도가 많았다. 다만 이 견해는 재고되고 있으며, 10장에서 길게 논의된다.

많은 나라에서 공식적인 은퇴 연령을 연장하는 방안을 검토하고 있다. 한참 전에 시행되었어야 했을 사례도 있는데, 특히 공무원에 대해서가 그렇다. 브라질을 예로 들 수 있다. 그러나 은퇴 연령을 늦추는 게 쉽지 않은 일이다. 첫째, 설령 생산성이 장노년층 노동참여율 상승으로 인해 떨어지지 않더라도 승진을 둘러싼 문제가 있을 수 있다. 둘

그림 3-7 실질 은퇴 연령과 기대수명

실질 은퇴 연령은 기대수명에 비해 덜 연장되었다.

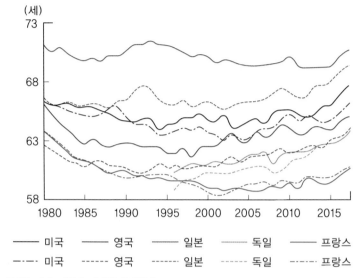

* 실선은 남자, 점선은 여자를 의미한다.

째, 그들에게 계속 일하라는 압박을 줄 경우 젊은 층의 일자리를 막을
수 있다. 그 연장선에서, 장노년층의 편안한 은퇴는 세대 간 공정성의
일부를 이룬다는 것이다.

게다가 은퇴 연령 연장과 연금 삭감에 반대하는 정치·사회적 힘
이 강력하다. 노년층은 청년층보다 투표 성향이 훨씬 더 높다. 따라서
노년층이 당연한 보상이라고 여기는 연금을 줄이려는 시도는 정치적
으로 위험하다. 러시아에서 폭압적인 정치체제를 구축한 블라디미르
푸틴 대통령조차 연금 수급액을 줄이려던 계획을 2018년에 철회했다.
장노년층의 경제활동참가율을 높이려는 노동시장 개혁은 반발을 부
른다(Börsch-Supan et al. 2014). 프랑스의 에마뉘엘 마크롱 대통령도

2019년 말에 은퇴와 연금 구조를 개혁하려다 곤경에 처했다.

요컨대 노년층의 경제활동 참여를 늘림으로써 정규 노동력 증가율 하락의 여파를 크게 상쇄하리라고 기대할 수는 없다. 왜냐하면 (아마도) 생산성 저하가 예상되는 데다 65세 이상(곧 70세 이상)을 정규적으로 보수가 지급되는 일자리로 돌아가도록 압박하는 데 대한 정치적 반발이 커지고 있기 때문이다.

따라서 현재 추세의 성장률을 높이는 것은 차치하고 유지라도 하려면, 다소 실망스럽게도 노동자당 생산성 증가율을 크게 높여야 한다. 되돌아보면 팬데믹 이전 노동자당 생산성 증가 추세는 암울했는데, 부진한 생산 증가와 강한 노동시장 때문이었다. 전반적인 성장률을 유지하려면 노동자당 생산성 증가율이 크게 회복되어야 한다.

이는 버거운 도전 같지만 여러 갈래 희망의 빛이 있기는 하다. 첫째, 표 3-4에서 나타난 것처럼 일본은 노동력이 지난 10년 동안 감소했는데, 최근 노동자당 생산성 증가율은 대부분의 선진국보다 높았다.

표 3-4 연간 노동시간당 GDP 성장률(%)

	미국	독일	영국	프랑스	일본
2010	2.8	2.5	2.2	1.3	3.3
2011	0.2	2.1	0.3	0.9	0.2
2012	0.3	0.6	−0.5	0.2	0.9
2013	0.4	0.8	0.3	1.4	2.1
2014	0.4	1.0	0.2	1.0	0.1
2015	0.8	0.6	1.7	0.8	1.5
2016	0.3	1.4	−0.6	0.1	0.3
2017	1.0	0.9	0.8	1.0	0.9
7년간(%p)	6.2	10.3	4.3	6.7	9.6

자료: OECD

조건을 갖춘 노동자를 찾고 고용하기가 힘들어질수록 고용주는 경쟁력에서 뒤처지지 않기 위해 채용하고 유지할 수 있는 인력의 생산성을 높여야 한다. 5장에서 이 주제로 다시 돌아온다.

다음으로, 지난 수십 년 동안 노동자당 생산성이 더디게 향상된 일부 요인은 기술의 조합일 듯하다. 즉, 준숙련에서 비숙련으로 일자리가 이동한 것인데, 이는 7장 '불평등과 포퓰리즘의 부상'에서 논의한다. 장노년층의 노동참여율 증가도 아마 요인이 되었을 듯하다. 그런 기술 추세가 지속될지는 알 수 없지만 사회·정치적 문제에 맞닥뜨리지 않으면서 장노년층의 노동참여율을 높이기는 점점 더 어려워질 것이다. 마지막으로, 고령 인구는 간병이나 의료 같은 서비스를 소비하는데, 그 분야는 제조업보다 생산성을 높이기가 더 어렵다(Cravino et al. 2019).

따라서 우리가 합리적으로 자신하는 예상은, 예를 들어 인도와 아프리카의 생산 증가는 앞으로 수십 년 동안 현저하게 느려져 연간 약 1%에 머문다는 것이다. 이런 측면에서는 일본이 선구자였다. 일본의 1999년 이후 성장률은 연평균 0.9%였다. 다른 선진국들은 2040년까지 향후 20년 동안 잘해야 이 기록과 대등하게 성장할 것이다.

4장

의존과 치매, 다가오는 간병의 위기

앞 장에서 개괄한 것처럼, 향후 부양인구비 악화의 결과는 고령화가 건강에 미치는 영향을 고려할 때 훨씬 더 심각해질 것이다. 기대수명이 연장되면서 점점 더 높은 비율의 노년 인구가 치매를 비롯한 파킨슨병, 관절염, 복합만성질환 등의 질환으로 인해 정상적으로 거동하지 못하고 다른 사람의 간병에 의존해야 할 것이다.[1]

바이오젠의 아두카누맙과 중국의 올리고마네이트GV-971 같은 알츠하이머 치료제의 등장으로 이 분야의 전문가들이 조심스러운 낙관을 품을 근거가 생겼다. 그러나 이 분야의 발견과 진단, 치료, 정책은 전고관절 대치술과 백내장 수술 등 다른 의학 분야의 성공에 한참 뒤처져 있다.

거시경제 문헌에서 의존은 신체적 상태와 무관하게 특정한 연령층과 관련해서만 서술된다. 그러나 보건의료 문헌에서 의존은 외부의 간병과 도움이 필요한 상태로 정의된다. 나아가 간병은 개인적이고 정서적인 뒷받침을 포함한다. 이는 로봇이 제공하지 못하는 활동이다. 로봇은 물리적인 활동이나 모니터링하는 활동에나 다소 도움이 될 것이다. 결과적으로 앞으로 가정 내부나 외부의 노동력의 점점 더 큰 부분이 노인을 돌보는 일에 종사하게 될 것이다.

이 장에서 우리는 의존과 치매에 대한 걱정스러운 예측을 논의하고 관련 비용을 추정하며 거시경제적인 결과를 전망한다.

고령화는 재난이다

가장 흔하고 널리 알려진 알츠하이머를 비롯하여 치매가 시작되면 당사자는 일상생활이 점점 더 어려워진다. 따라서 간병과 도움이 필요해진다. 인구 중 치매 환자의 비율은 노화가 진행되면서 급속히 늘어난다. 만약 65세가 되기 전에 치매가 왔다면 극히 불운한 경우일 것이다. 그러나 85세 이후에 치매가 발병할 확률은 75세의 확률에 비해 4배에 이른다(Kivipelto et al. 2006; Norton et al. 2014). 치매는 관절염 및 파킨슨병과 함께 당사자가 간병에 의존하게 하는 원인이 된다. 킹스턴Kingston 등(2018b)에서 영국의 전체 인구 대비 의존을 필요로 하는 사람의 비율을 볼 수 있다(표 4-1).[2]

오늘의 사회는 다가올 사회에 비해 아직 상대적으로 젊고, 암과 심장질환에 대해 잘 알고 있다. 암과 심장질환의 경우 사망이 상대적

표 4-1 2015년 영국 노년층의 의료 의존 비율

	총인구(천 명)	의존 인구(천 명)	비율(%)
65~74세	5,276	1,621	30
75~84세	3,130	1,539	49
85세 이상	1,318	1,023	78

으로 이른 나이에 오고 빨리 진행된다. 두 질병 중 하나를 앓는 사람이 수십 년에 이르는 긴 기간에 걸쳐 고도 의존 상태에 놓이는 경우는 드물다. 반면 치매는 종종 환자와 간병인을 그런 상태에 놓는다. 우리는 고령화가 진전되는 가운데 미래가 어떤 모습일지 알지 못한다. 치매(와 알츠하이머)에 대한 치료법은 진전이 없는 가운데 수명은 지속적으로 연장되고 있어, 낙관론은 지나치고 조심스러운 대비는 너무 부족한 상황이다.

C. 패터슨C. Patterson의 세계 알츠하이머 보고서에 다음 대목이 있다.

> "지금 일본에서 태어난 아이들 중 3분의 1이 100세까지 살 거야"라고 켄지 토바가 내게 말했다. 일본의 100세 이상의 고령자에게 치매의 위험은 99%이다. 누구나 '그건 내 이야기'라고 이해해야 한다. 네 이야기가 아니다. '인지능력 쇠퇴는 내 이야기이다.'

치매 햇수가 길어진다면 100세 인생도 그리 좋다고 할 수 없다(Gratton and Scott 2016; Scott 2019). 세계보건기구WHO는 99%의 확률은 확실하지 않다고 주장한다. 적어도 치매의 몇몇 사례는 예방 가능하다는 것이다. WHO는 최근 캠페인을 통해 치매 위험을 줄이는 생활 방식을 제시한다. 그 캠페인은 힘겨운 싸움이다. 치매에 대한 대중의 인식이 낮은 상태이고 그래서 정치권은 치매가 야기한 문제를 다룰 의향이 별로 없기 때문이다. 2019년 세계 알츠하이머 보고서는 155개국의 7만 명을 상대로 조사한 결과를 다음과 같이 전한다. 1) 네 명 중 한 명은 치매를 예방하기 위해 할 수 있는 일이 아무것도 없다고 생각한다. 2) 세 명 중 두 명은 치매는 노화 과정의 정상적인 부분이라고 생각한다. 3) 더욱 걱정스럽게도, 의사의 62%도 그렇게 생각한다. 설령 WHO의 권고를 따르면 상당한 효과가 있을지라도, WHO 권고를 무력화하는 확신이 강한 상황에서는 그 권고를 추진하려는 의욕은 약할 수밖에 없다. 암의 경우 조기 발견이 생존에 가장 도움이 된다. 치매의 경우 이 만성질환을 조기에 발견하기 위해 바이오 업계가 많은 노력을 기울였지만 아직 별반 성과가 없다. 설령 조기에 발견하더라도 치매의 악화를 늦출 수 있을지는 기껏해야 불확실하며, 완치 가능성은 전혀 보이지 않는다.

한 가닥 희망은 특정 연령대의 치매의 발병이 미국과 영국, 스웨덴, 네덜란드에서 낮아져 왔다는 데이터이다. 또 앞으로도 하락할 것으로 예측된다. 영국을 예로 들면 이 현상은 65~74세 남성에서 집중적으로 관찰되었다(Kingston et al. 2018b). 하지만 이는 그 연령대의 남성이 담배를 끊는 비율이 높아진 결과일 가능성이 크다.[3] 중국과 일본에서는 반대의 양상이 나타났다(Livingston et al. 2017).

그러나 이런 예외적인 경우를 제외하면 치매 발병은 여전한 가운데, 고도 의존 환자가 중도 의존 환자보다 더욱 빠르게 증가하리라고 예상된다. 표 4-2에 관련 정의를 정리했다(Kingston et al. 2018b). 중도 의존이거나 그보다 가벼운 치매 환자는 집에서 돌볼 수 있지만, 고도 의존 치매 환자는 그러기 어렵다. 표 4-3에는 영국의 2035년 각 단계 치매 환자 숫자와 증감률 예상치를 정리했다.

영국의 고도 의존 인구는 2015년 78만 3,000명에서 2035년 106만 5,000명으로 36% 증가하리라고 예상된다. 앞서 언급한 것처럼 치매의 부담이 증가한 것은 치매 환자가 증가해서라기보다는 주로 기대 수명이 연장된 결과이다. 이는 고소득 국가에서만 나타나는 게 아니

표 4-2 의존 정도의 범주

	인지기능과 고령화 연구CFAS II	영국 고령화 장기변화 연구ELSA
고도 의존	간이 정신상태 검사 점수 0~9, 또는 화장실 이용 도움 필요, 또는 의자에서 침대로 이동하는 데 도움 필요, 또는 양말과 신발을 신는 데 도움 필요, 또는 식사 도움 필요(대리 인터뷰로 파악), 또는 종종 대소변 실금이 발생하고 옷 입을 때 도움 필요(대리 인터뷰로 파악)	화장실 이용에 도움 필요, 또는 의자에서 침대로 이동에 도움 필요, 또는 대소변 요실금에 문제가 있고 양말과 신발을 신는 데 도움 필요
중도 의존	매일, 또는 거의 매일 도움이 필요하고, 양말과 신발 신기, 또는 뜨거운 음식 조리에서 도움이 필요하거나, 도움이 없이는 옷을 입지 못함(대리 인터뷰로 파악)	양말과 신발을 신는 데 도움 필요, 또는 뜨거운 음식을 조리하는 데 도움 필요
경도 의존	목욕하는 데 도움 필요, 또는 발톱 깎기에 도움 필요, 또는 집안일에 상당한 어려움(대리 인터뷰로 파악)	목욕이나 샤워에 도움 필요, 또는 큰 물건을 당기거나 밀기 어려움, 또는 집안일과 정원 일을 하기 어려움
독립	위의 항목에 해당하지 않고, 각 범주 항목 이외의 특징도 없음	위의 항목에 해당하지 않고, 각 범주 항목 이외의 특징도 없음

자료: Kingston et al. (2018b)

표 4-3 영국의 2035년 의존 상태 환자 전망과 2015년 대비 변화(천 명, %)

	전체 인구	의존도		
		경도	중도	고도
65~74세	6,908(31)	967(-15%)	98(-49%)	241(-15%)
75~84세	2,778(51)	1,400(29)	171(6)	378(42)
85세 이상	2,815(114)	1,537(148)	293(73)	446(92)

자료: Kingston et al. (2018a)

다. 2018년 세계 알츠하이머 보고서에 따르면 치매 환자가 가장 많이 늘어나는 곳은 저·중소득 국가들이다. 이 보고서는 치매로 고통받는 사람들의 숫자가 2015년 5,000만 명에서 2030년 8,200만 명, 2050년에는 1억 5,200만 명으로, 35년간 3배가 된다고 예측했다.

그러나 해법은 보이지 않는다. 이 보고서는 다음과 같이 전한다.

1998년 이후 (치매 치료) 신약 후보 100종 중에서 불과 4종만이 투약 인가를 받았다. 그중에 마법의 약은 없었다. 4종의 신약은 일부 사람들에 한해 치매의 일부 증상을 완화하는 데 도움을 줄 수 있을 뿐이었고, 게다가 세계의 대다수는 약을 구할 수 없다. 치매에 대해 무언가를 아는 사람이라면 누구나 마법의 약이 없으리라는 것을 안다.

2019년 10월 신약 아두카누맙을 둘러싼 상황은 특이했다. 이 신약은 최초 테스트를 통과하지 못했으나 이후 일부 환자에게서 알츠하이머 시작을 늦춰 준다는 효과가 인정되었다. 영국 언론들은 이 신약을 주요한 진전이라며 띄워 올렸는데, 그것은 기껏해야 절실함의 표현이었거나 아주 성급한 축하였다.

우리는 의학의 혁신을 기대할 수 있다. 그러나 혁신의 도래를 전제로 계획을 수립하는 것은 현명하지 않다. 두뇌 아래 신체부위들을 치료하거나 대체하거나 심지어 젊게 하는 데서 이룬 상대적인 성공과 두뇌 손상을 고치는 데서 보인 상대적인 실패의 간극은 점점 더 넓어지고 있다. 게다가 신경퇴행성 장애에 대한 연구와 지원은 암 질환 하나에 대한 것보다 훨씬 적다. 세계 알츠하이머 보고서를 다시 인용한다.

이 보고서의 종합적인 목적은 치매 연구비 지출을 늘리자는 우리의 주장이 여전히 유의미하며, 얼마나 그러한지 명확하게 하는 것이다. 사실을 살펴보자. 1초에 한 명씩 생기는 치매 환자에 비해 연구에 투입되는 금액은 미미하다. 우선 독창적인 연구가 충분하지 않다. 세계적으로 신경퇴행성 장애에 대해 발표된 논문은 암에 대해 발표된 논문의 12분의 1에 불과하다. 또한 치매 연구에 발을 들여놓는 연구자들도 충분하지 않다.

그림 4-1에는 주요 국가들의 치매 인구 전망을 보도한 〈파이낸셜 타임즈Financial Times〉의 2019년 6월 25일 기사의 도표를 담았다.

그림 4-1 치매 인구의 증가(천 명당, 전 연령)

수명이 연장되면서 치매의 부담이 증가하기 마련이다.

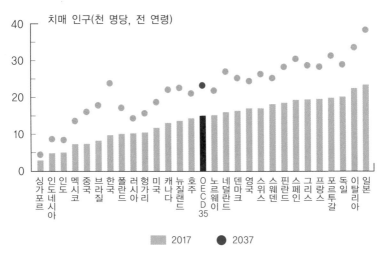

자료: OECD 보건 통계(2017)

치매 비용

치매 비용과 관련해 그간 가장 많이 인용된 수치는 2018년에 약 1조 달러가 된다는 것이었다(Prince et al. 2015). 세계치매협회(2012)는 2030년에 그 비용이 2조 달러가 되리라고 내다봤다. 두 전망을 조합하면 치매 비용은 12년 사이에 두 배로 불어난다.

치매 비용의 많은 부분은 감춰져 있다. 치매 비용 중 측정 가능한 산출이나 소득, 경비 지출이 아닌 많은 부분은 국내총생산GDP 추계에 반영되지 않는다는 의미이다. 그러나 그런 비용도 실제로 부담된다.

치매 비용에는 세 가지 유형이 있다. 환자에게 들어가는 비용, 간병인 비용 그리고 연구개발R&D 비용이다. 연구개발 비용에는 매몰 비용과 성공적이거나 성공하지 못한(지금까지는 거의 전부) 시험 비용이 포함된다. 연구개발 비용은 암과 비교해서도, 또 치매 문제의 엄청난 비용에 비해서도 극히 적은 규모이다.

비용이 주로 치매를 앓는 사람들에게 지출됨은 물론이다. 그 비용은 의료비용으로 뚜렷하게 드러나는 부분과 삶의 질 저하라는 외양 아래 가려진 부분으로 구성되어 있다. 하지만 우리는 치매 연구에 더 많은 재원을 배정하자는 제안에 대한 비용/편익 분석을 위해 삶의 질이 저하되는 명시적인 비용을 측정하려 한 어떠한 시도도 알지 못한다. 다만 '건강한 노화의 경제적 가치 측정'에 대한 간략한 논의는 K. 에글스톤K. Egglestone의 논문(2019)에서 볼 수 있다. 이 연구는 각주에서 든 예와 같은 설문조사 방법으로 진행되었다.[4]

둘째로 간병인에게 무거운 부담이 지워진다. 간병인이 전문 인력이 아닐 경우 대개 가족 구성원(간혹 친구) 중 배우자나 자녀가 그 역할을 맡는다. 가족 간병인은 무보수로 돌봄을 제공하고, 그 기간은 환자의 치매나 함께 앓는 다른 만성질환이 심해져서 병원의 특별병동이나 요양보호시설에 보내져야 할 때까지 이어진다. 란셋 위원회의 보고서 (2017)에 따르면 가족 구성원들은 돌보는 사람의 노고가 필요함에도 치매 환자를 집에서 보살피는 것을 더 선호한다. 치매 환자의 삶의 질을 보호하기 위해서이다. 치매 환자를 돌보는 가족 구성원들은 우울이나 불안, 신체 건강 악화, 직장 업무에 부정적인 영향을 겪곤 한다.

우리가 보기에 영국에서 치매 비용을 처리하는 방식은 수용하기 어렵다. 데미언 그린Damian Green(2019)은 이렇게 분석했다.

> 또한 의료체제는 환자마다 다른 상태를 차별하면 안 된다. 그런데 암 같은 만성질환은 국민보건서비스NHS(영국 정부가 제공하는 종합보건의료서비스로 전 국민에 대해 무료·무차별로 제공됨 - 옮긴이)에 따라 무료로 지원되는 반면 치매 같은 질환은 대개 사회의료시스템을 통해 다뤄진다. 따라서 치매는 개인에게 큰 금전 부담을 지운다. 새로운 사회의료시스템을 만들어 이런 '치매 제비뽑기dementia lottery'를 끝내야 한다.

치매 제비뽑기는 사회구조 변화와 맞물리면 한층 더 어려워진다. 킹스턴Kingston 등(2017)은 가족 파편화(이혼, 다른 곳 거주, 여성의 노동 참여 증가 등으로 인한)로 가정에서 치매 환자를 돌보기가 힘겨워진다는 데 주목했다. 이는 '경도 의존' 환자들의 상태를 크게 악화시키는 배경이 될 수 있다고 연구자들은 분석했다. 이들은 또 영국 보건 당국이 공공의료 대상이 되는 선정 기준을 너무 높게 정했고, 그 결과 경도 의존 환자들은 이를 충족하기 어려워 공공의료 지원의 밖에 놓이게 된다고 진단했다.

비용이 많이 들지만 수량화가 극도로 어렵고 불확실한 비공식 비용을 제외하면, 우리의 결론은 치매에 대한 우려에 비해 전체 지출이 놀랍도록 적다는 것이다. 특히 저·중소득 국가들에서 그렇다. 프린스 등 연구자는 다음과 같이 말했다(Prince et al. 2015).

> 1인당 비용은 세 가지 하위 범주로 나뉘고, 각각은 직접 의료비용과 직접 사회의료비용(유료 전문 가정 간병, 양로원 간병), 비공식 비용이다.

비용은 표 4-4와 4-5에 정리했다. 앞의 FT 기사가 보도한 것처럼, 그리고 그림 4-2에 나타낸 것처럼 비용은 국가마다 차이가 크다. 세계 알츠하이머 보고서의 결론에 따르면 "치매는 현재 일차 의료에서 덜 발견되고, 덜 진단되고, 덜 규명되고, 덜 치료되며, 덜 관리된다." 우리가 주로 활용한 이 보고서와 란셋 위원회 보고서에는 불충분함의 사례가 가득하다.[5]

세계 알츠하이머 보고서는 치매 보건의료 경로의 비용 시사점을 모형으로 만들고자 했고, 치매로 진단받은 사람들이 소비한 보건의료 서비스로 측정했다. 취합된 비용은 GDP나 전체 보건의료비용에 비해 미미했다. 비율이 가장 높은 한국이 GDP의 0.04%, 전체 보건의료비용의 0.5% 정도였고, 멕시코는 이 비율이 0.0003%와 0.01%로 가장 낮았다. 이들 사례의 요점은 치매와 관련해 필요성이 인정받는 정도에 비해 실행이나 고려가 부족하다는 것이다.

다음 물음은 "왜?"이다. 왜 (공공에서든 민간에서든) 더 많은 재원이 치매를 예방하고 잡아두고 되돌리는 데 배정되지 않을까? 셋째 범주,

표 4-4 치매 비용

국가	치매 환자(백만 명)	총 비용(10억 달러)	1인당 비용(달러)
G7	12.9	508.7	39,434
G7을 제외한 G20	24.6	245.5	9,979
세계 나머지	9.3	63.6	6,838
세계	46.8	817.9	17,476

표 4-5 하위 범주로 나눈 2015년 세계 치매 비용과 비중(10억 달러, %)

	직접 의료비용	직접 사회 부문 비용	비공식 비용
저소득층	0.2(20.4)	0.1(10.4)	0.8(69.2)
중저소득층	3.7(23.9)	2.0(13.2)	9.6(62.9)
중상소득층	19.3(22)	17.7(20.5)	49.3(57.1)
고소득층	136.0(19.0)	308.1(43.1)	271.1(37.9)
합계	159.2(19.5)	327.9(40.1)	330.8(40.4)

자료: OECD

즉 치매 치료의 연구개발 비용은 지금까지 어떤 기준으로 측정해도 매우 낮았다.

주된 이유는 최근까지도 약이건 간단한 지원 조치건 제대로 된 게 하나도 없었기 때문이다. 바이오젠의 아두카누맙과 (정도는 덜하지만) 중국의 올리고마네이트 덕분에 이 분야의 전문가들 사이에서 조심스러운 낙관론자가 많아졌다. 두 신약을 둘러싼 논란은 여기서 논외로 하자. 예를 들어 이들 신약의 효과 여부와 아두카누맙이 초기에 효과가 없다는 평가를 받았다가 일부 임상시험 대상자에게서 효과가 나타났다며 되살아난 점, 큰 우려를 빚은 올리고마네이트 승인 과정의 불투명함 등은 제쳐 두겠다. 또한 두 신약 모두 치매의 시작을 늦출 수 있기를 기대하지만, 임상시험이 아직 성공적이지 않았고 치매 진행을

그림 4-2 장기 간병 비용

장기 간병의 비용은 부유한 국가들 사이에서도 차이가 크다.

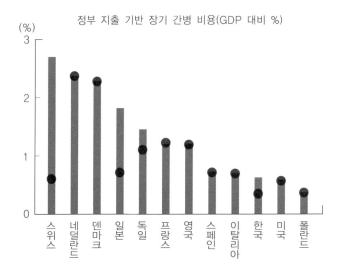

정부 지출 기반 장기 간병 비용(GDP 대비 %)

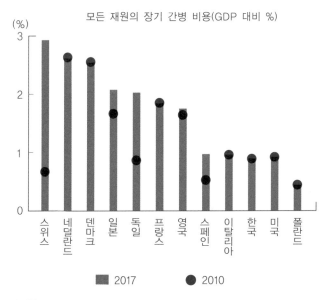

모든 재원의 장기 간병 비용(GDP 대비 %)

■ 2017   ● 2010

자료: OECD

되돌리는 연구의 진전에는 낙관론이 전무한 실정이다.

그러나 두 신약은 의료계가 치매를 상대로 한 싸움에서 처음 성취한 성공이다. 조심스러운 환영은 적절하며 또한 필요하다. 희망적인 견해 중 일부는 두 신약이 치매 연구 재원과 인력을 더 끌어들일 수 있다는 것이다.

둘째 이유는 공적인 지원의 부족이다. 앞선 논의가 시사한 것처럼, 공공 지출로 지원된 치매 관련 치료는 매우 미미하다. 공공 부문에서 민간 기업으로 자금이 꾸준히 흘러들어 가지 않은 것이다. 일부 변화가 제도적으로 나타나고 있지만, 당면한 문제에 비해 너무 작고 너무 느리다. 그리고 우리가 강조하는 다른 이슈와 마찬가지로, 공적인 지원은 나라마다 매우 차이가 난다.

미국에서 치매는 당뇨병이나 원발성 고혈압과 같은 급의 만성질환으로 여겨진다. 미국 의료보험의 HCC51/52 위험 조정(HCC는 계층적 질환군Hierarchical condition category의 약어이고, 질환군에 따라 의료비용을 예상하기 위해 만들어졌다. HCC 51과 HCC 52는 각각 합병증이 있는 치매와 합병증이 없는 치매를 가리킨다 - 옮긴이)에 따라 노인의료보험 Medicare에서 치매 환자에게 지불되는 금액이 늘어난다. 이 변화의 결과 세계알츠하이머협회는 2020년에 대략 20억 달러가 치매를 발견하고 진단하고 치료하는 데 흘러들어 갈 것으로 추정하였다(Dwyer 2019). 이는 지난 10년 동안 미국 업체들에 대한 벤처캐피털의 투자 추정액인 10억 달러의 두 배에 이르는 금액이지만, 지난 10년 동안 암과 관련한 신약에 모험 투자된 165억 달러에 비하면 빛이 바랜다(Vradenburg 2019). 치매로 인해 날로 증대되는 도전에 중요한 전환점을 마련하기에는 치매의 발견과 치료와 관련한 변화가 너무 더디게 일어나고 있는 것이다.

거시경제적 영향

늘어나는 노년층의 요구에 적절하게 대응하지 못하는 것은 환자와 가족의 삶에 비극이고 사회적으로 부끄러운 일이다. 그러나 우리는 치매의 거시경제적 영향이 얼마나 될지에 대해서도 질문을 제기해야 한다. 추가로 필요한 보건 지출이 그중 하나이다.[6] 이 부분은 11장과 13장에서 다룬다.

그 대신 여기서 우리는 세 가지 이슈를 논의한다. 첫째, 노동력 중 더 많은 부분을 노인층 간병, 특히 치매 환자의 간병에 돌리는 것이다. 둘째, 간병 노동력이 어디에서 나올까 하는 논의를 다룬다. 간병 노동력은 요양보호시설 인력과 노인을 돌보는 인력, 무보수 가족 구성원 등을 포함한다. 셋째, 결혼·육아 시기가 늦춰지고 노년 부양인구비가 높아지면서 개인의 생애주기가 어떤 영향을 받을지 예상해 본다.

노동력의 보건의료 분야 투입 증가

기본적인 문제는 고령화로 인해 점점 더 많은 노동이 노인 간병에 투입되어야 하는데, 이 시점이 마침 노동력이 줄어들기 시작하는 때라는 사실이다. 여기서 고려할 두 가지 동학이 있다.

먼저, 노인을 돌보는 노동력의 일부가 제공하는 서비스는 지속적으로 소비되는 종류가 아니라 그때그때 필요한 종류이다. 또한 돌봄 서비스는 이 장의 앞에서 말한 것처럼 자동화로 대체되기 어렵다. 따라서 미래 생산이 증가하려면 나머지 노동력이 생산성을 향상시켜야 한다. 3장에서 논의한 것과 같이, 고령층 돌봄으로 인해 발생한 손실을 만회하는 차원에서도 우리는 경제의 다른 부문에서는 생산성을 적절히 높이기 위해 최대한 자동화할 필요가 있다.

둘째, 이 특유한 서비스는 과거에 제조업의 저부가가치 활동이 해외로 옮겨가 외국 노동자를 활용한 것과 달리 해외로부터 조달될 수 없다.

돌봄 노동자 공급

노인층이 늘어남에 따라 관련 노인병 전문의와 신경과 전문의, 심리치료사와 같은 전문 직업군이 더 필요해진다. 재정이 한정되어 있다는 제약이 있지만, 원칙적으로 선진국에서는 고령화에 따른 전문 의료 서비스에 장벽이 있어서는 안 된다. 그러나 저·중소득 국가에서는 그것이 여의치 않을 것이다. 또 선진국에서도 현장에서는 치료 범위가 충분하지 않다.[7] 비슷하게, 노년층 인구와 함께 보건의료 수요가 증가하면 일차 의료 제공자와 지역보건의, 진료소의 선임 간호사들은 진단과 잠재적인 치료를 더 많이 수행하고 숙달될 것이다. 이런 진전은 저·중소득국보다 고소득국에서 더 이뤄질 것이다.

이 분야에서 필요한 자격을 갖춘 전문 인력은 저·중소득국보다 고소득국에 더 많고 앞으로도 그럴 것이지만, 반대 양상도 그럴듯하다. 즉, 무보수 가족(친구) 간병인을 제외한 기본적 간병인은 저·중소득국에 더 많을 것이다. 기본적 간병이란 옷 입기와 목욕, 화장실 이용,[8] 걷기, 읽기 같은 활동을 더 이상 하지 못하는 치매 환자들을 돌보는 일을 가리킨다. 기본적 간병은 빛이 나지도 않고, 보람이 있지도(가르치는 일처럼) 않으며, 보수도 변변치 않다. 그러나 기본적 간병은 공감과 인내, 친절, 소통 등 몇몇 핵심 자질을 필요로 한다. 언론인 카밀라 카벤디시Camilla Cavendish는 《엑스트라 타임》에서 다음과 같이 말했다.

> 감성지수EQ가 가장 중요하고 그래야 하는 영역은 간병이다.[9] 노령화에 따라 간병인에 대한 수요는 가파르게 증가할 것이고, 가장 요구되는 기술은 로봇이 제공하지 못하는 정서적인 탄력과 직관, 공감이다. 그러나 돌봄 노동 종사자들은 갖춘 자질이 '아카데믹'하지 않다는 이유로 종종 깔보이거나 '비숙련'이라고 묘사된다.
> 나는 이를 2013년에 영국을 여행하며 직접 경험했다. 간호사와 간병인 수백 명을 만나 인터뷰했다. 영국 보건부의 용역을 받아 독자적인 조사보고서를 작성하기 위해서였다. 간호사와 간병인은 병원에서 근무하거나 집에 있는 사람들을 돕는 멋진 사람들이었다. 나는 낯선 노인의 집에 가서 관계를 형성하고 그 노인이 샤워를 하도록 돕는 일에 얼마나 특별한 원숙함과 탄력이 필요한지 알고는 놀랐다. 나는 동시에 일부 선임 간호사들과 의사들이 그들에게 보인 가르치려는 태도를 보고 놀라고 속상했다. 선임 간호사들과 의사들은 그들이 '단지' 차를 끓이고, 환자를 침대에서 일으키고, 환자의 식사를 돕는다고 생각했다. 그러나 하루의 대부분을 침대 곁에서 보내는 것은 그들이고, 무언가 잘못되었음을 가장 먼저 알아차리는 것도 그들이며, 환자가 안전하게 느끼는지 두려워하는지 차이를 만들어 낼 수 있는 것도 그들이다.

카벤디시가 그 인터뷰를 반영해 작성한 〈카벤디시 보고서〉(2013)

의 요약문 중 일부를 살펴보자.

'기본적 간병'이라는 용어는 이 그룹의 업무를 극적으로 낮잡는다. 노인이 음식을 입에 넣어 삼키도록 돕고, 노인의 자존감이 손상되지 않게 예의를 갖춰 목욕시키고, 조기 치매인 환자와 이야기를 나누는 일을 지혜로운 친절함과 품격, 배려, 존경을 갖고 수행하기 위해서는 기술이 필요하다. 예컨대 그런 일을 낯선 사람 집에 홀로 가서 하고 30분에 대해 보수를 받는 지역 간호사에게는 상당한 원숙함과 탄력이 요구된다. 간병인처럼 사회적 돌봄 노동자들도 더 쇠약한 노인들을 보살피게 되면서 점점 더 버거운 업무를 맡게 된다. 그러나 그들에 대한 훈련은 가변적이다. 일부 고용주들은 돌봄 노동자가 확실하게 역량을 갖추고 일할 수 있는 기본적인 의무를 수행하지 않는다. 내가 만난 돌봄 노동자 중에는 현장에 투입되기 직전에 집에서 시청할 DVD만 지급받은 사람과 의무 훈련비를 자기 호주머니에서 치르라는 요구를 받은 사람들도 있었다. 이를 개선하기 위해 이 보고서는 감독되지 않는 돌봄 노동에 대한 최소 역량 기준을 '기본적 돌봄 자격' 형식으로 세울 것을 제안한다. 아울러 고용주의 행동 규범을 제정할 것을 제안한다.

높은 EQ를 요구하는데 보수는 변변찮은 데다 비숙련이고 위신이 낮다고 여겨지는 이런 어려운 일을 할 준비가 된 모범적인 인력을 어디에서 구할까? 돌봄 노동자에 대한 수요가 증가하는 가운데, 다른 분야들에서 사용되고 있는 일자리 보장Job guarantee 프로그램이 이 분야에는 갖춰지지 않았다. 돌봄 노동자가 부족한 현상은 지속되고 있다.[10] 하지만 예컨대 교육 수준이 낮은 젊은 남성은 그런 일을 하고자 하지 않을뿐더러 적합하지도 않을 듯하다. 카벤디시 보고서는 돌봄 노동자의 충원과 훈련에 대해서도 충실하게 서술하지만, 적절한 인력이 어디에서 공급될지는 다루지 않는다.

우리는 영국과 아마도 대다수 선진국에서 적합한 돌봄 노동자가 만성적으로 부족한 상태가 지속될 것이라고 전망한다. 이와 관련해 2019년 포르투갈 신트라에서 열린 유럽중앙은행ECB의 중앙은행 포럼에서 A. 메이다A. Mayda가 제시한 보고서(2019)가 참고가 된다. 우리가 생각하는 가장 실현 가능한 해법은 대상을 특정한 이민 정책이다. 즉 비자 범주에 다음과 같은 선정 기준과 조건, 혜택이 규정된 돌봄 노동자 항목을 추가하는 것이다. 우선 여성이 남성보다 우대되고 중년이 청년보다 우대된다. 비자를 받아 입국하는 사람은 돌봄 노동자로 예컨대 2년간 근무하기로 약속한다. 돌봄 노동자는 업무에 투입되기 전에 사전 훈련(필요할 경우 언어 훈련 포함)을 받는다. 초기에는 주거를 무료로 지원받는다(자격을 획득하지 못하면 추방된다). 약속된 기간을 채워서 근무한 뒤에는 이주국에서 계속 거주할 수 있고 직업을 바꿀 수도 있다. 다만 앞서 소개한 〈파이낸셜 타임즈〉의 칼럼은 외국인 노동자로 빈자리를 채우려는 정부 정책이 늘 성공한 것은 아니라고 지적한다. 문화와 언어 장벽이 높을 뿐 아니라 이민은 정치적인 논란을 야기한다는 것이다.

변하는 생애주기

기대수명의 연장과 치매로 인한 돌봄 의존의 문제 외에 다른 인구 변동 측면의 변화가 있다. 이 변화의 거시경제적인 영향 또한 충분히 논의되지 않았다. 바로 결혼 연령이 높아지고 여성이 첫 아이를 출산하는 연령도 높아지는 변화이다(그림 4-3과 4-4).

이 두 추세를 결합하면 40~50년 전과 뚜렷하게 다른 생애주기가 나타난다. 과거에는 생애주기가 단순하여 표 4-6의 윗줄과 같이 네 단계로 구분되었다. 이제 수명이 연장된 가운데 치매가 지수적으로 증가하는데 사회적인 돌봄은 제한적이다. 그 결과 50~66세 연령층은 과거에 비해 의존적(이고 치매인) 부모를 보살펴야 하는 부담을 더 지게 될 것이다. 중국의 한 자녀 정책을 생각해 보면,[11] 조부모 4명 중 둘은 어느 단계에서 치매에 걸리기 쉬운데 손주는 1명뿐이다.

과거에는 사람들이 대략 40세부터 은퇴 때까지 부양 부담에서 거의 벗어나 있었다. 그 시기에 소득이 가장 많고 은퇴 시점이 가시권에 다가옴에 따라 그 연령대는 저축을 많이 했다. 이제 부양 부담에서 자

그림 4-3 아이를 출산하는 부모의 평균 연령(영국)

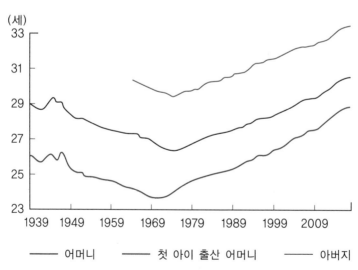

자료: 영국 통계청

그림 4-4 첫 아이를 출산한 여성의 평균 연령

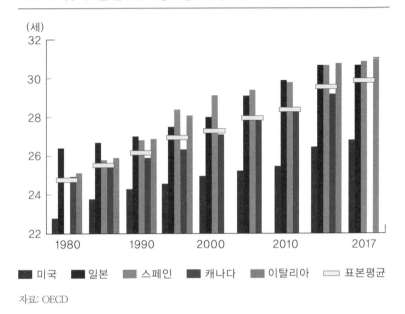

자료: OECD

유로운 연령층은 20대이다. 20대는 소득이 낮고, 90세 이상까지 살아간다는 전망은 거의 모두에게 상상 너머에 있다. 저축하기에 좋은 시기도 아니다. 30대 이후로 은퇴까지는 자녀 양육에 이어[12] 부모 돌봄의 부담을 지게 된다. 대개 두 부담 사이에는 시차가 있지만, 일부의 경우 곧바로 이어지기도 한다(Bauer and Sousa-Poza 2015, 2019). 자녀이건 연로한 부모이건, 돌보는 일에는 시간과 노력, 돈이 든다. 가족 간의 정서적 유대감과 나중 일보다 앞닥친 일을 중시하게 되는 것을 고려하면, 사람들은 불확실한 미래를 위해 저축하는 것보다 일단 연로한 부모를 부양하는 데 지출할 가능성이 더 크다. 달리 말하면, 생애주기 변화가 개인 부문 저축률을 낮추는 요인이 될 것이다. 또 생애주기 변화에 따라 노년층을 위한 적당한 생활과 보건 서비스를 제공하려면 공공

표 4-6 생애주기 변화

과거의 전통적인 4단계 생애주기			
0~19세	20~39세	40~59세	60~70세 이상
성장기	결혼, 노동, 자녀 부양	노동, 부양 부담 없음	은퇴

현재의 5단계 생애주기				
0~19세	20~39세	40~49세	50~66세	67~80세 이상
성장기	독신, 노동	결혼, 노동, 자녀 부양	노동, 부모 부양	은퇴, 종종 의존

부문의 재정 부담이 커질 것이다.

5장

인플레이션의
부활

인플레이션은 상호작용하는 몇 가지 힘들의 결과이다. 그 힘에는 내재하는 구조적인 추세와 인구변동, 세계화, 저축과 투자의 거시경제적 균형, 순전히 통화적인 현상 등이 있다. 직관적으로는 노동자와 피부양자의 균형이 작용한다. 노동자는 대개 소비하는 것보다 더 생산하는 반면 피부양자(노년과 유소년)는 생산하는 것보다 더 소비한다.

더 종합적으로는 가계 외에 기업과 정부 등 다른 경제 부문이 고령화에 대응해 저축과 투자에 어떤 변화를 줄 것인가에 달려 있다. 만약 사회안전망이 현재 상태로 머무를 것이라는 우리의 정치경제적 가정이 정확하다면, 고령화에 따른 소비 곡선은 평평하거나 상향할 것이다. 노년층은 정부 지원에 의존하고(투표하고), 더 길어진 수명을 위한 저축은 여전히 너무 적게 할 것이다. 불가피한 결론은 노동자로부터 노년층으로의 재정 이전을 위해 노동자에 대한 세율을 눈에 띄게 올릴 수밖에 없으리라는 것이다.

그러나 노동자들은 무기력하게 지켜만 보고 있지는 않을 것이다. 선진경제의 노동시장이 빠듯해져 수십 년간 침체되어 있던 노조에 반전이 일어나면서 노동자의 협상력이 커질 것이다. 노동자들은 강화된 입지를 바탕으로 더 높은 임금을 요구하는 협상에 나설 것이고, 이것이 인플레이션 압력이 재발하는 경로이다.

이처럼 구조적으로 재연될 인플레이션에 대해 세계는 여전히 생각할 준비도 되지 않았다. 그러나 중앙은행은 조만간 과거에 일반적이던 인플레이션 대응을 복구해야 할 것이다. 중앙은행은 그동안 제로금리하한ZLB: zero lower bound(명목금리를 0%보다 낮출 수 없음을 가리키고, 이로부터 정부가 금리를 낮춰서 경제를 부양하지 못하는 상황도 의미하게 되었다 - 옮긴이)까지 금리를 낮췄다. 이는 중국 효과와 전례 없는 인구변동이라는 배경, 대공황 이후 가장 심각한 경기 충격인 대금융위기와 코로나19 팬데믹이 어우러진 결과였다.

인플레이션의 부활은 인구변동의 영향 가운데 우리가 가장 확신하는 예측이다. 또한 금융시장과 정책 담당자들이 스스로 안게 될 위험을 인지하지 못하고 있는 상황에 대한 경고이기도 하다. 통념에 전면으로 맞서는 우리 추론의 근거는 무엇인가?

저축과 소비의 결과로서의 인플레이션

인플레이션 상향 압력의 부활은 상호작용하고 서로 맞물린 다음의 세 가지 요인에서 나온다.

- 부양인구비의 직관적인 균형
- 노동시장 수요와 공급에 기반을 둔 활동, 또는 필립스 곡선으

로 알려진 활동

- (비금융) 민간 부문의 저축과 투자의 상대적인 균형과 공공 부문 및 정책에 미치는 영향

피부양자로부터의 인플레이션 vs. 노동자로부터의 디플레이션

고용으로부터 이익을 내려면 고용주는 예상되는 생산물 가격보다 임금을 낮게 지불하는 계획을 짜야 한다. 그래서 노동자의 급여는 필연적으로 생산액보다 적을 것이다. 이처럼 노동자는 과거에 축적한 부를 줄여가면서 소비하지 않는 한, 디플레이션 쪽으로 영향을 준다. 반면 피부양자는 인플레이션적이다.

정의상, 전반적인 노동참여율 상승은 디플레이션적이다. 노동자가 일하지 않는 사람들에 비해 많아지기 때문이다. 일하는 사람이 많아지고 피부양자의 비율이 줄어들면 더 많은 노동자의 디플레이션 효과가 피부양자의 인플레이션 효과를 압도하게 된다. 마찬가지로 부양인구비 상승은 인플레이션적이다(너무 적은 음식을 너무 많은 입이 나누는 격이다). 대개 인플레이션은 화폐적인 현상으로 취급된다. 최근 수십 년 동안의 팽창적인 통화정책을 고려할 때, 현재의 디스인플레이션 압력에 대한 이런 설명은 논쟁적일 것이다.[1]

물론 생산물의 가격 중에는 자본에 대한 보수인 이익이 있다. 노동자가 상대적으로 많아지면 이익이 증가하는 경향이 있다. 이익의 소비성향은 임금의 소비성향보다 낮으므로(Kalecki 1954), 노동참여율 상승은 디플레이션적이다.

고령화는 경험적으로도 인플레이션적이다. M. 주셀리우스M. Juselius와 E. 타카츠E. Takats(2016)는 경험적인 관계를 밝혀냈다. 즉, "빈

도가 낮아진 인플레이션과 인구의 연령구조 사이의 호기심을 자아내는 관계"를 다음과 같이 서술했다. "유소년층과 노년층(피부양자)은 인플레이션적인 반면 노동 연령층은 디플레이션적이다." 두 연구자는 22개국의 1955년부터 2014년까지의 데이터를 활용했다. 대상 시기는 높거나 낮은 인플레이션에 편향되지 않도록 나누었다. 이들은 미국의 1975년부터 2014년까지 디스인플레이션 중 6.5%가 인구변동 요인으로 설명될 수 있다고 주장한다. 이들은 인구변동이 "예측 가능하고 다가올 수십 년 동안 인플레이션 압력을 더할 것"이라고 전망한다.

이 결과의 배경에 있는 직관은 간단하다. 재화와 서비스의 총량이 일정한 가운데 소비가 증가하면 그 자체로 인플레이션 압력이 발생한다. 생산활동은 주어진 소비에서 재화와 서비스의 총량을 늘릴 수 있으므로 디플레이션적이다. 피부양자(유소년과 노인)는 순전히 소비만 하기에 인플레이션 압력을 발생시키는 반면 노동자는 이 압력을 생산을 통해 상쇄할 수 있다. 만약 노동자 증가율이 피부양자 증가율보다 높으면(지난 수십 년간 그랬던 것처럼), 디스인플레이션이 나타날 것이다. 반면 앞으로 수십 년 동안에는 피부양자 증가율이 노동자 증가율보다 높을 것이다. 숫자로는 가시적인 시기 동안 여전히 노동자 수가 피부양자 수보다 많을 테지만, 중요한 것은 각각의 증가율이 어떻게 변하는지이다.

필립스 곡선과 임박한 자연실업률 상승

실업률이 큰 폭으로 낮아졌지만 임금상승률은 놀라울 정도로 낮게 유지되어 왔다. 이에 대해서는 8장에서 훨씬 더 상세히 논의한다. 여기에서는 이러한 현상이 자연실업률NRU 하락에서 비롯되었다고 보는 우리 견해를 서술하는 것으로 충분하다. 자연실업률 하락은 노동 협상력이 점차 약해진 결과이다. 덜 생산적이고 임금을 덜 받는 비숙련으로의 일자리 이동도 요인이 되었다.

이들 힘으로 인해 필립스 곡선이 더 평평해졌다(가로축이 실업률이고 세로축이 임금(물가)상승률인 필립스 곡선에서 지난 수십 년간 실업률이 하락해도 임금상승률이 거의 높아지지 않았다 - 옮긴이). 그러나 그런 관계에는 한계가 있다. 우리는 앞에서 이미 곧 은퇴하는 연령층의 노동참여율을 크게 높이기가 점점 더 어려울 듯하다는 전망을 제시했다. 왜냐하면 전체 인구 중 55~64세 연령층의 노동참여율이 이미 실질적으로 많이 오른 상태이기 때문이다. 세계화의 후퇴와 이민에 대한 반대, 노동시장에 진입하는 젊은 층 감소 등의 요인이 결합되면 노동력이 감소하는 나라들이 생길 것이다. 그렇게 되면 노동의 협상력이 증대될 것이고, 그간의 자연실업률 하락과 민간 부문 노조 협상력의 약화는 수십 년만에 반전기로 접어들 것이다.

자연실업률은 보이지 않게 상승하기 시작해서 늘 그렇듯 이 흐름은 정책 당국이 눈치채지 못한 가운데 표면 위로 대두될 것이다. 예를 들어 1950년부터 1970년 사이에 정치인들과 행정부 공직자들은 자연실업률의 꾸준한 상승을 인지하는 데 실패했다. 그 결과 수십 년간 점증한 인플레이션 압력이 초래되었다. 1980년대부터 최근까지 그들은 또 한 번 실패했는데, 이번에는 반대 방향이었다. 그 결과 디플레이션 경향이 수십 년 동안 이어졌다. 우리는 정책 당국이 앞으로 또 다시 실패할 가능성이 높다고 생각한다. 그들은 물밑에서 진행되는 (인구변동) 추세를 보지 못한 나머지 앞으로 수십 년 동안 실업률을 지속 가능한 수준보다 낮게 유지하면서 성장률은 높이려고 노력할 듯하다.

민간 부문 잉여의 감소를 앞두고
정부가 적자를 감축할 수 있을까?

비금융 민간 부문을 구성하는 가계와 (비금융) 기업이 적자로 돌아서기 시작할 때 정부 부문이 적자에서 흑자로 돌아서면 거시경제적 균형이 맞을 것이다. 하지만 고령화 지출이 급증하는 가운데 적자를 흑자로 전환하는 일은 극심한 고통을 수반하고 정치적으로 실행 가능하지 않을 수 있다. 인플레이션이 거시경제가 새로운 균형을 맞추는 경로일 것이다.

가계 잉여가 잠식을 앞두고 있다

미국 연방준비제도 의장 벤 버냉키는 2005년 연설에서 1990년대 이후 실질금리 하락의 원인을 '저축 과잉'으로 돌렸다. 이는 다시 두 동인으로 나뉜다. 첫째, 베이비 붐 세대가 미래 은퇴에 대비해 저축을 늘렸다. 둘째, 점점 부유해진 아시아(특히 중국) 노동자들은 사회안전망이 덜 갖춰진 데 대응하여 노후 대비를 위해 저축했다. 그 결과 가계저축률이 높아졌다. 그러나 베이비 붐 세대가 은퇴를 시작하고 노년층(저축으로 지출하는)의 노동자층(저축하는) 대비 비율이 높아지면서 가계저축률이 낮아지기 시작했다. 우리는 그림 5-1에 부양인구비와 가계저축률의 관계를 나타냈다. 부양인구비가 높아지면 경향적으로 가계저축률이 낮아짐을 볼 수 있다.

부양인구비가 일정하게 안정적인 상태라면 저축률이 성장률에 따라 증가하는 함수일 것이다. 왜냐하면 저축하는 노동자가 저축을 쓰는 은퇴자들에 비해 노후에 대비해 더 많이 저축할 터이기 때문이다.

그림 5-1 가계저축률 vs. 부양인구비

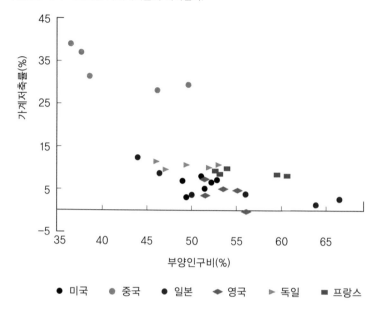

부양인구비가 악화되면 가계저축률이 하락한다.

자료: OECD(데이터는 각각 1995년, 2000년, 2005년, 2010년, 2017년)

그러나 부양인구비는 앞으로 수십 년 동안 높아지고 성장률은 하락할 것이다. 가계저축률이 충분히 높아 실질금리와 총수요가 낮게 유지되리라고 주장하는 사람들의 다수는 두 가정을 전제로 한다. 1) 수명 연장과 함께 은퇴 연령도 높아질 것이다. 그리고/또는 2) 노인층에게 주어지는 국가 복지는 노동자의 평균임금에 비해 줄어들 것이다. 이들 가정이 현실이 된다면 노인층에게 가는 지출의 증가율은 노동자가 만들어 낸 생산의 증가율에 비해 낮을 것이다. 둘 다 가능하긴 하지만 사회·정치적인 요인들을 고려할 때 개연성은 낮다.

가계 부문 균형을 위해 고려할 요인은 두 가지가 있다. 첫째는 종종 간과되는 주거이다. 둘째는 결혼과 출산, 자녀의 독립 연령이 모두 늦춰지는 것이다.

가계 부문 균형은 투자와 저축의 균형에 좌우된다. 대다수 개인에게 투자는 주택과 관련된다. 대부분 국가의 인구변동 예측에 따르면 총인구는 계속 증가하지만 65세 미만의 비중은 줄고 65세 이상의 비중은 는다(표 5-1과 그림 5-2). 이 변화가 개인의 주택 투자에 어떤 영향을 줄까?

노인층에게 이사는 스트레스를 주고, 그 스트레스가 이혼에 버금간다고 말하는 사람들도 있다. 노인은 대개 장기주택담보대출을 다 갚은 뒤이고, 이사할 동기가 없다. 그들은 노쇠해져 자신을 돌보지 못하게 되지 않는 한 이사하지 않는다. 이와 관련한 데이터를 그림 5-3과 5-4에 나타냈다. 이처럼 이사를 꺼려 하는 노인층이 이제는 너무 넓어진 집에 계속 거주하면서 1인당 주거공간은 더 넓어질 것이다. 그 영향은 무엇일까? 노동 인구가 감소하는 데 비례해 주택 투자가 줄어들지 않으리라는 점을 시사한다. 다음에 부분 인용한 글이 참고가 된다.

표 5-1 6개 주요 경제국의 65세 이상 인구(천 명)

	미국	영국	독일	프랑스	일본	중국
1990	31,837	8,998	11,784	7,954	14,777	66,260
2000	34,745	9,365	13,422	9,476	21,659	87,910
2010	40,115	10,515	16,612	10,596	28,920	110,524
2020	55,049	12,663	18,171	13,547	35,916	172,262
2030	70,842	15,166	21,767	16,094	37,278	246,986
2040	79,342	17,302	23,896	18,176	39,871	343,819

자료: UN 인구 통계

그림 5-2 65세 이상 인구의 비중

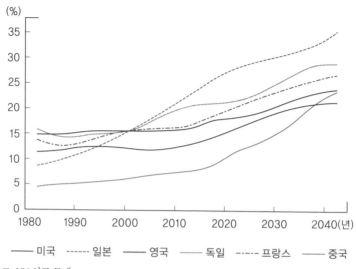

자료: UN 인구 통계

그림 5-3 미국의 주요 연령대별 이사 비율

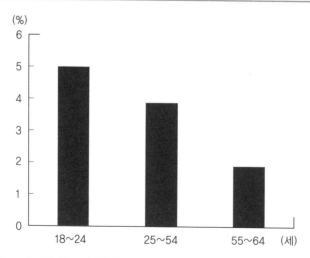

자료: Hernandez-Murillo et al. (2011)

그림 5-4 영국의 주요 연령대별 이사 비율

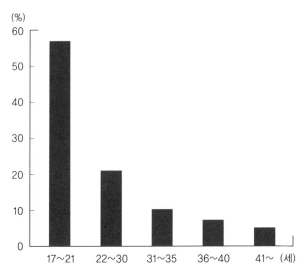

자료: Meen(2005)

L. 메이휴의 '나홀로 집 팽창' 중에서

가구당 인원수가 줄어들어 주택이 덜 채워지는 문제가 영국의 주요 현안 중 하나이다. 가구당 평균 인원수는 1980년 2.48명에서 2018년 2.36명으로 감소했다. 주요 요인은 고령화이다. 만약 가구당 인원수가 1980년과 같다면 주택 130만 채가 남게 된다. 만약 사람들이 필요에 맞춘 집에 거주한다면 매년 집을 5만 채는 덜 지어도 될 것이다. 주요 발견 중 하나는 홀로 살게 되는 사람이 2040년까지 30% 증가하리라는 것이다. 일차적으로 고령화의 결과이다.

2020년에서 2030년까지 10년 동안 가구 수는 200만~307만 호 증가할 것으로 예상된다. 그중 35%는 노년층 가구이고 또 그중 61%는 1인 가구일 것이다. 2030년에서 2040년까지 10년 동안에는 가구 수가 160만~323만 호 늘고 38%가 노년층 가구이며 그중 67%가 1인 가구일 것이다. 다른 변화가 없을 때, 이는 주택 자산을 더 비효율적으로 활용하게 된다는 의미이다. 그토록 많은 늙고 약한 사람들이 홀로 지내는 데서 오는 건강과 사회적 돌봄 문제는 말할 나위도 없다.

출처: Financial World, June/July 2019, pp 13 – 15[2]

결혼을 하고 가족을 형성하는 연령이 높아지고 특히 아이를 갖는 시기가 늦어지면(그림 5-5와 5-6) 가계의 투자와 저축에 영향을 준다. 점점 더 많은 여성이 40대에 자녀를 낳는다. 1970년대와 1980년대에는 대다수 사람들이 20대 초에 결혼해 35세까지 출산을 거의 끝내고 40대 후반이면 자녀를 분가시켰다. 그러면 약 20년 동안 자녀 양육의 부담에서 벗어나 은퇴에 대비하고 저축할 수 있었다.

오늘날에는 이 시기가 모두 몇 년 늦춰졌다. 30세 이하의 독신 젊은이들은 은퇴 후 수십 년을 살아야 한다는 사실을 경시하는 경향이 있고, 그 결과 미래를 위해 충분히 저축하지 않는다. 게다가 자녀는 청년 실업과 높은 주거비용 탓에 부모 집에 더 오래 머무르고 더 오래 교육받는다. 자녀 입장에서는 부모 집에서 지내는 동안 집세와 관련된 비용을 절약할 수 있다. 그러나 그렇게 절약해 모은 돈은 주택 계약금이나 인적 자본 개발 등 자신의 미래에 대비해 사용하게 된다. 부모 입장에서는 이 같은 사회적 변화로 인해 은퇴를 준비하는 중요한 시기가 단축된다(45~64세에서 52~67세로). 또 상승한 주거비용과 대학교육 비용은 부모의 은행 잔고를 압박한다. 만약 자녀를 위해 금융 서비스를 더 활용할 경우 미래 은퇴 자산은 더 줄어든다.

미래를 내다보는 사람들은 연금 계획을 염두에 두고 덜 소비할 것이라고 가정하는 연구들이 있다. 파페티Papetti(2019)는 다음과 같이 말

그림 5-5 첫 아이 출산 시 부모의 평균 연령(영국)

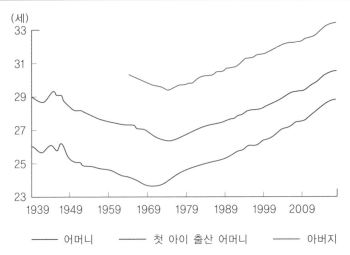

자료: 영국 통계청

그림 5-6 첫 아이를 출산한 여성의 평균 연령

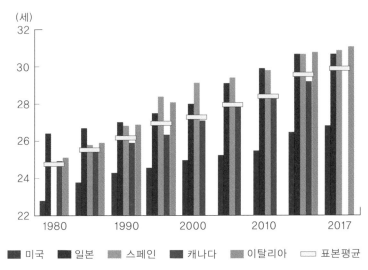

자료: OECD

130

한다.

가구주는 전체 소비자(총인구)를 부양하는 유효 노동자의 수가 시일이 지나면서 감소하리라는 것을 완벽하게 예측한다. 가구주는 이런 인구변동에 대비해 인내심을 갖고 덜 소비하고 더 저축한다. 미래의 1인당 소비를 완만하게 하고(노후에 소비를 급격히 줄여야 하는 일이 없도록 - 옮긴이) 자신의 연금 플랜에 맞춰 살기 위해서이다. 그 결과 다른 조건이 동일하다면 실질금리가 하락한다.[3]

그러나 이런 현상은 대다수 선진경제에서 나타나지 않았음이 명백하다. 여기엔 몇 가지 분명한 이유가 있다. 근시안과 이민의 실패이다. 예상 생애주기에 따라 소비를 완만하게 하기 위해 충분히 저축하는 사람은 없다. J. 우드J. Wood(2019)는 세계경제포럼에서 다음과 같이 이야기했다.

연구에 포함한 6개국(미국, 네덜란드, 영국, 호주, 캐나다, 일본)의 남성 은퇴자는 은퇴 자금으로 살 수 있는 기간보다 10년 정도 더 살 것이라고 예상했다. 남성보다 평균 2년 더 사는 여성은 저축 적자가 더 컸다.
국가별로도 중대한 차이가 나타났다. 일본은 수명이 더 길고 평균 저축은 더 적어 은퇴자들이 저축 적자에 더 노출되었다. 수익이 적게 발생하는 안전한 자산에 투자한 탓이었다.

이어 우드는 다음 질문을 던진다.

사람들이 은퇴 자금으로 살 수 있는 시간보다 오래 사는 이유는 무엇일까? 빈곤이 줄면서 의료기술이 발전하고 보건 서비스가 향상되었다. 또몸에 좋은 음식 섭취와 규칙적인 운동의 효과에 대한 지식이 세계적으로더 보편화되었다.

UN에 따르면 21세기 중반이면 세계 인구 중 60세 이상의 비중이 22%에이를 것으로 전망된다. 이는 2015년의 두 배에 가까운 수준이다.

인구 고령화가 정부와 고용주가 지원하는 연금 제도에 지탱하기 힘든 압력을 가하고 있다. 이에 대응해 개인이 자신의 은퇴 이후를 재무적으로대비하는 사례가 늘고 있다. 그러나 저축은 전통적인 연금 계획의 부족을 벌충하기에 충분하지 않다. 그 결과 현재 은퇴 저축은 적자 상태이다.

세계경제포럼은 개인의 저축 적자가 앞으로 감소하리라고 보지도 않는다. 대신 앞의 6개국에 중국과 인도를 추가한 8개국 모두에서개인의 저축 적자가 2015년에서 2030년 사이에 크게 증가할 것이라고 본다. 국가별 연간 증가율을 보면, 일본은 2%, 중국은 7%, 인도는10%로 전망된다. 미흡한 은퇴 저축의 위험을 강조하려는 세계경제포럼의 의도를 감안한다고 해도, 결론은 명약관화하다. 적어도 현재 사람들은 더 연장된 생애에 걸쳐 소비를 완만하게 하기에 충분한 저축을 하지 않고 있다는 것이다. 생애주기에 따른 완만한 소비를 위해 적절히 저축하지 못한 실패는 오랫동안 지속되었는데, 적어도 이 행태가 갑자기 바뀐다고 가정하는 것은 타당하지 않다(McGovern 2019; Button 2019).[4]

요약하면, 우리는 다가오는 수십 년 동안 개인의 순저축이 크게 줄어들 것이라고 전망한다.

(비금융) 기업 부문에서 발생한 흔치 않은 흑자는 적자로 돌아설 것이다

2009년에 대금융위기로 인한 공포가 누그러진 이후 대다수 선진 경제의 여건이 굉장히 우호적으로 바뀌었다. 그 결과 2010~2017년에 국민소득에서 기업 이익의 비중이 이탈리아를 제외한 대부분 경제에서 상당히 크게 늘어나 1990~2005년 시기보다 훨씬 높아졌다(그림 5-7). 같은 기간에 실질금리와 명목금리 모두 큰 폭 하락했다. 또, 일본을 제외하면 계속되는 강세장 속에서 주식 평가액이 상승했다.

이러한 상황에서 기업의 고정자본 투자가 강하게 증가했으리라고 예상할 수 있다. 그러나 서구 국가들에서 투자 비율은 정체 상태를 이어갔다. 다만 중국의 투자 비율은 높은 수준에서 유지되었다(그림

그림 5-7 GDP 중 기업 이익의 비중

기업 이익이 GDP에서 차지하는 몫이 커지고 있으며 이 추세는 특히 대금융위기 이후 강화되었다.

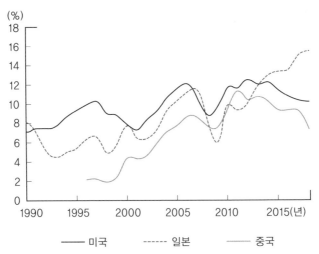

자료: 미국 노동통계국, 중국 재무부

그림 5-8 총 고정자본 형성(GDP의 %)

총 고정자본 형성이 선진경제에서 정체되었다. 중국은 예외이다.

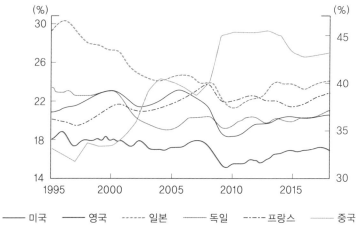

─── 미국 ─── 영국 ······ 일본 ─── 독일 ─·─·프랑스 ─── 중국

자료: IMF

5-8).

그 결과 최근 수십 년간 몇몇 서구 선진경제의 비금융 기업 부문
은 잉여 상태를 유지해 왔다. 주요 예외는 중국인데, 중국은 대개 많
은 부채를 조달해 투자를 계속 유지해 왔다(그림 5-9). 따라서 핵심 질
문은 지난 수십 년간 이어져 온 우호적인 여건에도 불구하고 투자가
활발하지 않았던 이유가 무엇인가이다. 그 답으로 제시되는 것들은 기
업 경쟁 격화와 독점화, 기술, 경영 유인, 저렴한 노동이다. 이들 중 일
부는 내용이 겹치기도 하며, 이들 모두 어느 정도 역할을 한 것으로 보
인다.

그림 5–9 기업 부문 순저축(GDP의 %)

기업의 순저축 적자가 더 확대될 것이다.

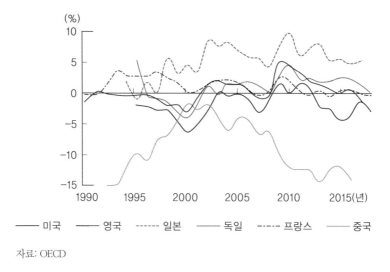

자료: OECD

기업 독점 강화

　기업 부문에서 집중도가 높아지고 독점화가 강화되고 있음이 특히 미국에서 여러 증거로 확인되고 있다(Autor et al. 2017, 2019; Covarrubias et al. 2019; Crouzet and Eberly 2019; Philippon 2019). 그렇다면 더 큰 이익 마진과 그렇지 않은 경우에 비해 더 큰 GDP 대비 기업 이익의 비중, 낮은 투자 수준이 설명된다. 미국국립경제연구소NBER의 조사보고서에서 리우Liu 등(2019)은 매우 낮은 금리가 지속되면서 시장 집중이 더 심화되었고 역동성이 줄었으며 생산성 향상이 더뎌졌다고 주장했다. 이 보고서에 앞서 저금리와 산업 집중도 및 기업 이익 비중 상승의 관계에 대한 분석이 이루어졌다(관련 논문은 이 보고서의 각주 2 참고).

기술

현재 산업을 주도하는 분야는 기술 업종이다. 기술 기업들은 철과 건물과 중기계 형태의 고정자본보다 인적 자본에 훨씬 더 의존한다. 예를 들어 소프트웨어 개발은 사람의 기술과 노력을 대거 요구하지만 고정자본은 상대적으로 덜 필요로 한다. 기술이 고정자본에서 인적 자본으로 균형을 이동시키는 한, 전체 매출이나 생산 중 고정자본 지출 비율은 감소할 것이고 꽤 급하게 감소할 수도 있다.

경영 유인

경영자의 경영 유인이 책임이 한정된 주주들의 유인과 만나 경영자들이 단기 주주가치 극대화에 초점을 맞추게 되는 경향이 있다. 그렇게 하는 가장 쉬운 방법이 자사주 매입이다. 단기 수익성은 장기 고정투자와 연구개발 투자 삭감으로도 높일 수 있다(Smithers 2009, 2013, 2019). 이는 11장과 12장에서 자세하게 논의한다.

저렴해진 노동

여러 차례 이야기한 것처럼 세계화와 인구변동의 스위트 스폿이 결합되면서 세계 교역 질서 속의 노동 공급이 유례없이 급증했다. 중국이나 동유럽으로 생산을 이전하거나 이민 노동자를 고용해 저렴한 비용으로 생산할 수 있게 되면서, 생산성을 높이기 위해 본국에 고가의 설비를 투자할 이유가 사라졌다. 그러면서 밖으로는 잠재적인 아웃소싱과 안으로는 이민 노동자와의 경쟁으로 민간 노동조합의 힘이 약해졌고, 그 결과 지난 수십 년 동안 실질임금 상승이 억제되었다. 노동이 아주 저렴한 나라로 생산을 이전한 기업은 그곳에서 자본을 절감하고 노동을 활용하는 형태의 투자를 벌였다.

이들 네 요인의 영향에서 균형을 분간해 내는 작업은 쉽지 않다. 그러나 이들 모두 설명력이 있고, 특히 경영 유인과 저렴해진 노동이 그렇다고 본다. 즉, 경영자들이 단기 수익성에 치중하면서 사회적 가치와 방향을 달리하게 되었고, 대다수 서구 경제에서 중국과 동유럽으로의 생산 이전으로 투자가 억제되었다.

이제 세계화와 인구변동의 흐름이 역전되기 시작했다. 지난 30년 동안 실질임금이 정체되었던 경제들에서 포퓰리즘과 보호주의의 정치적 힘이 강력해졌다. 그러면서 노동력의 대규모 증가와 부양인구비 하락의 동인이었던 인구구조의 변동은 급격하게 뒤집히고 있다. 이는 일본에서는 이미 시작되었다. 이에 따라 대다수 서구 경제에서 실질임금이 상승할 것이고, 기업은 그에 대응해 생산성을 높이고 단위노동비용을 억제하기 위해 노동당 투자를 늘릴 것이다. 그러나 이와 관련해 경영자의 단기주의를 고려해야 한다. 경영 의사결정을 지배하는 단기주의 때문에 투자 비율이 낮게 이어져 왔음을 고려할 때, 낮은 고정자본 투자는 지속될 것이다.

12장에서 우리는 비금융 기업이 과도한 부채에서 탈출하는 핵심적이고, 아마도 필요한 방법은 경영 유인을 전환시키고 부채 대신 주식을 통한 재원 조달을 장려하는 것임을 주장한다. 노동시장이 점차 빠듯해지면서 임금과 단위노동비용을 높일 것이고, 따라서 앞으로 노동자당 투자가 증가할 가능성이 확실하지는 않을지라도 상당히 높다고 본다. 다만 이 투자가 노동자 증가율 둔화에 따르는 투자 감소를 상쇄할 만큼 충분할지는 불확실하다. 따라서 기업 투자는 증가할 수도 있고 감소할 수도 있는데, 크게 감소하지는 않으리라고 본다.

한편 단위노동비용 상승과 노동의 상대적인 협상력 강화로 기업의 수익성이 1980~2020년에 비해 떨어질 것이다. 당시는 세계화와 인구변동, 용이한 자금조달로 자본가의 천국과도 같은 여건이 형성되었다. 그 좋았던 시절은 빠르게 지나가고 있다. 미래에 자본가가 수익성을 확보하기란 한층 더 힘들어질 것이다.

전통적으로, 그리고 대개 (비금융) 기업 부문은 투자가 이익잉여금을 초과하면서 적자 상태에 있곤 했다. 그런데 이 절의 앞에서 서술한 대로, 지난 수십 년 동안 상당히 예외적으로 많은 나라에서 기업 부문이 흑자로 돌아섰다. 그러나 앞서 제시한 이유 때문에 우리는 이 상태가 단명하리라고 예상한다. 앞으로 수십 년 동안 흑자가 잠식되면서 적자로 돌아설 것이다.

고령화 시대에 공공 부문이 과연 적자를 되돌릴 수 있을까?

지난 수십 년 동안 가계(개인) 부문과 (비금융) 기업 부문이 꽤 큰 흑자로 이동하는 경향이 있었고, 그 요인은 방금 설명하였다. 거시경제적 균형이 유지되려면 공공 부문이 적자로 이동했어야 했고, 이 관계를 보여 주는 건 간단한 산수의 문제이다. 그러나 개별 국가로 들어가면, 공공 부문의 적자 여부는 경상수지 적자 여부(즉 세계의 나머지 지역 또한 흑자인지)에 달려 있었다. 대규모 경상수지 흑자를 쌓는 나라들은 독일처럼 공공 부문이 소규모 적자를 내거나 네덜란드처럼 흑자도 볼 수 있다. 경상수지가 대규모 적자인 영국과 미국 같은 나라들은 반대에 해당한다.

공공 부문이 거시경제적 균형을 지속하기 위해 적자를 유지해야 한다면 좋은 일이니 박수를 보내야 하지 않느냐고 생각할 독자들이 있을 것이다. 공공 부문 적자는 세금을 덜 걷고 재정 지출을 늘릴 기회라는 논리가 그 생각의 배경이다. 그러나 현실은 그렇지 않았다. 지난 20년 동안 지속된 적자의 규모는 역사적으로 전시에나 관찰되었고(그림 5-10), 그런 적자는 지속적으로 엄격하게 관리한 재정 흑자와 (예기치 못하게 등장해) 길들여야 하는 인플레이션의 결합을 요구했다. 대금융 위기 이후 공공 부문 적자의 규모와 수준은 평화기 중에는 전례가 없을 정도이다. 더 심각한 것은 현재의 수입과 노인층 돌봄의 추세를 미래에 외삽할 경우, 앞으로 지수적으로 상승하는 부채비율이 예상된다는 점이다. 미국 의회예산처와 영국 예산책임청의 장기 전망도 이와

그림 5-10 재정수지

각국의 재정(GDP의 %)은 계속 적자를 이어왔다.

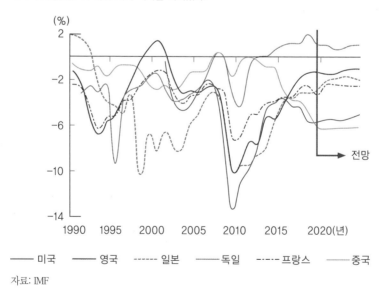

비슷하다. 미국과 영국의 부채 전망은 각각 앞서 그림 1-8과 그림 1-9로 공유한 바 있다. 이는 13장에서 더 논의한다. 부채가 더 늘어나리라고 보는 근거는 보건 지출과 노년층에 대한 연금이 크게 늘 것으로 예상되기 때문이다. 게다가 4장에서 논의한 것처럼 이들 비용에 대한 추산액은 과소 평가되고 있는데, 노년층에서 치매와 다른 형태의 질환이 대거 증가할 것이기 때문이다.

이처럼 걱정되는 상황을 놓고 볼 때, 재무장관들(포퓰리스트가 아니라면)과 신중한 정치인들의 자연스러운 본능은 조심스럽게 경기 역행적인 정책을 펴는 것이었다. 기회가 닿으면 부채를 감축해 더 감당할 수 있는 규모로 줄이고 부채비율을 점차 낮춰 갔다. 요컨대 재정정책은 거시경제의 디플레이션 경향이 지속되도록 집행되었다. 특히 유로지역에서 두드러졌는데, 독일에서는 재정정책을 보수적으로 폈고, 재정적자 유로 국가들은 디플레이션적인 정책 성향을 강화했다.

우리는 개인 및 기업 부문의 흑자가 다가오는 수십 년 동안에는 적자로 돌아서리라고 주장했다. 그렇다면 다시 간단한 산수에 의해 공공 부문은 적자에서 흑자로 전환해야 한다. 그렇게 하려면 공공 지출을 삭감하고 세금을 증대하는 결정을 내려야 한다. 이는 재정적자와 부채를 늘리는 것에 비해 훨씬 더 정치적으로 고통스럽고 그 충격이 즉각적으로 닥치기 때문에, 대체로 실행되지 않거나 실행되더라도 거시경제적 균형을 맞추기에 불충분하다. 그 결과로 일정하고 지속적으로 인플레이션 압력을 받을 것이 거의 확실시된다. 우리는 13장에서 다양한 인구변동과 거시경제의 추세가 재정정책과 통화정책에 어떤 영향을 줄지 상세하게 논의한다.

전반적인 거시경제 영향

전반적인 거시경제적 결론을 어떻게 종합할 것인가? 이는 상당히 방대한 작업이다. 다행히 버크벡대학 경제학자들이 그런 인구변동의 영향에 대해 계량경제적이고 이론적인 연구를 수행했다(Aksoy et al. 2015). 우리는 그들이 연구한 결과들이 가리키는 방향과 나타내는 정도를 대부분 받아들이고, 그들의 주요 결론을 표 5-2로 인용한다.

그들의 주요 결론은 다음과 같다.

- 전반적인 성장과 총 노동시간은 고령화가 진행되면서 둔화되고 감소할 것이다(왜냐하면 인구 고령화에 해당하는 β_3의 성장에 대한 계수가 마이너스이고 총 노동시간에 대해서는 더 그렇기 때문이다).
- 유소년층 비율과 노년층 비율은 모두 경제에 인플레이션적이다. 이는 β_1과 β_3의 인플레이션에 대한 계수에서 뚜렷하게 나타난다.
- 인구변동에 따라 투자와 개인 부문 저축은 모두 감소할 것이다.

표 5-2 인구변동의 경제적인 영향

	β_1(0~20세)	β_2(21~59세)	β_3(60세 이상)
성장률	0.04	0.10	−0.14
투자율	0.07	0.09	−0.16
개인저축률	0.33	0.23	−0.56
노동시간	−0.70	1.70	−1.00
인플레이션	0.75	−0.87	0.12

자료: Aksoy et al. (2015)

β_3이 투자와 개인저축률 모두에서 마이너스임을 볼 수 있다.

이들 결론은 인구변동의 영향에 대한 우리의 다음과 같은 생각에 들어맞는다.

- 우선적으로 그리고 가장 뚜렷하게 타격을 입는 것은 성장이다. 전반적인 성장률이 낮아지고 총 노동시간이 불가피하게 단축된다. 그러나 인간의 행복은 1인당 GDP 이외의 다른 많은 요인에 좌우된다. 따라서 성장률 둔화가 반드시 그만큼의 전반적인 행복 감소를 시사하지는 않는다.
- 유소년층 비율과 노년층 비율이 모두 높아지면 인플레이션 압력을 가하고, 이때 경제에서 디플레이션적인 집단은 노동자층뿐이다. 유소년층과 노년층은 모두 순소비자이고, 노동자층만이 재화와 서비스를 생산함으로써 재화와 서비스에 대한 수요를 상쇄할 수 있다. 그리고 투자와 개인저축 비율은 하락할 것이다. 덧붙여, 저축이 투자보다 더 빠르게 감소할 것이다.

6장

대역전 시기의
금리 결정

우리의 핵심적 결론은 인구변동과 세계화의 대역전에 따라 인플레이션이 발생한다는 것이다. 앞으로 몇 년 뒤겠지만, 그렇게 될 경우 사람들의 기대가 조정되면서 명목금리가 상승할 것이다. 우리는 명목금리 상승에 대해서는 확신한다. 그러나 더 어렵고도 흥미로운 문제는 명목금리가 인플레이션보다 더 올라 실질금리가 상승할지, 반대로 실질금리가 하락할지이다.

한 번에 하나의 나라씩 실질금리의 변화를 설명하려고 하기보다는, 세계적인 변수들에 포커스를 맞출 필요가 있다. 폐쇄 경제, 즉 세계에서는 저축이 투자와 사후적으로 일치해야 한다. 따라서 만약 한 국가, 예컨대 중국을 지목했는데 중국에서 저축이 투자보다 많고 경상수지가 흑자라면, 정의상 저축이 투자보다 적고 경상수지가 적자인 다른 나라(또는 영국이나 미국 같은 나라들)가 있을 것이다. 우리는 세계적인 규모에서 사전적인 저축과 투자의 동학을 살펴보고 균형 금리를 생각해 볼 필요가 있다.

실질금리의 경로를 전망하고자 하는 시도의 큰 어려움 중 하나는 실질금리에 수많은 요인이 관여한다는 것이다. 예를 들어 M. 하이제M. Heise는 《인플레이션 목표와 금융안정Inflation Targeting and Financial Stability》(2009)에서 4개 범주의 8개 요인을 들었다. 이를 기준으로 세계 실질금리의 장기적인 방향에 대한 예측을 표 6-1에 정리하였다.

여기서 우리는 미래의 실질금리를 여섯 가지 변수로 나눠 살펴본다. 우선 다음 절에서 균형 실질금리를 결정하는 데 있어서 성장의 역할을 논의한다. 이어 사전적인 투자와 저축이 경제를 균형으로 맞추려면 어떤 흐름일지를 개인(가계) 부문과 비금융 기업 부문, 공공 부문으로 나누어 검토한다. 그다음 잠깐 샛길로 빠져 위험과 유동성 선호가 무위험자산의 수익률에 미치는 영향에 어떤 일이 발생할 수 있을지를 논의한다. 즉, 달리 말하면 (지속적으로) 안전자산의 부족이 발생할지

표 6-1 세계 실질금리의 장기적인 방향

• 저축 곡선 이동
  − 인구변동: 노년층 증가
  − 신흥경제의 낮은 저축률
	상향

• 투자 곡선 이동
  − 민간 부문 부채 축소 완화 압력
  − 공공 부문 투자 약간 증가
  − 여전히 높은 무형자산 투자의 중요성
	약간 상향

• 포트폴리오 이동
  − 국채에 대한 규제 측면의 선호는 변화 미미
  − 투자자의 안전자산 선호 지속?
	불변?

• 생산성 향상 − 정보통신기술의 긍정적인 영향	약간 상향

* 종합하면 실질금리는 약간 상승할 것으로 예상한다.
자료: Heise(2019); Brand et al.(2018); Rachel and Smith(2015)

를 논의한다. 마지막으로 중앙은행에 점차 정치적인 압력이 가중되어 중앙은행이 2% 인플레이션이라는 목표를 고수할지 조정하게 될지를 짚어 본다.

성장률 둔화가 실질금리를 낮게 유지할까?

우리는 앞선 작업에서 성장률과 실질금리의 관계가 중요함에 초점을 맞췄고, 실질금리가 성장률보다 높게 오르면 거시경제 운용이 매우 어려워진다고 주장했다. 또한 성장률은 노동력 증가율 둔화에 따라 하락할 것이 분명하다는 결론을 제시했다.

잠재성장률과 실질금리 사이에는 고유한 관계가 존재한다는 것이 상식적인 가정으로 받아들여진다. 자주 인용되는 T. 라우바흐T. Laubach와 J. C. 윌리엄스J. C. Williams의 논문(2003)은 램지 모형을 활용해 잠재성장률과 균형 실질금리에 공통적인 장기 요인을 도입한다. 다름 아닌 그 가정에 따라 그들은 대상 기간에 대해 균형 실질금리를 추정한다. 그러나 그 가정을 지지하는 데이터는 많지 않다.

미국의 균형 실질금리를 결정하는 요인을 찾아내려는 실증적인 연구가 여럿 있는데, J. D. 해밀턴J. D. Hamilton 등(2015)은 유일하게 중요한 관계는 미국의 실질금리가 세계 나머지 지역의 실질금리와 서로 통합되었다는 것임을 밝혀냈다. 성장률도 다른 많은 요인처럼 제 역할을 했지만, 실질금리 결정에 지배적인 관계를 보이지는 않았다. 이 논문이 분석 대상으로 삼은 기간은 1858년부터 2014년이었다(Rachel and Summers 2019; Rachel and Smith 2015).

또한 경기순환 측면에서 보면, 성장률과 금리가 관련되어 있다는 주장 대부분은 경기 둔화기에 두 변수가 모두 하락하는 것을 관찰하고 양자를 연결한 결과라고 우리는 추측한다. 경기순환적인 실질금리의 하락은 사전 투자와 사전 저축의 움직임과 더 관계가 있다. 더 들어가면, 저축이 변동하는 진폭에 비해 투자가 변동하는 진폭에 더 영향을 받는다. 사전 투자가 경기순환의 골을 향해 가파르게 감소하면(저축은 더 꾸준히 유지되는 경향이 있다) 금리도 함께 하락한다. 비슷하게, 경기확장기에 저축에 비해 사전 투자가 증가하면 금리가 상승한다. 금리가 결과적으로 경기와 함께 등락하는 이런 관계는 구조적인 지평선 structural horizon에서도 유효한 것으로(성장률과 금리가 구조적으로 관련이 있다고 – 옮긴이) (잘못) 가정되었다.

사전 저축과 투자의 부문별 변화

우리는 균형 실질금리를 결정하는 요인과 관련해 성장률 대신 표준 고전이론을 활용한다. 즉, 중장기(해당 경제의 단기 실질금리에 대한 중앙은행 정책의 영향이 흩어져 사라진 이후의) 실질금리가 사전 저축과 사전 투자의 차이를 조정하기 위해 움직인다고 본다. 실질금리는 저축 욕구 desired savings가 투자 욕구보다 많으면 하락하고, 반대의 경우에는 상승하는 것이다. 1980년부터 2015년까지 최근 수십 년 동안 하락한 실질금리는 그 시기에 사전 투자보다 사전 저축이 많았다는 증거이다. 그러나 이제 이 관계가 역전되려고 한다.

개인 부문: 기대수명과 은퇴 연령의 간극, 그리고 중국

주요 문제는 인구구조의 변화가 대개 사전 저축과 사전 투자에 같은 방향으로 영향을 준다는 것이다. 인구증가율 둔화는 저축률을 낮추고(부양인구비가 같다는 전제에서), 동시에 더 많은 자본과 주택과 설비에 대한 필요를 줄일 것이다. 한편 이 전망은 자본/노동 비율이 상승할지 하락할지, 그럼으로써 자본의 한계생산성이 향상될지 저하될지는 알려주지 않는다. 여하튼 사전 저축과 사전 투자가 같은 방향으로 갈 때 균형이 어디에서 형성될지 평가하는 일은 간단치 않다.

왜 저축이 감소할까? 생애주기 가설에 따르면 사회안전망이 있는 상태에서 가계저축은 고령화에 영향을 받기 때문이다. 이와 관련해 소비부터 살펴보자. 은퇴 후 소비의 원천이 은퇴 이전의 저축이라면, 노년층의 소비 곡선은 연령이 높아질수록 우하향할 것이다. 젊은 층이 높은 생애소득 구간에 있기 때문이다. 또한 근시안과 함께 장수를 간과하여 고령으로 갈수록 소비가 줄어들 수도 있다. 반면 생애주기 가설은 개인의 소비가 시간이 흘러도 일정하리라고 주장한다. 실제로는 그림 6-1에 나타낸 것처럼 연령에 따른 소비 곡선은 평평하거나 심지어 우상향한다. 이는 노동자로부터 노년층으로 상당한 이전이 발생할 것을 시사한다.

우리는 여기에 두 가지 이유가 있다고 본다. 첫째, 노년층의 소비 양상에서 의료 서비스 지출이 점점 큰 비중을 차지하게 된다. 이는 특히 생애 마지막 국면에서 두드러진다(그림 6-1을 보면 선진경제에서 생애주기의 끝에 소비가 가파르게 증가한다). 의료 서비스 지출의 상당 부분은 공공 부문에서 무상으로 제공된다(영국은 NHS, 미국은 메디케이드와 메디케어). 둘째, 대다수 선진경제는 의료 서비스를 감당할 개인 재원

그림 6-1 생애주기에 따른 소득과 소비

생애주기에 걸쳐 소비가 증가한다.

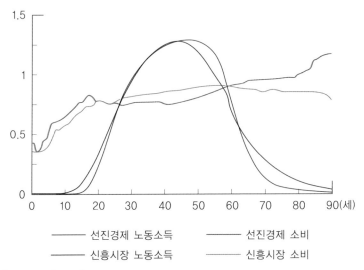

자료: National Transfer Account

이 없는 노년층이 파멸에 이르지 않도록 방지하는 사회안전망을 가동
한다(French et al. 2019).

우리가 바탕을 둔 정치경제 측면의 전제는 사회안전망이 유지된
다는 것이다. 이는 저축이 나이에 비례해 증가하지는 않는다는 전망으
로 이어진다. 장차 사회안전망을 확충하겠다는 약속은 다소 후퇴하겠
지만, 연금과 보건의료의 사회안전망은 그대로 유지될 것이다. 이 전
제가 개인의 저축률에 반영되어, 사람들은 은퇴를 예상해 저축을 늘리
지는 않을 것이다.

경제 전체에서 의료비 지출이 차지하는 비중이 점점 높아지는 추
세는 불가피할 것이다(그림 6-2). 의료비 지출과 공공 연금 이전지출

그림 6-2 의료비 지출(GDP 대비 %)

의료비 지출은 주로 고소득 경제 덕분에 세계적으로 늘어날 것이다.

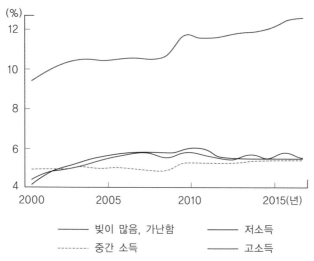

———— 빚이 많음, 가난함   ———— 저소득
-------- 중간 소득   ———— 고소득

자료: 세계은행

은 선진경제의 고령화와 함께 계속 증가할 것이다(그림 6-3). 반면 수
명에 비례해 은퇴 연령이 높아지지는 않을 것이다. 아직까지 은퇴 연령
을 연장함으로써 노동참여율을 높이려는 조치는 몇몇 지역에서만 소
폭으로 실행되었다. 그에 비해 수명은 의료기술의 향상 덕분에 큰 폭
으로 연장되었고 과학이 빠르게 발전하면 더욱 길어질 수 있다. 그 결과
수명과 은퇴 연령 사이의 간극이 확대되고 있다(그림 6-4).

　이제 중국을 살펴보자. 중국은 모든 것이 거대하다. 인구변동 동
학이 놀라웠고 지금도 그러하며(이는 2장에서 서술한 바 있다), 그에 따
라 저축과 투자의 비율은 특별한 움직임을 나타냈다. 중국의 노동력
동학이 방향을 바꾸고 그로 인해 중국 내부는 물론 외부에서도 저축

그림 6-3 연금에 대한 공공 지출의 지속적인 증가 전망

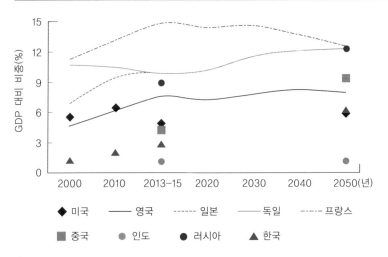

자료: OECD

그림 6-4 선진경제의 기대수명과 유효 은퇴 연령의 차이

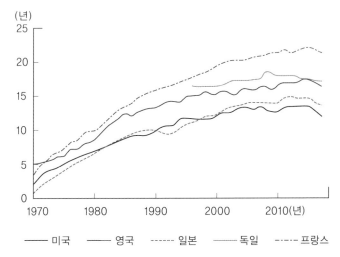

자료: OECD

과 투자의 균형이 이동할 것이다.

인구변동에 따라 중국의 유별난 저축은 줄어들 것이 확실시된다. 현대 이전에 중국에서 (상대적으로 소수인) 노인들은 확대 가족의 돌봄을 받았다.[1] 그러나 오랫동안 이어진 한 자녀 정책으로 그런 돌봄은 점점 더 드물어졌고 사회안전망이 부족한 탓에 은퇴에 대비한 개인저축이 증가했다. 게다가 국유기업의 경영자들은 이윤을 배당으로 지급하기보다 사내에 유보금으로 남겨 놓은 경향이 많았다. 그렇기에 중국의 유별나게 높은 저축률이 가능했다.

앞으로는 어떻게 될까? 비록 아시아는 유럽이나 북미에 비해 일하는 노년층 비율이 높지만 수명이 길어지며 중국 등의 부양인구비도 높아질 것이다. 그 결과 중국의 개인 부문 저축률이 낮아지고 경상수지 흑자는 줄어들 것이다. 사실 이 같은 양상은 이미 시작되었고, 앞서 2장에서 서술한 바 있다.

또한 중국의 고령화는 산유국의 초과 저축을 줄일 것이다. 중국이 세계 경제에 미친 경제적 충격은 대단했다. 그중 한 측면은 원유를 포함한 원자재 가격에 상향 압력을 가한 것이었다. 원유의 상당 부분은 상대적으로 인구밀도가 낮은 국가들(사우디아라비아와 페르시아만 국가들, 노르웨이)에서 생산된다. 중국의 성장이 둔해지고 화석연료에서 신재생에너지로 전환할 필요성에 따라 오일 머니 국가들의 순저축과 경상수지 흑자가 잠식될 듯하다. 요약하면, 경상수지 흑자(대규모 순저축)를 보여 온 국가들은 모두 빠르게 고령화되거나(중국과 독일), 상대적인 유리함이 감소하고(산유국들) 있다.

주택 투자는 어떻게 될까? 전체 자본과 개인 자산의 큰 부분이 주택과 주택 관련 사회간접자본에 묶여 있다. 인구증가율이 둔화됨에 따라 주택 수요가 급격하게 감소하리라는 예상이 많다. 그러나 이 예상은 노년층의 선호를 고려하지 않았다. 나라가 부유해지면서 노년층은 기존 주택에 머무르지, 장성한 자녀의 집으로 옮겨 가지 않는다. 5장에서 서술한 것처럼 이사는 스트레스를 받는 일이고 자가에서 거주하는 노년층은 이사할 이유가 거의 없다. 나이가 들고 경제적인 독립을 이룬 젊은 층은 노년층이 거주하던 빈집으로 들어가는 대신 신축 주택으로 이사할 것이다. 우리가 보기에 일정 규모의 인구에서 노년층의 비중이 커지고 노동 인구가 줄어드는 변화가 일어나면 주택 총량에 대한 수요를 늘리지, 줄이지는 않을 것이다. 그에 따라 주거와 주택 관련 투자가 지지될 것이다.

사회적인 행태가 변할까? 노인들이 자기네 주택을 팔고 대가족 단위로 거주할까? 그런 경우도 물론 있을 수 있다. 그러나 우리가 보기에 이런 경우는 선진경제보다 신흥시장경제에서 더 나타날 듯하다. 선진경제에서 오래 지탱되어 온 사회적 관행이 깨지고 변화가 확산되려면 인구변동의 압력이 상당히 악화되어야 할 것이다.

비금융 기업 부문은 어떻게 대응할까?

인구변동이 어떤 충격을 가져올지 답이 준비되어 있지 않은 것이 있다. 기업 부문의 대응이다. 이를 놓고 양극단의 주장이 맞선다. 유력한 주장은 기업 부문이 인구변동 역풍에 대응해 자본/노동 비율이 낮아질 정도로 자본 축적 속도를 늦춘다는 것이다. 반면 우리는 기업 부문이 자본/노동 비율을 높임으로써, 즉 더 희소해지고 값비싸질 생산 요소인 노동을 보상하기 위해 자본을 추가함으로써 대응하리라고 전망한다.

인구변동으로 노동 비용은 상승하고 자본 비용은 하락할 것이다. 인구변동이 임금 증가율을 높이기 전부터 자본 가격은 하락해 왔다. 이제 임금이 상승하기 시작하면 자본으로 값비싼 노동을 보상하기는 더 손쉬울 것이다. 자본재 비용이 낮아졌을 터이기 때문이다. 그 결과로 나타날 생산성 향상은 임금 상승과 인플레이션을 다소 완화할 수 있다. 이 대응을 저축과 투자의 렌즈로 들여다보자. 자본재의 비용이 저렴할 경우 자본을 축적하는 데 필요한 비용이 줄어든다. 즉 투자에 필요한 저축의 규모가 줄어든다. 그래서 고령화로 인해 저축이 주는 데 따른 문제도 다소 완화될 수 있고, 금리와 임금 상승도 다소 누그러뜨릴 수 있다.

오일쇼크 이후의 역사적 경험에서 그런 대체를 볼 수 있다. 유가에 가해진 우호적이거나 비우호적인 충격을 받은 나라 중 다수가 제조업의 자본/노동 비율에 큰 변화를 주었다. 미국 제조업 공장의 1972~1988년 데이터(Davis et al. 1996)를 살펴보면, 1970년대 오일쇼크로 인해 에너지 집약 제조업이 몰락했음을 알 수 있다. 미국 경제가 당시 유가와 향후 변동에 대비하기 위해 강하게 반응하면서 공장과 고용, 임금이 위축되었다. 에너지 순생산국에서는 반대 영향이 나타났다. 러시아의 지식 집약적인 제조업 분야가 석유에 의존하는 경제로부터 떨어져 나온 것이 이 전환을 대표적으로 보여 주었다.

우리는 기술이 분명히 생산성에 크게 긍정적인 영향을 주고, 그럼으로써 인플레이션과 명목금리 상승을 억제하리라고 예상한다. 그러나 우리는 혁신의 속도를 예측하는 데 특별한 전문성이 없기에 그에 대해 불가지론적인 견해를 선호한다. 사실 기술을 둘러싼 논쟁이 혁신의 속도에 대한 것인지 또는 혁신이 통계에 제대로 기록되었는지를 분별하는 일도 어렵다. 예를 들어 로버트 고든Robert Gordon은《미국의 성장은 끝났는가》에서 미국의 생산성이 1973년 이후로 저하되었으며 회복될 것 같지 않다고 주장했다. 그러나 J. 모키어J. Mokyr 등(2015)은 통계가 기술을 적절히 포착하지 않기 때문에 이를 활용하는 사람들을 오도誤導한다고 주장했다. 가까운 시일 내에 해소될 것 같지 않은 이 이슈는 우리가 계속 불가지론에 머무는 것을 선호하는 또 다른 이유이다.

현재는 아직 인구변동 대전환의 초기이고, 아마 최근까지도 생산을 해외로 이전하는 것이 여전히 대안이자 매력적인 선택이었다. 인구변동의 역풍은 아직 선진경제의 많은 부분에 영향을 끼치지 않았다. 일본과 중국, 한국에서는 인구변동이 나타나기 시작해서 일본의 노동시장에서는 일부 임금 압력이 가시화되기 시작했다. 세 나라의 노동력이 감소하고 있지만 이들 나라에서도 그 압력은 상대적으로 초기 단계이다.

이 초기 단계에서도 일본에서는 새로운 자본 지출 순환이 이미 나타나고 있다. 여전히 초과 생산능력이 문제인 중국과 한국의 경제는 당연히 같은 대응을 보이지 않고 있다. 선진경제의 대다수 국가들은 두 가지 측면에서 일본과 닮았다. 1) 노동이 곧 더 희소해지고 절대적으로는 물론 상대적으로도 훨씬 더 값비싸질 것이다. 2) 신흥시장경제와 달리 제조업 부문에서 대규모 자본적 지출도, 부채 증가도 일어나지 않았다. 따라서 선진경제들은 인구변동에 대해 중국이나 한국의 경험(그리고 일본의 과거 경험)보다 최근 일본의 경험과 비슷한 대응을 보일 듯하다.

경기순환 측면에서는 왜 기업들이(특히 선진경제와 중국의 기업들이) 투자하는 대신 저축하는지가 수수께끼였다. 기업들이 왜 물적 자본에 투자하지 않는지에 대한 한 가지 대답은 세계적인 초과 생산능력이 꽤 더디게 해소되었고 수요 또한 서서히 증가했다는 것이다. 반면 신흥시장경제에서 자본재 수입(투자의 합당한 선행지표)이 5년만에 처음으로 늘어나며 변화의 조기 징후를 보였다. 그러나 핵심은 여전히 미국의 투자 순환이 풀리는 것이다. 미국의 기업 부문은 지금까지 차입을 통한 자사주 매입과 추가 고용을 통한 자기자본순이익률ROE 향상을 더 선호해 왔다. 만약 임금 상승이 기업 이익을 잠식하기 시작한 최근의 양상이 더 진행된다면 미국 기업은 노동생산성을 높이고 수익성을 유지하기 위해 더 적극적으로 투자하려 할 것이다. 이와 같은 일단의 경제적 논리가 투자 개시에 박차를 가할 만큼 충분할지는 지켜봐야 한다.

한편 비금융 기업의 부채비율은 너무 치솟았다. 따라서 금리가 상승하거나 수익성이 하락하면 부채비율이 높은 기업들의 지불 능력에 문제가 발생할 것이다. 그렇게 된 기업들은 단기 자기보호를 위해 신규 투자를 크게 삭감해야 한다. 그 결과 거시경제는 더욱 악화될 것이다. 이에 대해서는 11장에서 다룬다(Kalemli-Özcan et al. 2019).

종합해 보면, 향후 비금융 기업의 투자와 저축의 균형을 전망하기에는 서로 다른 방향으로 작용하는 흐름이 너무 많아 어지러울 지경이다.

공공 부문은 어떻게 될까?

5장과 앞의 두 절에서 우리는 개인 부문과 비금융 기업 부문 모두에서 저축이 투자보다 더 줄어들 것이라고 주장했다. 개인 부문은 과

거의 흑자로부터 적자로 돌아설 것이다. 그렇게 될 경우, 경제가 균형에 이르기 위해서는 공공 부문이 적자에서 큰 흑자로 전환해야 한다.

그러나 공공 부문의 흑자 전환은 극도로 힘들다. 왜냐하면 몇 차례 언급했듯이 의료 및 연금 지출을 늘릴 필요에 대한 압력이 특히 강하기 때문이다. 지출을 줄이고 세금을 늘리기는 정치적으로 언제나 힘들다.

현재까지 진행된 금리 하락 추세의 요인 중 하나는 저축이 초과된 상황에서 정부가 재정적자를 충분히 늘리지 않은 것이었다. 중국을 필두로 한 세계의 저축률이 사전 투자를 초과해 벤 버냉키가 '저축 과잉'이라고 진단한 상황인데도, 재무장관들은 더 장기적인 전망에 따라 경제가 균형에 이를 정도로 충분하게 적자를 확대하려고 하지 않았다. 같은 이유로, 우리는 민간 부문에서 나타나리라고 예상되는 적자를 벌충하기에 충분할 정도로 정부 재정이 흑자로 돌아서지 않으리라고 생각한다. 과거 30년 동안에는 재정적자가 경제를 균형에 이르게 할 만큼 충분하지 않았고, 중앙은행이 금리를 낮춤으로써 경제 균형을 맞춰야 했다. 금리 인하는 '도시의 유일한 게임'이라고 불렸다.[2] 미래에도 같은 방식에 따라 실질금리가 올라 경제를 균형에 맞추는 역할을 해야 할 것이다. 공공 부문은 넉넉히 저축하지 않을 것이기 때문이다.

위험 기피와 안전자산 부족?

지난 수십 년 동안 실질금리가 하락한 이유를 분석한 연구 중 다수가 위험 기피와 안전자산으로의 도피에 상당한 무게를 두어 왔다. 예를 들어 많은 연구가 R. J. 카발레로R. J. Caballero의 논문(2017)에 준거하고 있는데, 카발레로는 '안전자산'의 부족 현상이 전개되어 왔다는 분석을 제시했다. 유럽중앙은행ECB의 〈중립 금리: 추정과 요인, 통화정책에의 도전〉이라는 보고서(Brand et al. 2018)는 "위험 기피와 안전자산으로의 도피가 세계 금융위기 이후 금리의 추가 하락에 기여한 것으로 나타났다"고 분석했다.

이 기간에 중앙은행들은 양적 완화를 실행하면서 매입 가능한 무위험 국채의 잔량을 빨아들였고, 채무불이행이나 리디노미네이션(화폐 단위 변경)의 가능성으로 인해 유럽과 라틴아메리카의 몇몇 국가들의 국채는 더욱 위험해졌다. 이들 연구자와 함께 M. 마르크스M. Marx 등은 〈금리가 왜 자본수익률return on capital(저자들은 이 장에서 이를 'the rise in equity valuation'이라고 서술한다. 이로 미루어 이 장의 자본수익률은 주가상승률을 가리킨다고 풀이할 수 있다 – 옮긴이) 아래로 하락했나?〉(2019)에서 위험 기피와 유동성 선호가 자본수익률과 무위험 금리 사이의 간격을 넓혔다고 주장했다. 요구 자본수익률은 높은 수준에서 유지되어 투자를 가로막았기 때문에 거시경제를 균형에 이르게 하려면 무위험 금리가 낮아져야 했다는 것이다.

우리는 이 주장에 동의하지 않는다. 만약 비유동성에 대한 우려가 있었다면 상대적으로 위험이 없는 채권과 더 위험한 채권 사이의 스프레드(간격)가 벌어졌어야 했다. 즉, 신용등급 AAA인 회사채의 수익률과 BBB인 회사채의 수익률의 차이가 확대되었어야 했다. 그림 6-5는 두 채권 수익률의 차이를 1997년부터 2018년까지 보여 준다. 스프레드는 대금융위기 때 가파르게 치솟았지만 이후 꾸준히 하락해 현재의 낮은 수준에 이르렀다. 사실 최근 통화정책의 핵심 목표 중 하나는

그림 6-5 AAA 회사채 수익률과 BBB 회사채 수익률의 차이(스프레드)

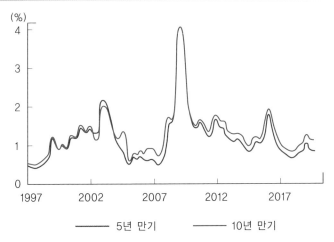

5년 만기 ─── 10년 만기

자료: 미 연준 경제데이터베이스

투자 주체들이 높은 수익률을 위해 더 위험을 취하도록 장려하는 것
이었다. 관련 자료를 보면 이 목표는 달성된 것으로 판단된다. 라헬과
서머스(2019)도 같은 결론에 도달했다.

　남은 질문이 있다. 왜 자본수익률은 무위험 금리에 비해 그렇게
높은 수준을 유지했나? 우리 견해로는 주가 상승은 무위험 금리 하락
의 자연스러운 결과였다. 왜냐하면 금리가 하락하면 주식 보유에서 나
오는 미래 수익의 현재가치가 높아져서 이와 일치하는 수준까지 주가
가 오르기 때문이다(이론적으로 주가는 주식 보유에 따른 미래의 배당을
금리로 할인한 현재가치이다 - 옮긴이). 주가의 궤적 또한 위험 기피 주장
의 정황 증거로 나타나야 하는 스프레드 확대에 들어맞지 않는다.

　생각해 볼 질문이 하나 더 있다. 수익성이 그렇게 높았고 주가가
극도로 높았으며 금리는 그렇게 낮았는데, 기업 투자 수요는 왜 훨씬

더 증가하지 않았나? 우리가 생각하는 답은 위험 기피가 아니라 단기 자기자본순이익률을 극대화하도록 하는 경영자 유인과 관련이 있다는 것이다. 이에 대해서는 11장에서 더 논의한다(Smithers 2009, 2013, 2019).

정치적 압력

이 책에서 거듭해서 다루는 주제 중 하나는 정치인과 독립적인 중앙은행 사이에 유지되어 온 지난 30년간의 편안한 관계가 심히 적대적으로 바뀌리라는 것이다. 그동안 중앙은행 총재는 재무장관의 절친한 친구였다. 중앙은행 총재는 금리를 꾸준히 낮춤으로써 가파르게 상승하는 정부 부채비율의 부담을 완전히 상쇄해 주었다. 앞으로는 이런 관계가 바뀌어 양자의 일을 더욱 어렵게 할 것이다. 재무장관과 총리들에게 큰 부담을 안겨 줄 향후 변수는 명목금리 상승과 재정적자의 지속 또는 악화 그리고 여전히 가파르게 상승하는 부채비율 등이다. 게다가 비금융 기업 부문 부채비율이 상승한 가운데 중앙은행이 물가안정 목표를 유지하고자 시도하면 기업 부문과 거시경제가 채무불이행과 침체의 위험에 처한다.

이런 여건에서 정치인이 중앙은행에 가하는 압력이 점점 커질 것이다. 우선 포퓰리스트라고 불리는 정치인들이 나서겠지만 그들만 그러지는 않을 것이다. 이 주제는 13장에서 짚어 본다. 뒤에서 상세하게 다루겠지만, 중앙은행의 독립성은 실제로는 상당히 제약받는다. 예외가 있다면 유럽중앙은행 정도이다. 중앙은행이 정치적인 압력을 상쇄

할 수 있는 역량은 제한적이지만, 중앙은행은 정치적으로 기민해야만
한다.

결론

단기금리는 중앙은행의 통화정책에 따라 결정된다. 중기금리까지는
정책에 영향을 받는다. 반면 장기금리는 시장의 힘에 더 좌우된다. 우
리는 앞으로 펼쳐질 정치적 맥락이 주요 요인이 되어 단기금리가 향
후 수십 년 동안 상승할 인플레이션율보다 낮은 수준으로 억제될 가
능성이 매우 높다고 본다. 그러나 이와 대조적으로 새롭고 불편한 세
상의 윤곽이 뚜렷이 드러나면서 장기금리는 현재 인플레이션율보다
높게 상승하기 시작할 것이다. 그래서 현재 이례적으로 평평한 수익률
곡선이 매우 가팔라질 것이다.

우리는 금리를 이렇게 전망한다. 단기 실질금리는 낮게 유지되고
예컨대 10년 장기 실질금리는 상승할 것이다.

7장

불평등과
포퓰리즘의 부상

중국의 등장과 세계 무역 체제로의 통합, 이후의 극적인 성장은 지난 30년의 두드러진 특징이다. 이 과정에서 인구밀도가 높은 중국과 서구 선진경제들의 연합이 형성되었다. 중국의 노동자들은 가난했지만 꽤 잘 교육받았고, 상대적으로 효율적으로 조직하고 부릴 수 있는 인력이었다.[1] 서구 선진경제들은 기술 수준이 더 높았고 부와 자본 또한 더 많았다. 연합의 결과는 어떤 의미에서는 거시경제의 승리였다. 서구는 노하우와 경영과 자본을 중국에 수출했고, 중국은 저렴한 상품을 외부로 수출했다.

글로벌 차원의 불평등은 2000년 무렵부터 완화되기 시작했다. 중국을 필두로 아시아의 많은 지역에서 실질소득과 실질임금이 증가하는 속도가 서구를 크게 앞지른 결과였다. 그보다 앞선 2세기 동안에는 글로벌 불평등의 정도가 꾸준히 높아졌는데, 국가 내 불평등이 악화되었기 때문이 아니라 국가 간 소득 불평등이 확대되었기 때문이었다 (Milanovic 2016). 그 시기에 실질임금은 유럽과 북미, 호주, 뉴질랜드에서 빠르게 증가한 반면 아시아와 아프리카에서는 최저 생활 수준에서 정체되었다. 당시 세계 소득 분포에서 개인의 위치는 그의 부모가 누구인지보다 어디(어느 나라)에서 태어났는지에 더 좌우되었다.

중국과 이웃한 한국, 대만, 베트남, 태국, 말레이시아, 싱가포르, 인도네시아의 농민과 노동자층은 지난 30년의 경제적 승자였다. 그들 외에 주요 승자는 우수한 기술과 자격을 갖춘 사람들과 경영자들, 자본 투자를 할 부를 가진 사람들이었다. 2장과 3장에서 서술하였듯, 세계화(본질적으로 중국 효과)와 무척 우호적인 인구변동 추세는 유효 노동 공급이 30년간 두 배 이상으로 유례없이 급증하는 결과로 이어졌다. 그런 환경에서 풍부하게 증가한 노동에 적절한 경영 관리와 기술, 설비를 제공한 사람들은 부유해질 가능성이 컸다.

물론 패자도 있었다. 서구 선진경제의 하위 중산층이었다. 그들은 세계화된 경쟁과 중국의 저가 생산품뿐 아니라 기술 발전으로부터도 고통을 받았다. 밀라노비치의 유명한 코끼리 곡선이 그런 변화를 나타냈다(밀라노비치의 코끼리 곡선이란 1988년부터 2008년까지 세계의 소득 분위를 가로축에 놓고 소득증가율을 세로축으로 그린 그래프를 가리킨다. 소득증가율이 선진국 중산층이 위치한 8~9분위에서 크게 낮아진 뒤 10분위에서 다시 급등한 양상이 오른쪽을 향한 코끼리 같다고 해서 그런 이름이 붙었다 - 옮긴이).

우리는 서구 선진국의 하위 중산층이 지난 수십 년 동안 어떻게 철저히 경제적 패자가 되었는지 그 양상과 원인을 더 상세하게 살펴보고자 한다. 성장과 고용 증가와 낮고 꾸준한 인플레이션으로 평가할 때 1988년부터 2008년까지는 최상의 시기였다. 세계화와 인구변동의 전반적인 영향이 당시 세계 경제 전반에 얼마나 도움이 되었는지를 고려하면, 승자들이 패자들에게 보상을 해 줄 수도 있었다(칼도/스키토브스키 복지 기준). 그러나 그들은 물론 그렇게 하지 않았다. 선진경제의 산업단지가 쇠퇴하고 그 영향은 도시와 일자리 유형, 노동자들의 직군으로까지 확대되었다.

자본 소유자보다 노동자가 더 많다. 노동자층 가운데 경제와 정치의 현재 상태에 불만을 품은 사람들이 많아지면, 그들은 변화를 요구하며 투표할 수 있다. 그런 불만은 왜 (더 전통적인) 좌파 사회주의 지도자가 아닌 우파 포퓰리스트 지도자들에 대한 지지의 확대로 표출될까? 우리의 주요 답변을 맛보기로 내놓자면, 핵심 요소는 이민에 대한 좌파 지도자들의 태도가 그들을 전통적으로 지지해 온 계층과는 대조적이라는 것이다. 좌파 정치 지도자들은 대개 '인류애'를 이상주의적으로 신봉한다. 좌파 정당은 일반적으로 과거와 현재, 미래의 이민자들로부터 지지를 받고, 이민자 유입에 대해 온건한 경향을 보인다. 그와 대조적으로 전형적인 블루칼라 노동자는 이민자가 경쟁자로 임금 인상을 저지하는 데 부분적으로 책임이 있으며 달갑지 않은 문화·사회적인 변화를 함께 가져온다고 여긴다. 우파 정치인들은 국가적 애국의 가치를 강조하고('미국을 다시 위대하게', '통제권을 되찾아오자' 등의 구호에서처럼), 다수의 블루칼라 노동자 및 그들의 가족과 공명하는 입장을 택해 대규모 이민자 유입에 반대한다.

불평등

세계적인 불평등이 완화되기 시작했고 국가 간 불평등 격차가 꽤 큰 폭 좁혀졌지만, 국가 내 불평등은 많은 경우 매우 악화되었다. 대부분 불평등 정도가 크게 상승하여 그 이전인 1914년부터 1980년까지의 불평등 완화 추세를 되돌려놓게 되었다. 이로써 쿠즈네츠 곡선에 담긴 이전 가설이 반박된 것으로 보인다. 쿠즈네츠[2] 가설은 경제 발전 초기에는 불평등도가 높아지지만, 정점에 이른 뒤에는 지속적으로 낮아진다는 내용이다. 우리는 우선 이 측면에서 실제로 어떤 일이 발생했는지 기록할 것이다. 뒤에서 그런 결과를 설명하기 위해 그동안 작동한 여러 가지 요인들을 논의한다.

관련하여 두 가지 주요 데이터베이스가 있다. 세계은행의 포브칼넷PovcalNet 데이터베이스와 세계 불평등 데이터베이스이다. 불평등을 측정하는 많은 잠재 지표들 가운데 우리는 우선 세 가지를 선택한다(이 지표들 모두 동일한 방향을 가리킨다). 첫째, 지니계수이다. 경제협력개발기구OECD 국가들의 지니계수[3]를 그림 7-1에 표시하였다. 둘째, 몇몇 국가에 대해서는 소득 상위 10%와 1%가 전체 소득에서 차지하는 비중을 살펴본다. 표 7-1과 7-2가 이를 보여 준다. 5년 간격으로 제시된 수치들을 보면 미국과 영국, 독일, 프랑스, 스웨덴, 이탈리아, 일본, 중국, 브라질, 이집트, 인도에서 불평등이 악화되었음을 알 수 있다. 셋째, 상위 10%가 전체 부富에서 차지하는 비중이다. 표 7-3은 미국과 중국, 영국, 프랑스의 부의 불평등 데이터를 5년 간격으로 보여 준다. 이들 표는 검토 시기의 끝을 기준으로 소득 불평등이 가장 덜한 국가는 스웨덴과 이탈리아이고, 가장 심한 나라는 브라질과 인도임을 알려 준다. 소득 불평등은 중국과 독일, 인도에서 가장 악화된 것으로 보인다. 일본은 악화 정도가 가장 덜했다.

이 같은 암울한 결과를 완충시키는 요인이 하나 있다. 소득 10분위 중 1~2분위의 세후 가처분소득이 대다수 국가에서 정책 수단에 의

그림 7-1 OECD 국가들의 가처분 가계소득 지니계수

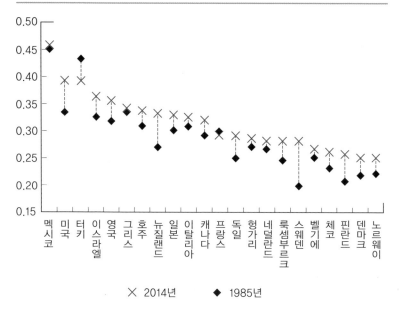

X 2014년 ◆ 1985년

자료: Rachel and Summers(2019)

표 7-1 상위 10%가 전체 소득에서 차지하는 비중(%)

	1990	1995	2000	2005	2010	2015
미국	0.39	0.41	0.44	0.45	0.46	
중국	0.30	0.34	0.36	0.42	0.43	0.41
독일		0.32		0.39	0.40	
영국	0.37	0.39	0.41	0.42	0.38	
프랑스	0.32	0.32	0.33	0.33	0.33	
일본	0.39	0.36	0.38	0.42	0.42	
스웨덴	0.22	0.26	0.26	0.27	0.27	0.28
브라질				0.55	0.55	0.56
인도	0.33	0.38	0.40	0.45	0.52	0.56
이집트	0.51	0.51	0.51	0.49	0.46	0.49
이탈리아	0.26	0.28	0.29	0.29	0.29	0.29

자료: 세계 불평등 데이터베이스

표 7-2 상위 1%가 전체 소득에서 차지하는 비중(%)

	1990	1995	2000	2005	2010	2015
미국	0.15	0.15	0.18	0.19	0.20	
중국	0.08	0.09	0.10	0.14	0.15	0.14
독일		0.08		0.13	0.13	
영국	0.10	0.11	0.14	0.14	0.13	
프랑스	0.09	0.09	0.09	0.11	0.10	
일본	0.13	0.09	0.09	0.11	0.11	
스웨덴	0.05	0.08	0.07	0.08	0.08	0.09
브라질			0.28	0.28		0.28
인도	0.10	0.13	0.15	0.19	0.21	0.21
이집트	0.19	0.19	0.19	0.18	0.17	0.19
이탈리아	0.06	0.07	0.08	0.08	0.07	0.07

자료: 세계 불평등 데이터베이스

표 7-3 상위 10%가 부에서 차지하는 비중(%)

	1990	1995	2000	2005	2010	2015
미국	0.64	0.66	0.69	0.67	0.73	
중국	0.41	0.41	0.48	0.52	0.63	0.67
영국	0.46	0.47	0.51	0.51		
프랑스	0.50	0.51	0.67	0.52	0.56	

자료: 세계 불평등 데이터베이스

해 계속 보호되어 왔다는 것이다. 정책 수단은 복지 혜택과 최저임금법, 의료 지원 등이다. 미국과 개발도상국에서는 그 정도가 덜했고, 유럽과 일본은 그 정도가 두터웠다.

W. 그보호우이w. Gbohoui 등은 〈대분할: 지역별 불평등과 재정정책〉에서 재정정책이 국가 소득 불평등의 확대를 완전히 상쇄하지는 못했지만 완화하는 데에는 도움을 줬다고 분석했다(IMF 2017; Immervoll and Richardson 2011). OECD 선진국에서는 재정의 재분배

정책의 효과가 약 3분의 1로 측정되었다. 이는 세금과 이전소득이 집행되기 전과 후의 가처분소득 기준 지니계수를 비교하는 방식으로 측정되었는데, 2015년에 0.31이던 지니계수는 세금과 이전소득이 집행되지 않았다면 0.49였을 것으로 추정되었다. 재정 재분배 정책의 4분의 3은 이전을 통해 이루어졌고, 나머지 4분의 1은 누진적 세금으로 이루어졌다. 여러 소득 계층에 걸쳐 복지 혜택과 이전소득이 세금과 사회적 기여보다 더 불평등 완화에 기여했다.

재정 재분배 정책의 효과는 여전히 큰 것으로 분석되지만 몇몇 OECD 국가에서는 1990년대 중반 이후 감소했다. 많은 유럽 국가에서는 재분배 정책의 효과가 둔화되었고, 미국 같은 나라에서는 감소했다. 지난 30년 동안 조사 대상으로 선정된 OECD 국가들에서 지니계수 변화를 기준으로 측정한 세금과 이전소득의 평균 재분배 효과는 50% 정도 감소했다. 이는 이전의 연구에서 밝혀낸, 1990년대 중반부터 2000년대 중반에 재정 재분배 정책의 역할이 줄었다는 관찰을 뒷받침한다(그림 7-2).

불평등도에서 나타난 이와 같은 추세를 설명하는 두 가지 방식이 있다. 첫째는 앞서 3장에서 논의된 이 30년 동안 자본 수익이 실질임금보다 더 증가했다는 것이다. 둘째는 인적 자본에 대한 보상이 고정자본과 금융 자본의 수익과 함께 증가한 반면 근력에 의존하는 단순반복 업무에 대한 보상은 정체되었다는 것이다. 인적 자본을 대신할 변수로 교육 수준이 활용되었다. 미국의 데이터는 오토(2019)를 활용했다(그림 7-3).

지금까지 논의한 내용이 시사하는 바는 다음과 같다. 극빈층은 보호된 반면, 하위 중산층을 이루는 소득 백분위의 70~20% 구간 사람

그림 7-2 재정 재분배 정책의 영향

재정 재분배 정책의 영향은 여전히 크지만 몇몇 OECD 국가에서는 감소하고 있다.

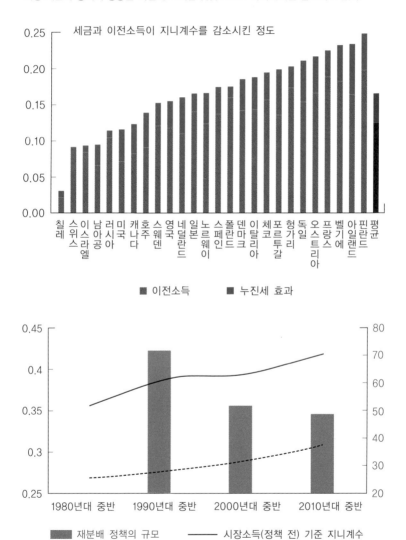

자료: OECD, 소득분배 데이터베이스: Immervoll and Richardson(2011)

그림 7-3 1963~2017년 노동 인구(18~64세)의 실질 주급 변화

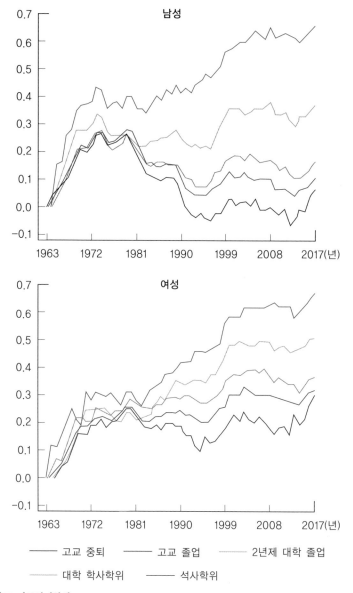

자료: 미국경제학회

들의 형편이 가장 악화되었다. 왜냐하면 그들 비숙련·준숙련 노동자들에 비해 인적 자본을 보유한 숙련 노동자들과 고정자본에 대한 보상이 크게 좋아졌기 때문이다. 또 저숙련과 고숙련 일자리에 비해 중숙련 일자리가 감소해 하위 중산층은 인적 자본을 더 축적하지 못할 경우 저숙련 일자리로 내몰렸다(Autor 2019; Borella et al. 2019).[4] 이는 미국에서 관찰되었지만 다른 선진경제 대다수에서도 같은 현상이 나타났다고 본다.

최저임금

최근 선진경제와 신흥시장경제 모두에서 이루어진 최저임금 인상의 요인은 준숙련에서 저숙련 일자리로의 노동력 이동에 대한 우려와 긱 이코노미에서의 협상력 약화, 소득 불평등의 악화 등일 것이다. 선진경제에서는 다음 국가들이 최근 최저임금을 높이거나 도입했다.

영국: 2019년 4월 1일부로 25세 이상 노동자에 의무적으로 적용되는 최저임금인 국가생활임금이 4.9% 올라 8.21파운드가 되었다. 그보다 낮은 연령대에 대한 최저임금도 인플레이션과 평균 소득 이상으로 인상되었다.

캐나다: 2017년에 13% 인상되었다. 이전 10년간 연평균 상승률은 3.5%였다. 그 이전 시기의 상승률은 이에 미치지 못했다.

독일: 최근 최저임금을 도입했다.

신흥시장경제 중에서는 다음 사례가 주목할 만하다.

폴란드: 집권 여당은 2020년 15.6% 인상을 시작으로 향후 5년간 약 80% 인상을

제안했다. 과거 2010년 이후 연평균 상승률은 약 6%였다.

헝가리/체코공화국: 최근 몇 년 동안 연평균 11%에 이르는 높은 인상률을 보여 왔다.

멕시코: 2018년 10% 올린 뒤 2019년에는 16% 끌어올렸다. 게다가 미국 국경에서 25㎞ 이내의 지역에 있는 도시에서는 최저임금이 95% 인상될 예정이다.

러시아: 지난 2년간 연평균 31% 높아졌다. 이전 7년간 연평균 상승률은 5%였다.

한국: 2017년에 7% 오른 뒤 2018년 16%로 큰 폭 인상되었다. 이와 함께 2018년 7월부터 주 52시간 근무제를 시행해 주당 법정 근로시간을 전보다 16시간 단축했다.

높아지는 불평등도

국가 내 불평등이 악화되는 현상에 대해 필연적인 추세, 기술 변화, 경제력 집중 심화와 독점력 강화, 세계화와 인구변동의 네 가지 설명이 있다. 각각을 차례로 고려해 본다.

필연적인 추세

이 분야 저자들에게 1914~1979년은 예외적인 시기였다. 이 시기에 많은 나라에서, 아마도 대다수 국가에서 불평등이 완화되었다. 그들은 그 원인을 주로 일련의 특별한 변수에서 일차적으로 찾는다. 즉, 양차 세계대전과 대공황, 전후 인플레이션, 공산주의와 사회주의의 가격·임대료 통제 등이 해당 시기에 자연적인 불평등도 상승의 여건을 억눌렀다는 것이다.

그렇다면 특별한 변수가 발생하지 않을 경우 불평등도는 필연적으로 악화되는 것일까? 그렇다고 보는 비관적인 근본주의자들이 있다. 토마 피케티는《21세기 자본》(2014)에서 이 필연성에 대해 자본수익률이 정상적이고도 자연적으로 경제성장률을 초과하는 것으로 추정되기 때문이라고 설명한다.

W. 샤이델W. Scheidel(2017)은 요한계시록의 네 기사(정복자, 전쟁, 기근, 죽음) 같은 요인, 예컨대 전쟁이나 전염병이나 반란이 억제하지 않는 한 강자는 언제나 약자를 괴롭히기 때문이라고 설명한다. W. 듀런트W. Durant(1968)도 같은 맥락에서 참고가 된다.

우리는 이런 견해를 반증하지는 못하지만 믿지는 않는다. 우리는 피케티가 말한 불평등이 필연적으로, 또는 자연적으로 유지될 근거가 없다고 본다. 또한 샤이델이 주장하는 것처럼 인류의 본성과 성격 그리고 미래를 절망적으로 보지 않는다. 우리는 반대로 다음 세 가지 설명이 더 설득력이 있다고 본다.

기술 변화

오토의 작업에서 서술되었듯이, 기술이 (준숙련) 노동자의 몇몇 직군에 대한 수요를 제거하거나 크게 감소시켰다는 데에는 의심이 없다. 속기사와 법원서기는 없어졌고, 비서도 사라지는 직종이다. 용접공은 로봇으로 대체되었다. 위성항법장치GPS가 등장하기 전 런던의 택시기사는 복잡하기 그지없는 런던의 지리를 암기하고 시험을 통과해야 면허를 받을 수 있었지만 이제는 그런 자격 없이도 아무나 우버를 운전할 수 있다. 사실 지도를 읽고 활용하는 능력은 모바일 구글 맵

스가 쓰이기 시작하면서 잠식되고 있다.

더 폭넓은 질문은 개별 직군에 대한 이처럼 명백한 영향이 실질임금과 노동소득분배율의 상대적인 정체를 전체적으로 설명할 수 있는지, 그렇다면 얼마나 설명할 수 있는지이다. 한편 피상적으로 다음과 같은 의문을 품을 수 있다. 만약 노동을 절약하는 기술로 인해 불평등이 심화되었다면, 지난 20년간 생산성이 실제보다 더 빠르게 향상되었어야 했다. 그러나 만약 총수요와 완전고용 유지를 목표로 한 공공정책이 생산성이 낮은 서비스업과 긱 이코노미에 주로 영향을 줬다면 어땠을까? 이쪽이 타당한 가설이다.

다른 방식으로 질문해 보자. 왜 그런 기술적인 발전이 필립스 곡선의 기울기와 위치에 변화를 주었을까? 전반적인 실업이 같은 수준일 때 총 상대임금(임금/가격)이 왜 낮아졌을까? 비숙련(긱) 이코노미의 노동자들이 이전 준숙련 영역의 노동자들에 비해 노조로 덜 조직되었고 상대적인 협상력이 저하됐으리라는 주장이 있다. 아마도 그럴 것이다. 이는 피고용자와 고용주 및 자본가 사이의 상대적 협상력과 더 직접적인 관련이 있는 다음 두 이슈로 이어진다.

경제력 집중과 독점력 강화

지난 수십 년 동안 미국 민간 산업에서 경제력이 집중되고 독점력이 강화되었다는 증거는 상당히 많다(Stiglitz 2019; Philippon 2019). 경제력 집중은 관련 노동시장에서 수요 독점을 함께 가져오는 경향이 있다. 종종 그렇듯, 다른 선진경제에서도 미국에 비해서는 적지만 같은 변화가 나타났다는 증거들이 있다.

이와 같은 추가 경제력 집중과 독점력 강화가 높은 수익성과 낮은 고정자본 투자(적어도 미국의)의 많은 부분을 설명할 수는 있겠으나 왜 그로 인해 필립스 곡선의 기울기와 위치가 변했으며 어떻게 이동했는지는 덜 분명하다. 그러나 고용주가 '다시' 피고용자에 비해 힘이 강해지면, 임금을 밀어올리는 힘이 약해지고 동일한 실질임금 인상에 해당하는 자연실업률이 더 낮아질 것이다. 앨런 크루거Alan Krueger의 잭슨홀 오찬 연설(2018)이 참고가 된다. 그러나 영향의 방향은 충분히 명확하다고 해도, 실질임금과 노동소득분배율에 대한 총제적 영향을 추산하기란 무척 어렵다.

세계화와 인구변동

이 주제는 앞서 논의했으므로 간략히 다룬다. 가용 노동 공급이 내부로의 이민과 외부로의 해외 조달로 전례 없이 급증하면서 노동자와 노조의 상대적인 협상력이 대단히 약해졌고 실질 임금상승률과 자연실업률이 낮아졌다(Boehm et al. 2019; Krueger 2018).

요컨대 노동의 협상력을 떨어뜨리는 경향이 있는 힘은 기술 변화, 경제력 집중 및 독점력 강화, 세계화와 인구변동이다. 세 가지 다른 힘의 상대적인 효과를 어떻게든 양적으로 추산하는 일은 극도로 어렵고, 우리는 그러한 시도를 하지 않을 것이다. 그러나 요인들을 부분적으로 측량하는 작업은 설령 주관적일지라도 의미가 있다. 만약 임금상승률과 노동소득분배율 저하의 주된 원인이 우리의 생각처럼 세계화와 인구변동이라면 두 비율의 방향은 다가오는 수십 년 동안 역전될 것이다. 만약 기술 변화가 원인이라면, 예를 들어 인공지능의 효과가 나타나면서 기존 추세가 이어질 것이다. 그리고 미래에 경제력 집중과 독점력 강화가 심해질지 약해질지의 큰 부분은 정책에 달려 있다. 따라서 어느 쪽으로도 나타날 수 있다.

결국 우리의 견해는 국가 내 불평등도 심화는 주로 세계화와 인구변동으로 발생한 유례없는 가용 노동 급증과 그에 따른 노동의 협상력 약화로 인해 주로 야기되었다는 것이다. 그렇다면 피케티는 이제 역사로 저물었다. 그러나 우리가 틀릴 수 있음은 물론이다.

포퓰리즘의 부상

숙련도와 교육 수준이 높은 노동자들은 지난 30년 동안 자본가층과 함께 경제적으로 크게 성공했지만, 그들의 수는 하위 중산층에 비해 훨씬 적었다. 앞에서 서술했듯이 사회의 극빈층은 정책에 의해 꽤 잘 보살펴진 반면, 그보다 수가 더 많은 계층은 실질 생활수준이 거의 개선되지 않는 힘든 시절을 보냈다.

이 모든 일이 일어나는 동안 그들의 보스들은 수백만 달러의 보수 꾸러미를 떠들썩하게 챙겼다. 최고경영자CEO와 평균 노동자의 급여 비율은 지난 수십 년간 대다수 선진국에서 하늘로 치솟아 전례 없는 수준에 도달했다. 다만 일본은 부분적인 예외였다. 이를 그림 7-4와 7-5에 나타냈다. 자본주의 시스템은 공정해 보인 적이 거의 없었는데, 특히 망해가는 기업의 경영자들조차 그동안 막대한 돈을 벌여들였음은 물론 아주 후한 미래 연금 지불금까지 챙겨가는 것을 보면 그렇다. CEO의 보수 꾸러미는 대개 기본 급여에 연간 상여금과 '장기 인센티브 플랜'이 더해져 구성된다. 1990년대 말 이후 급여 상승률은 꾸준

그림 7-4 CEO 보수와 평균 노동자 보수의 비율의 국가별 비교(2014년)

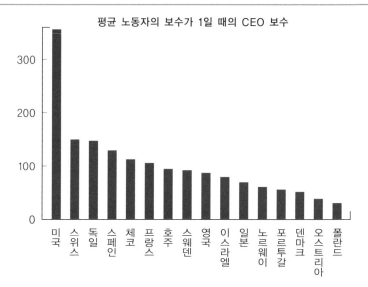

평균 노동자의 보수가 1일 때의 CEO 보수

자료: 〈워싱턴포스트〉(2014. 9. 25.)

그림 7-5 FTSE 100 지수 포함 기업 경영진의 현금 보상액 중간값(1996~2013년)

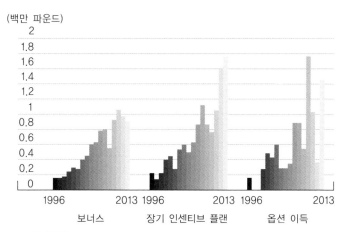

자료: 하이페이센터

했지만 실적 연계 지급액이 극적으로 늘어나 전체 보수는 빠르게 증가했다.

이런 상황이라면 지난 30년간 상대적으로 형편이 나빠진 사람들이 자기네 나라의 좌파 정당에 투표했으리라고 추측할 수 있다. 어쨌거나 좌파 정당은 노동자층이 처한 정치 지형에서 기본적으로 그들의 이익을 키우고 복지를 살피기 위해 만들어졌으니 말이다. 하지만 라틴 아메리카에서는 그런 결과가 발생했으나 유럽과 미국에서는 대개 나타나지 않았다. 좌파 정당에 대한 지지는 유럽에서 주로 급진적인 포퓰리스트 우파 정당으로 옮겨갔다. 사례는 많다. 미국의 트럼프, 영국의 브렉시트, 이탈리아의 북부동맹, 프랑스의 국민연합당RN, 독일의 '독일을 위한 대안AFD', 헝가리의 오르반, 폴란드의 법과정의당, 핀란드의 트루핀스True Finns 등이다. 그런 추세에 대한 탁월한 논의를 D. 로드릭D. Rodrik(2018)에서 볼 수 있다.

왜 이런 현상이 빚어졌을까? 간단한 설명은 '이민에 대한 태도'이다. 좌파 정당의 정치인과 활동가들은 대개 이상주의자들이고, 국적이나 인종, 성별, 기타와 관련한 차별이 없는 인류애를 믿는다. 이와 관련해 이민을 완전 자유화하면 경제적 후생이 약 세 배로 성장한다는 연구도 나왔다(Desmet et al. 2018). 더욱이 좌파 정당은 이민자들이 선거권을 갖게 되면 일반적으로 지지하는 정당이다. 따라서 좌파 정당은 우파 정당에 비해 이민을 더 규제하자고 제안하기가 훨씬 더 어렵다. 반면 우파 정당은 애국적 국가주의와 지역 문화 유지라는 미덕을 훨씬 더 중시한다.

이민에 대해 두 정파가 이처럼 맞선 가운데, 우리가 앞서 서술한 것처럼 세계화가 세계를 더 평등하게 만든 반면 개별 국가에서는 불평등을 악화시켰다. 하위 중산층이 세계화로 타격을 입은 것은 일자리와 노동의 해외조달 탓이라고 우리는 믿는다. 전문가들 사이에서 이민이 해당국 일자리와 임금에 중대하게 나쁜 영향을 끼쳤는지는 논쟁적인 이슈이다(A. M. 메이다의 2019년 논문은 긍정적인 영향을 제시한다). 그러나 노동자들이 직접 목격한 것은 이민이 자국의 경제 전개에 미친 영향이었다. 개인이 경험하는 한 번이 전문가의 추상적인 조언 백 번보다 더 값어치가 있기 마련이다. 그래서 노동자들은 이민 규제를 내건 우파 정당에 투표했다.

더 들어가서 살펴보면 선택을 추동하는 변수는 이민이 증가하면 어떤 일이 일어날까 하는 두려움이지 이민의 현실이 아니다. 이는 영국의 브렉시트 국민투표에서 나타났다. 각 지역구의 이전 이민 수준과 탈퇴 지지율 사이에는 음의 상관관계가 나타난 반면, 최근 이민의 퍼센트 변화와 탈퇴 지지율 사이에는 양의 상관관계가 보였다. 풀이하면, 사람들은 시일이 지나면서 문화·인종 차이에 상대적으로 부드럽게 적응하는 경향이 있는 반면, 당장의 사회·경제적인 변화에 대해서는 두려워한다. 이 경향은 노년층에서 두드러진다. 그러나 코머트페이Comertpay 등(2019)은 유럽연합EU의 연령대별 이민에 대한 태도는 U자 모양이라고 반박했다.

이민에 대한 대중의 반대

몇몇 사례는 H. 롤페H. Rolfe 등(2019)과 B. 브래츠버그B. Bratsberg 등(2019)에 등장한다.

유럽연합의 이주 자유에 따라 이민자들은 쉽게 채용될 수 있고, 고용주들은 훈련하지 않아도 되는 이민자를 채용하는 것을 선호하며, 현지인들에게 주던 인건비를 줄이기 위해 그렇게 한다는 가정이 흔하다. 그러나 그런 가정은 근거가 없음이 일련의 연구에서 일관되게 나타났다(George et al. 2012; Rolfe et al. 2018; 영국 이민자문위원회MAC 2018).

언론 매체와 공개적인 논쟁 결과가 반영된 여론조사 결과를 보면, 이민의 경제적 충격과 공공 서비스에 미칠 영향에 대한 우려 수준이 일관되게 높게 나타났다. 그러나 이들 우려는 증거로 뒷받침되지 않는다. MAC의 같은 보고서에 따르면 이민이 평균적으로 현지인의 취업 전망이나 임금을 악화시켰다는 증거는 전혀 없었다. 다만 저소득·저숙련 현지인의 고용과 임금에 아주 적게 영향을 준 사례는 일부 있었다. 공공 재정에 대한 영향은 조세 수입 증가로 긍정적이라고 밝혀졌다. 이민으로 인해 공공 서비스에 부정적인 영향이 잠재적으로 발생할 것이라는 우려도 사실 전반적으로 근거가 없었다. 동시에 이민은 혁신을 포함해 생산성 향상으로 이어졌다. 한편 다른 '문화적' 요인 또한 대중의 이민 반대로 표출되었다고 여겨진다(Hainmueller and Hiscox, 2007, 2010; Kaufmann, 2017). 개별로 보든 합쳐서 보든, 또 증거에 바탕을 두었든 아니든, 이들 요인으로 인해 영국인의 EU 내 자유 이주에 대한 지지가 끝났다.

가용한 데이터베이스를 보면, 영국 대중의 이민 반대는 널리 확대된 상태로 이어져 왔다. 역사적으로 이민이 경제와 문화에 끼칠 충격에 대해 부정적인 의견이 압도적으로 많았다. 그래서 영국 대중은 자국으로의 이민이 감소하기를 원한다는 여론조사 결과가 일관적으로 나왔다(Ipsos MORI 2018; Duffy and Frere-Smith 2014). 사실 여론조사 연구를 보면 사람들이 이민자 중 난민과 망명 신청자의 비율을 크게 과대평가함을 알 수 있다(Blinder 2015).

이처럼 이민과 국가주의 강화에 대한 우파 포퓰리스트의 입장이 더욱 넓게 포용하자는 좌파의 입장보다 뒤처진 사람들의 생각과 훨씬 더 잘 어울렸다. 정치적인 견해의 이 같은 정렬이 바뀔지, 바뀐다면 어떻게 변할지는 알 수 없다. 어떤 측면에서는 포퓰리스트 우파 정당에 투표하는 선택이 적절하다. 그들의 삶을 더 힘겹게 한 요인 중에서 세계화가 중요한 역할을 했다. 한층 더 국가주의적인 포퓰리스트 정당이 집권할 경우, 세계화 바퀴의 바큇살을 쥐고 역사의 시계를 되돌릴 공산이 크다. 그러나 그러한 조치는 득과 실을 모두 야기한다. 한편으로는 이미 서술한 인구변동 효과와 함께 각국의 뒤처진 계층을 상대적으로 돕겠지만, 동시에 세계 성장과 평등에 역효과를 주어 국가와 지역의 정치적 긴장을 악화시킬 것이다.

무엇이 잘못되었는지 알아채기는 쉽다. 그러나 이 난맥상에서 빠져나올 방안을 찾아내기는 훨씬 더 어렵고, 이 문제가 현재 미국과 유럽의 정치체제를 괴롭히고 있다.

8장

필립스 곡선

역사적 전개

필립스 곡선은 실업과 임금(또는 가격)의 관계를 나타낸다. 실업이 적을 때는 노동 수요가 가용 노동 공급에 비해 상대적으로 강하고 임금이 빠르게 상승한다. 반대로 실업이 많아지면 노동 공급이 수요를 초과해 임금(또는 가격)이 하락하기 시작할 것이다(Phillips 1958).

똑같은 관계가 고용률과 임금(또는 가격)의 관계에 대해서도 제시될 수 있다. 고용률은 가용 노동력 대비 가용 노동력에서 실업자를 뺀 인원의 백분율로 계산할 수 있다. 초기 케인스 학파 분석에서 이 관계의 그래프는 좌우가 뒤집힌 L자 모양이라고 여겨졌다(그림 8-1). 즉, 임금(또는 가격)은 모든 노동력이 고용되기 전까지는 현재 수준에서 일정하다. 전원이 고용되는 지점에 이르면 노동에 대한 추가 수요는 더 높은 가격에 반영된다. 그래서 이전까지 수평이던 선이 그 지점에서 수직이 된다.

이 접근은 지금 생각하는 것처럼 순진하거나 단순하지 않았다. 임

그림 8-1 케인스 학파의 뒤집힌 L자형 노동공급 곡선

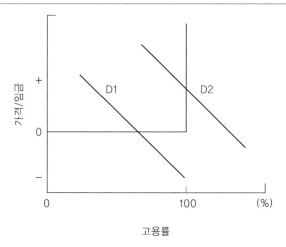

금(또는 가격)은 영국에서 1815년부터 1914년 사이에 대략 일정하게 유지되었다. 일시적인 등락이 있었지만 주로 작황의 변동에 따른 것이었다. 장기 추세에 영향을 미친 요인은 미국의 개방(식재료 비용 하락)과 금 발견과 같은 세계적인 현상이었다. 제1차 세계대전 종전 이후부터 제2차 세계대전 이전까지의 전간기戰間期에는 인플레이션이 아닌 디플레이션 경향이 나타났다. 당시 인플레이션은 일차적으로 전쟁과 다른 주요 정치적인 혼란의 결과로 여겨졌다. 존 메이너드 케인스John Maynard Keynes가 《일반이론》을 쓸 때 압도적인 관심은 완전고용에 가까운 상태를 회복하고 유지하는 것이었지, 인플레이션을 억제하는 것이 아니었다.

　제2차 세계대전 이후 적어도 21세기 전까지 우리가 마주친 주요 문제가 완전고용과 물가안정의 적당한 조합이었다는 것은 케인스 경제학이 성공했다는 일종의 척도이다. 물론 1930년대 말과 1940년대

초 대공황 이후 처음으로 완전고용이 회복된 것은 케인스 경제학보다는 군비 재확충과 제2차 세계대전 덕분이었다. 그러나 2차대전 이후 1950년대 초까지 초기 주요 우려 또는 예상은 선진경제들이 한 차례 더 침체나 디플레이션에 빠질지 모른다는 것이었다. 완전고용에 가까운 상태를 유지하기 위한 케인스적인 수요 관리에 대한 온전한 자신감이 널리 확산된 것은 1950년대 말과 1960년대에 이르러서였다.

그러자 역 L자 케인스 곡선이 지나치게 단순하다는 점이 명백해졌다. 산업과 노동은 특성이 다르고 이질적이어서 총수요의 압력에 따른 병목 현상이 다른 단계에서 나타났다. 실업이나 고용과 임금상승률이나 인플레이션의 전반적인 거시경제 관계는 수평선이다가 꺾이는 양상보다는 곡선과 직선이 연결된 양상임이 분명했다. 이는 필립스 곡선의 분석이 등장할 때 환영받은 맥락이다. 정부, 특히 재무부에서 근무하는 경제학자들은 그 이후 상당히 빠르게 정치인들이 주로 재정정책을 활용해 필립스 곡선의 한 좌표에 도달하도록 돕는 역할을 찾아 맡게 되었다. 그 좌표는 실업과 인플레이션이 각각 주는 정치적 비효용을 최소화하는 곳이어야 했다(그림 8-2).

한국전쟁 때부터 1973년까지는 거시경제의 일시적인 황금기였다. IBM 메인프레임 컴퓨터가 계량경제 모형을 개발하는 작업을 도울 수 있게 되었다. 성장률은 양호했고 고용률이 높았고 인플레이션은 너무 높지 않았으며, (우리 생각에) 인플레이션은 필립스 곡선 분석을 통해 어느 정도 고정될 수 있었다. 그 시점에 거시경제학자들은 공학과 비슷한 청사진을 활용해 경제를 최적 경로로 운항해 나갈 수 있다고 느끼기 시작했다.

모든 게 무시무시하게 잘못된 것은 1970년대였다. 두 번째 거시경

그림 8-2 필립스 곡선에서 정치적 최적점에 도달하기

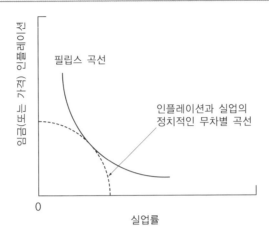

제 황금기(1992~2008)가 대금융위기로 파국을 맞은 것과 마찬가지였다. 일이 극적으로 악화된 것은 1970년대였지만 틀어지기 시작한 것은 1960년대였다. 그때부터 실업과 인플레이션의 조합이 바깥 북동쪽으로 이동했다. 즉, 우리는 전보다 더 높은 인플레이션과 더 높은 실업률을 동시에 경험하게 되었고, 그 상황은 스태그플레이션이라고 불리게 되었다(그림 8-3).

1940년대 전에는 전시가 아니면 물가에 대한 기대가 대개 안정적이었다. 그러나 1930년대 대공황의 공포를 염두에 두고 높은 고용 수준을 유지하는 것을 목표로 실행된 케인스 경제학의 수요 관리가 규칙적인 인플레이션을 이끌기 시작했다. 1956년부터 1970년까지 시기의 인플레이션을 5년 구간으로 정리한 표 8-1이 참고가 된다.

노동자와 고용주는 계약의 '실질' 결과, 즉 기대 인플레이션을 조정한 뒤의 조건에 가장 관심을 기울인다. 따라서 (처음에 낮은 수준의)

표 8-1 1955~1970년 인플레이션 악화(%)

	미국	영국	프랑스	일본
1956~1960	2.1	2.8	6.7	1.6
1961~1965	1.3	3.8	4.0	6.6
1966~1970	4.6	5.0	4.6	5.9

자료: IMF

그림 8-3 선진경제의 스태그플레이션

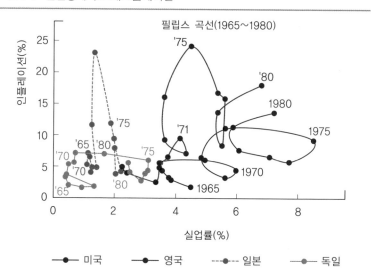

자료: 미 연준 경제데이터베이스

인플레이션이 체제 안에 자리를 잡아 고착화되면, 임금 협상 참여자들은 그와 같은 기대 인플레이션을 감안하여 실질임금 요구나 제안을 조정하기 시작한다. 정치인과 공무원과 경제학자는 그들의 목표인 완전고용에서 물러나기를 싫어하기에 인플레이션은 더 빨리 진행된다. 사실 사람들이 거의 최초로 속도가 붙는 인플레이션을 예상하기 시작한 시기가 있다(Flemming 1976).

기대 인플레이션의 중요성은 E. S. 펠프스E. S. Phelps(1968)와 M. 프리드먼M. Friedman(1968)에 의해 분석에 반영되었고, 자연실업률,[1] 또는 물가안정실업률NAIRU이라는 개념으로 이어졌다. 이들 실업률은 인플레이션율이 일정하게 유지될 때의 실업률로, 장기에 걸쳐 기대가 온전히 조정된 실업률이다. 장기에는 필립스 곡선이 자연실업률에서 대략 수직일 것으로 분석되었다.[2] 기대가 대체로 고정된 단기에는 필립스 곡선이 우하향할 것이다. 그러나 만약 정책 당국이 이를 지속적으로 활용해 실업률을 자연실업률 아래로 낮추려고 한다면 실업률이 계속 상승하는 결과만을 유발할 것이다.

수직 장기 필립스 곡선이라는 개념은 중앙은행이 독립성을 갖게 되고 물가안정목표제를 통한 물가안정에 집중한다는 권한을 받게 되는 데 있어서 중요한 버팀목이었다. 필립스 곡선이 수직이면 중앙은행이 물가안정을 위해 취하는 조치가 그 자체로는 장기 고용이나 성장, 생산성에 영향을 주지 않을 것이다. 장기 고용과 성장, 생산성은 공급 측면 요인들에 의해 결정되지, 통화정책과 단기 수요 측면 정책들로부터는 영향을 받지 않을 것이다.[3] 따라서 통화정책을 활용해 인플레이션을 통제하는 데 집중하는 작업은 그 자체로 도움이 될뿐더러 효과를 상쇄하는 약점이 없다.

자연실업률이라는 용어는 그 값이 상수이리라는 것을 시사한다. 프리드먼은 자연실업률을 모든 변수가 균형에 도달했을 때의 실업률로 정의했다. 일반적인 가정도 자연실업률이 고정되어 있고 상수라는 것이다. 다만 (중립) 실질금리와 지속 가능한 기저 성장률의 균형 수준이 잠재적으로 변할 수 있는 데 대한 논의는 계속되고 있다.

그러나 증거는 반대를 가리킨다. 시일이 지나면서 실질금리나 성장률보다 자연실업률이 더 변했다. 아시아 국가들(중국과 일본)을 제외하면, 선진경제의 지속 가능 성장률은 지난 수십 년 동안 연 1.5~3.5% 사이를 기록했고 균형 실질금리는 0~2%에서 등락한 반면 자연실업률은 2~5% 구간에서 움직였다. 1930년대에 비참한 대공황을 경험한 뒤, 윌리엄 베버리지William Beveridge와 케인즈 같은 경제학자들은 처음에 실업률 4~5% 수준이면 훌륭한 성과라고 생각했다. 그러나 완전고용 정책이 성공하면서 2차대전 이후 실업률이 약 1.5%까지 하락했고, 게다가 초기에는 인플레이션도 상대적으로 낮았다. 그러면서 실업률 목표가 2% 아래로 하향 조정되었다.[4]

수요 관리와 완전고용 정책 덕분에 노동자들과 노조의 협상력이 크게 강화되었다. 노동자는 고용주의 임금 제안에 동의하지 않아도 실

그림 8-4 주요국의 노조가입률

1980년 무렵까지 높아지다 이후 하락한다.

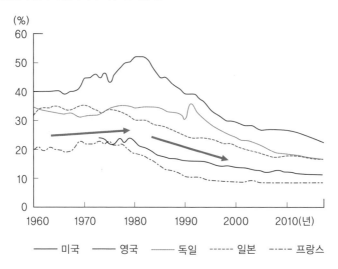

업 이외의 대안이 있었다. 다른 일자리로 가는 것이었다. 또 3장과 5장에서 서술한 것처럼 인구변동으로 부양인구비가 개선되었고, 노조 가입률이 1980년 무렵까지 일반적으로 높아졌다(그림 8-4).

자연실업률에 대한 다른 설명이 있다. 노동자들이 향상된 생산성으로 가능해진 실질임금 증가율에 만족하는 실업률이라는 것이다. 노동의 (고용주에 대한 상대적인) 협상력이 강해진 1945년부터 1980년 사이에 기저 자연실업률이 상당히 상승해 5.5%까지 높아졌다. 케인스적인 수요 관리가 가차 없이 높은 자연실업률로 이어졌다는 사실은 심히 아이러니하다.

이 이야기의 반전이 최근 2007~2020년에 일어났다. (불행한) 1970년대의 초점은 수직 필립스 곡선이었는데, (마찬가지로 불행한) 대

그림 8-5 수평 필립스 곡선(2006~2018년)

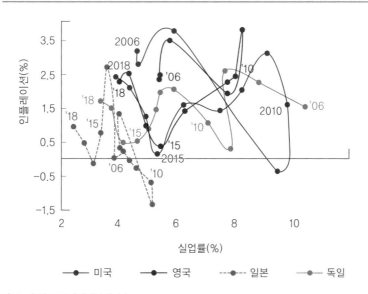

자료: 미 연준 경제데이터베이스

금융위기 시기의 초점은 반대로 수평 필립스 곡선이었다(그림 8-5). 실업률은 2009년 최악과 2019년 최저 사이를 큰 폭으로 움직였다. 반면 인플레이션은 상당히 낮고 안정적으로 유지되었다. 우선 2009~2010년에 실업률이 높아졌는데도 인플레이션은 예상만큼 하락하지 않았다. 이후 실업률이 전보다 더 낮은 수준으로 회복되었지만 인플레이션은 이전의 무기력에서 벗어나지 못했다. 그림 8-5는 미국과 영국, 독일, 일본 등 선진경제의 2006~2018년 필립스 곡선을 각각 보여 준다.

이 결과는 정부 안팎의 경제학자들을 놀라게 했고 동시에 좌절하게 했다. 실업률이 이전 수준으로 하락하는 동안 인플레이션 예측치가 체계적으로 실적치를 웃돌았기 때문이다. 이 현상을 이해하고 설명하는 일이 우리 경제의 일반 장기 전망에 있어서 핵심 과제가 되었다.

이에 대해 다음 절에서 여섯 가지 설명을 검토한다.

수평 필립스 곡선?

필립스 곡선은 죽었다

이제 필립스 곡선이 죽었다는 말이 흔해졌다. 우리 경제가 일정한 궤도, 즉 명목임금 증가율 약 2~3%, 실질 경제성장률 약 1%, 인플레이션 1~2%에 자리잡았다는 말도 자주 들린다. 이는 가까운 과거를 무한한 미래에 외삽하는 것이다.

이런 외삽에는 어떤 이론적인 기초도 없다. 더구나 필립스 곡선은 사라졌을 리 없다. 왜냐하면 필립스 곡선은 단순히 노동의 수요와 공급에 대한 균형을 반영하기 때문이다. 이론상 극단적으로는 그 균형이 초기 케인스 학파의 (역) L자로 돌아갈 것이다. 그러나 현실에서 그렇게 될 가능성은 아주 낮다. 필립스 곡선은 기울기와 모양은 바뀌겠지만, 그냥 사라질 수는 없다. 우리는 그 이유를 인식하고 측정해야 한다.

기대가 압도한다?

'기대의 역할을 고려하지 않은 것이 (부분적인) 실패였고, 그래서 초기의 단기 필립스 곡선은 불안정해졌다. 그에 비해 현재에는 기대만이 중요하다'는 주장이 가끔 나온다. 즉, 미래의 인플레이션에 대한 기대가 중앙은행의 목표에 잘 고정된 상태로 머무는 한 임금상승률과 실제 인플레이션은 대략 현재 수준에서 안정적으로 유지되리라는 주장이다.

그러나 원리나 이론의 측면에서 이 주장은 참일 수 없다. 모든 잠재적인 노동자가 고용되고 나면 수요의 추가적인 증가는 더 높은 인플레이션으로 반영되어야만 한다. 그리고 산업들 간, 노동자들 간의 이질성을 고려할 때 병목과 인플레이션은 완전고용에 도달하기 한참 전에 발생하기 시작할 것이 거의 확실하다.

인플레이션 기대가 잘 고정되어 있다면 사람들은 인플레이션 목표로부터의 이탈이 영구적이 아니라 일시적이리라고 추정한다. 이를 사례로 보자. 2009~2010년에 물가가 하락했을 때 사람들은 이 상태가 지속되리라고 예상하지 않았다. 반대 사례도 있다. 즉, 영국에서 2008~2009년에 통화가치가 하락한 이후 몇 년 동안 인플레이션이 목표를 초과해 진행되었을 때 영국인들은 그 상태가 이어지리라고 내다보지 않았다.

이들 사례는 단기 필립스 곡선의 기울기를 다소 더 완만하게 하는 영향을 주지만, 장기 필립스 곡선의 위치도 수직성도 바꾸지 못한다. 만약 장기 필립스 곡선의 위치가 일정하게 유지되었다면, 지난 10년 동안 꾸준히 진행된 실업률 하락에 따라 인플레이션 가속화가 발생했어야 했다. 그런데 그런 결과는 나타나지 않았다.

J. 린데J. Lindé와 M. 트라반트M. Trabandt(2019)는 비선형 필립스 곡선이 2008~2010년의 '인플레이션 실종'과 이후의 느린 회복을 설명할 수 있다고 주장한다. 그들은 "달리 말하면, 설령 깊은 침체 이후 경제성장률이 회복될지라도 가격과 임금 인플레이션은 소폭으로만 상승할 것이고, 그런 상태는 경제의 가동되지 않던 부분이 충분히 채워질 때까지 이어질 것"이라고 주장했다. 그러나 미국과 영국, 일본의 역사적으로 낮은 실업률 수준을 고려할 때, 이는 만족스러운 설명이 될 수 없다. 사전에 자연실업률이 이동했을 가능성은 있다. 그와 관련해서는 뒤에서 다룬다.

성공적인 통화정책

M. 맥리M. McLeay와 S. 텐레이로S. Tenreyro(2018)는 통화정책의 목적은 인플레이션을 목표 수준에서 안정시키는 것이라는 점을 상기시켰다. 만약 모든 충격이 수요 측면에서 발생한다면 인플레이션과 생산이 함께 변하고, 정책이 인플레이션 안정에 완벽하게 성공한다면 정의상 인플레이션은 일정할 것이다. 그런 조건에서 실업과 임금 및 가격 인플레이션의 상관관계는 영拳일 것이다. 한편 실업은 다른 구조적 요인에도 영향을 받는다. 설령 필립스 곡선으로 표현되는 노동시장의 여유와 인플레이션의 구조적인 기저 관계가 강하고 안정적이며 일정하게 유지되더라도 이 같은 영의 상관관계에는 변함이 없을 것이다. 만

약 경제에 유가나 간접세나 (외부 요인에 의한) 환율의 변동에 의해 공급을 위축시키는 충격이 가해졌다면, 정책은 생산이 균형에 미치지 못하는 손실과 물가가 물가안정 목표에 미달하는 차이 간 균형을 맞춰야 할 것이다. 그런 동시성 상황에서 필립스 곡선을 인식하려면 공급 충격과(또는) 통화정책 실책의 사례를 평가하고 계량할 수 있어야 한다.[5]

그 작업은 쉽지 않다. 그러나 우리가 아는 것은 공급 충격이 1970년부터 1990년 사이에 훨씬 더 일반적이었다는 사실이다. 예를 들면 1973~1974년과 1979년, 1986년 오일쇼크와 상품가격 충격, 통화정책 실책이 이후 모든 거시경제가 안정적이던 1992~2005년의 대완화 시기보다 더 분명했다. 따라서 이후 시기인 지난 수십 년간 실업(또는 아웃풋 갭, 실질 경제성장률과 잠재 경제성장률의 차이 – 옮긴이)과 임금(가격) 인플레이션 간의 계산된 관계가 더 평평해 보인다는 사실은 단지 인공물일 수 있다. 즉, 공급 충격이 드문 가운데 더 나은 통화정책이 만들어 낸 결과일 수 있다. 기저의 구조적인 관계에 조금이라도 발생한 변화를 나타낸 것이 아니라는 말이다. 그렇다면 통화정책이 지역적 다양성을 상쇄하지 못하는 별도의 단일 통화정책 경제에서는 필립스 곡선이 더 음의 상관관계와 기울기를 보일 것이다.[6] 이쪽이 설득력이 있음을 최근의 실증 연구가 보여 주었다. 맥리와 텐레이로의 연구 외에 P. 후퍼P. Hooper 등의 연구(2019)가 그에 해당한다.

실업 구조의 변화

칼 마르크스는 실업자 예비군에 의해 임금이 억제될 것이라고 주장했다.[7] 아마 요즘에는 장노년층 예비군이 임금 인상 제한에 주요 역할을 한다는 주장이 더 정확할 듯하다. 고용으로 진입하는 데에는 두 가지 단계가 있다. 노동시장 진입과 실업이다. 노동자들은 주요 연령대인 20~55세에 고용과 실업 사이를 주로 오가는 반면, 장노년층인 55~74세 연령층은 고용과 노동시장 퇴장 사이를 오간다. 노동시장 퇴장은 예를 들어 (조기) 은퇴라는 외양을 띤다.

앞서 3장에서 보았듯이, 최근 많은 나라에서 노동참여율이 빠르게 높아지고 있다. 이 추세는 특히 나이 든 여성에게 가능해진 일자리가 많아지면서 나타난다(미국에서는 이러한 상승 추세가 더 제한적이다). 장노년층은 급여 등에서 괜찮은 기회에 대응해 상당히 탄력적으로 노동에 복귀할 수 있다. B. 모존B. Mojon과 X. 라고트X. Ragot(2019)가 보여주었듯이 장노년층을 제외할 경우 조정된 필립스 곡선은 더 잘 들어맞는 경향이 있다.

이 발견은 몇 가지 시사하는 바가 있다. 첫째, 장노년층의 완충 연령대가 있는 한 필립스 곡선은 더 평평해 보일 것이다. 왜냐하면 고용주들은 빈자리를 채우기 위해 임금을 올리는 대신 일자리와 은퇴 사이를 탄력적으로 오가는 그들(과 이민자들)을 고용할 수 있기 때문이다. 둘째, 장노년층 예비군의 존재는 자연실업률 하락을 의미했다. 장노년층 예비군이 안전밸브 역할을 하는 한 경제를 더 높은 수요 압력에서도 운영할 수 있기 때문이다.

그러나 그 역할에는 한계가 있다. 모든 장노년층이 일자리로 복귀할 수 있는 것은 아니다. 일부는 그렇게 하지 못하고, 다른 일부는 복귀를 원하지 않는다. 노동참여율 상승은 점점 덜 탄력적이 되고 더 달성하기 어려워진다. 가용 예비군이 모두 징집된 다음에는 다시 완화되어야 할 수요 압력의 문제가 대두된다.

세계적인 요인의 더 큰 역할

크리스틴 포브스Kristin Forbes(2019)는 인플레이션에 대한 세부적인 연구를 수행했다. 이 논문은 임금보다 가격 인플레이션에 더 초점을 맞추고 있다. 논문의 결론 중 하나는 다음과 같다.

세계적인 요인들의 영향은 시일이 지남에 따라 크게 변화했다. 특히 소비자물가지수CPI 인플레이션과 인플레이션을 구성하는 경기순환적 요소에 대한 영향이 변했다. 예를 들어 지난 10년간 필립스 곡선과 추세순환 틀에서 세계 아웃풋 갭과 상품가격의 변화가 전보다 CPI 인플레이션과 인플레이션의 경기순환적 요소에 더 큰 영향을 줬다. 인플레이션 모형은 세계 경제의 변화를 더 세심하게 다뤄야 할 뿐 아니라 모형의 변수가 시일이 지남에 따라 역동적으로 조정되고 진화되게 해야 한다.

다소 비슷하게 J. H. 스톡J. H. Stock과 M. W. 왓슨M. W. Watson(2019)은 경기순환 민감 인플레이션지수CSI: Cyclically Sensitive Inflation index를 활용하자고 주장했다. 그들은 가격이 국제적으로 정해지거나 잘 측정되지 않는 품목의 가중치를 낮춰 CSI를 산출했다. 그들은 다음 결론을 제시했다.

CSI는 인플레이션율의 움직임을 보는 새로운 창을 제공한다. CSI는 국내에서 가격이 정해지는 분야에 더 중점을 두고, 그럼으로써 국내적으로 결정된 가격을 국제적인 여건에 크게 좌우되는 가격으로부터 분리해 나타낸다.

인플레이션 요소와 함께 경기순환 변동에 더 초점을 맞추고 트렌드는 제거하는 필터를 동시에 활용하면 필립스 곡선의 안정성에 대한 다른 그림이 모습을 드러낸다. 인플레이션 변화와 아웃풋 갭 변화 사이의 표준적인 관계가 평탄해진 반면, CSI를 통해 본 가중 순환 요소와 순환 활동 사이의 관계는 상당히 더 안정적이다.

이동하는 자연실업률

케인스식 수요 관리가 성공적이었고 부양인구비가 상승했으며 아직 베이비 붐 세대가 노동 인구로 편입되지 않았다는 변수가 어우러져 1945~1980년에는 노동의 상대적인 협상력이 강해졌다. 이 변화의 영향이자 보조적인 원인이 된 것은 (민간 부문) 노조의 가입률 상승과 투쟁성, 힘이었다. 투쟁성의 한 척도로 미국과 영국에서 파업으로 인한 연간 근로손실일수와 파업 노동자 수를 고려할 수 있다. 이를 그림 8-6에 나타냈다.

정책 당국 등이 쉽게 파악하지 못한 부분은 그런 추세가 자연실업률을 꾸준히 상승시켰다는 것이다. 정치인과 유권자들은 자연실업률을 일관되게 낮게 추정했다. 현실에서는 1960년대와 1970년대에 평균 실업이 약간 증가하는 경향이 있었는데도 그렇게 했다. (그런 과소 추정을 근거로 정책 당국은 수요 관리 정책기조를 유지했고 – 옮긴이), 인플레이션이 가속되었다. 미국의 폴 볼커 연준의장과 로널드 레이건 대통령, 영국의 마가렛 대처 총리와 나이젤 로손 재무장관 및 제프리 하우 보수당 원내대표 시기에 양국이 총수요 목표를 포기하고 일종의 통화 목표로 대체한 다음에서야 인플레이션 악순환의 고리가 깨졌다.

이 책 전반의 주장은 다음과 같다. 대략 1990년대 초부터 부양인구비 개선과 같은 인구변동 요인과 중국의 세계 무역 체제로의 진입

그림 8-6 파업으로 인한 근로손실일수와 파업 노동자 수

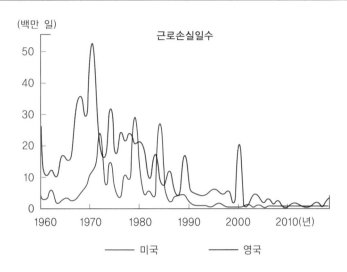

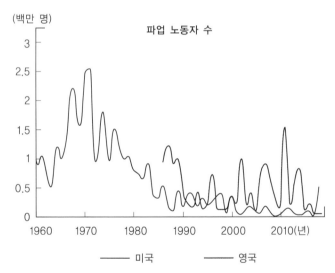

자료: 미국 노동통계국BLS, 영국 통계국ONS

이 큰 흐름을 이룬 세계화가 결합되면서 인플레이션에서 디플레이션으로 경제의 기조가 극적으로 전환되었다. 이 전환의 영향이자 보조적인 원인은 노조 가입자 수 감소와 (민간 부문) 노조의 전투성 약화였다. 그런데 정책 당국과 거시경제학자들은 노동의 협상력과 함께 자연실업률이 낮아지고 있음을 파악하지 못했다. 실패했다는 점에서 앞선 1945~1980년과 비슷했는데, 실패의 방향은 정반대였다.

노동이 복수에 나섰다. 임금협상 테이블에서가 아니라 투표장에서였다. 세계화는 포퓰리즘에 의해 억제되었다. 동시에 인구변동 요인의 추는 노동에 유리하게 되돌아가고 있다. 그러는 동안 가까운 과거를 미래에 외삽하는 사람들은 장기적인 힘을 간과하고 우리가 계속되는 부진에 머물 것이라고 주장하고 있다.

서서히 움직이는 추가 반대편으로 되돌아갈 참이다. 더 낮은 실업률과 안정된 물가의 조합을 1~2년 동안 이룰 수는 있다. 그러나 그 상태는 지속되지 않을 것이다. 이 장의 메시지는 장기 필립스 곡선은 자연실업률에서 수직일 뿐 아니라, 자연실업률의 위치는 계속해서 체계적으로 이동하고, 그 요인은 장기 인구변동과 정치·경제적 힘이라는 것이다. 그런 추세를 무시하는 것은 위험을 감수하는 일이다. 그런 추세를 무시하는 예측은 체계적이고 일면적인 오류로 귀결되기 마련이다.

9장

일본에서는 왜 인플레이션이 발생하지 않았나

기존 통념의 오류

"왜 일본에서는 그러지 않았나?" 이는 고령화가 인플레이션과 함께 아마도 실질금리도 높이리라는 우리의 예측에 대해 자주 나오는 간단하지만 강력한 반박이다. 인구 고령화와 감소를 동시에 겪고 있는 일본은 인구구조 변화의 최선두에 서 있다. 그래서 많은 사람이 일본을 고령화 시대의 경제적 청사진을 제공하는 실험 용기로 여긴다.

일견 일본에서 전개된 상황은 우리 주장과 상충하는 것처럼 보인다. 일본의 자산 거품이 1990년대 초에 터지면서 앞서 1980년대에 하늘 높이 치솟았던 토지와 주택, 주식의 가치가 붕괴되었다. 노동력이 급속하게 감소하는 가운데 기업의 부채 감축과 투자 축소, 성장률 급락, 경기침체, 임금과 가격의 디플레이션이 수반되었다. 고령화 세계에 대한 우리 주장과 거의 정반대 현상이 펼쳐진 것이다.

그러나 위와 같은 해석은 두 가지 단점을 가지고 있다. 첫째, 일본의 자급자족 경제에 대한 분석이다. 이는 일본에서 전개된 상황에 대한 통념적인 해석(아래 글 상자 참고)을 면밀히 읽으면 파악할 수 있다. 자급자족 경제에서 나머지 세계는 존재하지 않는다. 따라서 해당 경제 내의 동인(자산 거품 붕괴, 현지 인구변동)만이 현지의 결과(디플레이션, 약한 투자와 성장 등)를 설명하는 데 거의 결정적으로 사용된다.

아마도 다음 비유가 도움이 될 듯하다. 뉴욕의 6번 애비뉴에서 진행 중인 공사로 인해 심한 교통체증이 발생했다고 하자. 이는 해당 지역에서 발생한 충격이다. 그러나 운전자들은 인근의 다른 길을 택해 갈 수 있다. 이는 지역의 진앙지 밖에 활용 가능한 대안이 있음을 시사한다. 차들은 신속하게 다른 도로로 빠져나갈 것이고 6번 애비뉴의 체증은 거의 해소될 것이다. 이 시나리오가 일본이 지난 수십 년 동안 처한 상황이었다. 국내적으로는 노동이 줄어드는 역풍을 맞었으나 나머지 세계로부터의 노동이 풍부했다. 일본은 국경 밖에서 대안을 찾았고 세계적인 추세를 수입했다.

여기서 잠시 미래에 닥칠 다른 시나리오를 생각해 보자. 바로 러시아워 상황이다. 이는 종류가 판이한 충격이다. 뉴욕 외곽의 모든 도로에서 체증이 빚어진다. 이는 아무런 구제책이 없는 세계적인 충격에 해당한다. 운전자 입장에서 앞서의 상황보다 훨씬 더 막막한 이 시나리오가 대부분의 세계가 앞으로 처할 상황이다. 인구변동의 정체에서 빠져나갈 뚜렷한 방도가 하나도 없다. 출근 후 모닝커피를 마시면서 이 대목을 읽는 독자 중에는 지하철을 가리킬 분이 있으리라. 그러나 뉴요커라면 지하철 네트워크에도 불구하고 러시아워에는 교통 상황이 얼마나 나쁜지 알 것이다. 이 비유와 병렬인 성격의 비유가 10장에서 활용된다. 우리는 10장에서 기술이 이 인구변동 압력을 상쇄할 수 있는지에 대해 논의한다.

일본의 진화에 대한 통념적인 해석

일본의 인구변동은 성장률과 인플레이션과 금리를 낮추었다는 게 통념적인 견해이다. 이 주장은 눈길을 끌기에 충분히 명쾌하다. 노동 공급 감소의 여파는 생산성 향상을 가능하게 하는 자본을 더 빠르게 축적함으로써만 상쇄할 수 있었다. 그러나 일본의 기업 부문은 마비된 상태였고, 그 원인은 주택 거품 붕괴와 함께 그전에 막대하게 쌓아 올린 부채였다. 투자 감소로 차입이 가능한 자금에 대한 수요가 줄었고 금리가 하락했다. 경제성장률 하락으로 디플레이션 경향이 지속되었고 이는 명목금리와 실질금리 하락에 힘을 더했다. 성장률 하락과 디플레이션, 금리 하락은 모두 일본에서 벌어진 사실이다. 그러나 이 현상이 왜 발생했는지 설명하는 논리에는 심각한 결함이 있다. 왜냐하면 세계적인 힘의 큰 영향을 설명하지 않기 때문이다. 동등한 결함이 하나 더 있다. 이 두서없는 서사와 어긋나는 사실들이 있다는 것이다. 즉, 그 상황에서 생산성이 인상적이었고 임금이 꽤 괜찮게 상승했다는 사실들이다. 이 장은 기존 통념의 이런 결함을 바로잡고 1990년대 자산 거품 붕괴 이후 일본의 경제적 진화에 대한 수정주의 역사를 제시하고자 한다.

어떤 경제도, 특히 일본처럼 개방된 경제는 가차 없이 작동하는 세계적인 힘을 벗어날 수 없다. 만약 세계적인 요인을 명시적으로 포함할 경우 해석은 달라질 수밖에 없다. 가장 간단하게 질문하면 다음과 같다. 중국의 부상은 1990년대 이후 세계의 모든 것을 변화시켰는데, 어떻게 일본의 진화를 설명하는 데에는 아무런 역할을 하지 못할까?

이 간단한 질문에 대한 답을 찾는 과정은 일본의 과거에서 세계적인 요인들의 자취를 추적하는 일이 될 것이다. 요컨대 일본이 그런 경로로 가게 된 정확한 이유는 일본에서는 노동 공급이 썰물처럼 줄었지만 나머지 세계에서는 넘쳐났기 때문이었다. 일본 기업들은 이런 세계적인 순풍을 국내의 역풍을 상쇄하는 데 활용했다. 그들의 합리적인 대응은 우리가 진정하게 세계적이고 수정주의적인 일본 역사를 만들어 내는 작업을 도왔다.

다음으로, 일본의 지난 30년간의 자취는 자산 거품 붕괴 이후의 10년에 의해 오염되었다는 것이다. 1991년부터 1999년까지는 사실 잃어버린 10년이었다. 1991년 자산 거품 붕괴 이후 일본 정부의 대응은 심각한 실책들로 점철되었다. 그 결과 위기가 지속되어 1995년 무렵에 두 번째 파고가 덮쳤고 몇몇 은행이 파산했다. 뒤이어 1997~1998년에는 아시아 금융위기가 닥쳤다. 이 같은 일련의 사태가 이 시기에 실업이 증가하고 임금이 감소하고 생산이 정체된 배경이다.

우리의 수정주의적 해석의 다른 특징은 2000년 이후의 20년에 대한 재해석이다. 일본의 1990년대 초부터 현재에 이르는 시기를 하나로 취급해서는 안 된다. 2000년 이후 상황이 회복되었고 그전에 비하면 훨씬 더 괜찮았다. 노동력은 연간 1% 감소했지만 총생산은 연간 약 1% 성장했다. 두 지표의 차이는 생산성 향상이었다. 20년간 노동자당 생산이 연평균 2% 향상되었다. 이는 다른 선진국들에게 카드로 제시했다면 거의 다 덥석 받아들였을 수준이었다. 그 시기에 일본에서는 노동력이 감소했고 임금 상승은 대부분 정체되었고 연간 인플레이션율은 0.6%였다. 실업률은 내내 아주 낮은 수준이었다. 국내 노동력 감소를 고려할 때, 2000년 이후 일본의 성과는 정말 좋은 편이었다.

일본의 20년이 제기하는 문제는 무엇인가? 세 가지를 들 수 있다. 첫째, 총생산 성장률이 낮았고 그 수준을 벗어나지 못했다. 일본의 생산성 향상은 양호했지만 총생산 성장률은 다른 나라들에 비해 빈약했다.

둘째, 인플레이션이 낮았다. 연평균 0.5%의 인플레이션은 그 자체로 잘못된 것인지에 대해서는 논쟁의 여지가 있지만, 일본은행이 일관되게 유지한 목표였던 2%를 달성하지 못했다.

셋째, 문제는 일본의 지난 20년간 필립스 곡선이 극도로 평탄해 보인다는 데서 나온다. 즉, 서구 기준으로는 실업률이 눈에 띄게 낮았으나 임금은 올라가지 않았다. 서구도 그렇게 되리라는 것이 표준적인 분석의 전망이다. 이로부터 제기되는 다음 문제가 우리의 주장과 관련이 있다. 일본의 필립스 곡선을 어떻게 설명할 것인가? 서구가 일본의 이런 측면을 뒤따르지 않으리라고 보는 근거는 무엇인가?

핵심은 일본의 필립스 곡선이 실제로 평평했는지 아니면 실업률이 나타내는 것보다 일본 노동시장에 훨씬 더 여유가 존재했는지이다. 우리는 일본 노동시장의 독특한 특징을 분석에 반영했다. 그 결과 일본의 탄탄하게 낮은 실업률 이면에는 상당한 여유가 존재했음을 보여 준다.

우리는 먼저 일본의 생산성에 대해 더 논의한다. 그 과정에서 일본 필립스 곡선의 특성을 이해하는 소득도 얻을 수 있다.

일본의 생산성 급향상과 해외직접투자에 내장된 세계적인 힌트

앞서 서술한 대로, 일본의 연간 총생산 성장률 1%와 노동력 감소율 연 1%의 차이는 생산성 기여분이다. 그림 9-1은 생산성에서 일본이 거의 모든 선진경제를 능가했음을 보여 준다.

기업 생산성 향상은 사실 일본이 잃어버린 10년으로부터 탈출한 것을 설명하는 여러 가설 중 하나이다. 다른 가설은 2000년 수출 급증

그림 9-1 일본의 GDP와 노동자 1인당 GDP

2000년 이후 일본의 성장률은 높지 않았으나 노동자 1인당 생산성은 다른 선진국보다 빠르게 높아졌다.

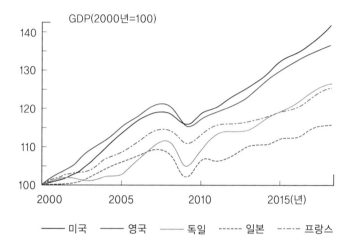

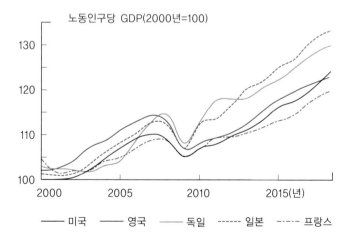

자료: IMF

과 그에 따른 이후 GDP 성장으로 설명하는 것이다. K. 오가와K. Ogawa 등(2012)은 일본의 수출함수를 두 부분으로 분해했다. 하나는 일본의 무역 상대국들의 소득 흐름에 좌우되었다. 다른 함수의 변수는 기업의 총요소생산성과 투입비용이었다. 이 논문에 따르면 총요소생산성은 수출 증가의 약 50%를 설명한 반면, 무역 상대국의 소득은 약 20%만 설명했다. 논문의 저자들은 일본 기업들이 1990년대에 실행한 강도 높은 구조개혁 노력이 이 동학을 설명할 것이라고 주장했다. 이는 이윤 극대화를 추구하는 기업이 구조적인 역풍을 맞아 수행하는 활동이다. 일본 기업들이 구조를 어떻게 개혁했는지는 세계적인 요인들이 일본의 변화에 준 영향에서 찾을 수 있다.

그 첫째 실마리는 일본의 해외직접투자이다. 일본 기업들은 국경 내부가 아니라 국경 외부에 상당한 금액을 투자했다. 일본 기업의 국내 투자는 종잡을 수 없었던 반면 해외 투자는 역동적이었다. 일본의 해외직접투자는 국내의 부진한 수요와 고가 노동력이라는 역풍을 벗어나 해외의 강한 성장과 함께 세계적인 인구변동이 불러온 저렴한 노동력이라는 순풍을 활용할 수 있는 안전밸브로 보였다. 일본의 해외직접투자는 잃어버린 10년 동안에도 활발했다.

국내 투자: 호황과 불황

일본의 국내 투자는 깔끔하게 두 시대로 나뉜다. 첫째는 기업이 일취월장하던 시절로 1960년대부터 1980년대까지다. 둘째는 거품 붕괴 이후 잃어버린 10년으로 시작된 수십 년의 빈혈 기간이다.

기업 확장기―의기양양했던 시절

일본 기업이 급속하게 자본을 축적하게끔 한 체제는 둘로 구분된다.

첫째, '기적의' 1960년대와 1970년대로 통상산업성MITI: Ministry of International Trade and Industry이 인구구조의 긍정적인 변화 속에서 일본의 산업정책을 지휘한 시기이다. 일본은 이 시기에 자본을 빠르게 축적하며 그림자 영역으로부터 급부상했다. C. 존슨C. Johnson(1982)은 일본의 기적은 1962년에서야 시작되었다고 주장했다. 1975년에 이르자 제조업이 세 배로 성장했고, 1978년에는 다섯 배가 되었다. 사실 성장의 큰 부분은 1966년 이후에야 본격화되었다.

통산성은 산업정책을 통해 주식회사 일본의 팽창을 조용히 목양견처럼 이끌었다. 다른 경제와 비교해 일본의 통산성은 권한이 강력했고, 일본의 부상기에 기업에 특정한 장려책을 제공하면서 자본 흐름의 방향을 잡아 갔다. 존슨을 비롯한 연구자들은 일본이 전심전력으로 이뤄 낸 발전의 큰 부분을 통산성의 노력으로 돌린다. 통산성은 2001년에 경제산업성METI: Ministry of Economy, Trade and Industry으로 개편되었다. 통산성은 여전히 영향력이 크지만 과거와 같이 미리 상황을 계획하고 만들어 가지 않는다.

그러나 놀라운 성장의 시기는 통산성의 산업정책뿐 아니라 다른 경제에 비해 우호적이었던 일본의 인구변동 덕분이기도 했다. 일본의 부양인구비는 수십 년 동안 하락해 당시에는 50% 아래로 떨어졌고, 이는 왜 생산이 그렇게 급속하게 성장했는지 설명하는 데 도움이 된다. 일본의 부양인구비는 1940년대에 70%였다가 1970년대 말에는 40%를 약간 넘는 수준으로까지 하락했다. 존슨에 따르면 비슷한 기간에(특히 1946년에서 1976년까지) 산업 생산은 놀랍게도 55배로 늘어났다. 빠른 자본 축적과 노동력 증가(인구변동과 내부 이주를 통한)의 결합이 제조업 기술이 장착된 자본재 수입에 대한 통산성의 지원과 기막히게 잘 어우러졌다. 1976년에 이르자 세계 면적의 고작 0.3%, 인구의 불과 3%만을 차지한 일본이 세계 생산의 10%를 맡게 되었다.

자본 축적의 두 번째 체제는 1985년 플라자 합의(1985년 9월 22일 미국 뉴욕의 플라자 호텔에서 미국, 일본, 독일, 영국, 프랑스의 재무장관들이 외환시장에 개입해 일본 엔화와 독일 마르크화에 대한 달러의 강세를 약세로 돌리기로 한 합의를 가리킨다 – 옮긴이)로 형성되었다. 일본 경제의 1960년대와 1970년대가 기적이었다면 플라자 합의 이후는 전형적인 거품이었다. 플라자 합의 이후 엔화 가치가 가파르게 절상되자 일본 정책 담당자들은 그 충격을 국내 정책으로 만회하고자 했다. 대규모 확대 통화·재정정책으로 풀린 자금은 부동산 외에 기업에도 유입되었다. 그 결과 널리 알려진 주택 거품 부작용에 더해 기업 부문에 초과 생산 능력과 과다 부채 문제가 누적되었다.

수십 년 호황에서 수십 년 투자 침체로

1991~1992년에 주식과 토지, 주택 가격이 폭락하면서 거품이 터졌다. 40,000까지 올랐던 닛케이지수는 10,000까지 떨어졌다. 자산 거품이 터진 뒤 경제와 기업 부문 모두 과잉 해소에 매진해야만 했다. 기업 부문은 국내에서 누적된 부채를 과감하게 감축했다. 비금융 기업 국내 부채의 GDP 대비 비율은 1994년 147%였다가 2015년 97%로 낮아졌다. 한편 공공 부문 부채는 그 시기 내내 증가했다(그림 9-2). 기업의 입장에서는 부채를 줄여야만 했다. 그런데 매출이 증가하지 않는 상황에서 차입 증가세를 낮추거나 부채를 상환하려면 다른 지출이 축

그림 9-2 일본의 부채(GDP 대비 %)

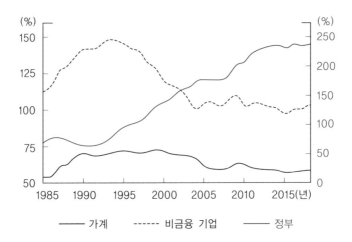

소되어야 한다. 그 지출 중 하나가 국내 투자였다.

그 변화를 더 뚜렷하게 파악하기 위해 투자증가율의 5년 이동평균(투자증가율을 5년치씩 묶어서 구한 산술평균값들을 가리킨다. 원서에서는 rolling average라는 용어를 썼고, 이 외에 moving average나 running average라는 용어도 활용된다 - 옮긴이)은 거품 붕괴 전 20년간 투자증가율이 정점에서는 10%에 육박했고 평균은 4.4%였다는 것을 보여 준다. 거품 이후인 1990년부터 2017년까지는 0%였다. 투자증가율의 5년 이동평균은 대부분 0보다 낮았고, 간헐적으로 0보다 높아졌다(그림 9-3).

그림 9-3을 보면 잃어버린 10년의 대부분 시기에 투자증가율은 소비증가율보다 낮았다. 이를 반영해 주식회사 일본의 구성이 시간이

그림 9-3 일본의 소비와 투자 증가율(5년 이동평균 %)

일본의 소비도 투자를 따라 감소했다.

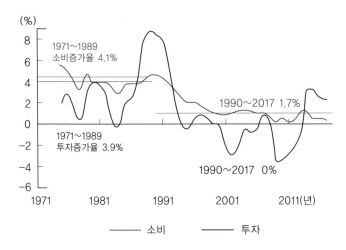

자료: IMF

흐르면서 바뀌었을 것이다. 어쨌든 투자 부진에 대해 설명하면, 서비스업보다 경제 상황에 훨씬 더 민감한 제조업체는 투자를 더 큰 폭으로 줄였다. 그 결과 총투자에서 제조업 투자의 비중이 1980년대 45%에서 2002년 30%로 낮아졌다. 제조업 고용도 감축 바람을 모면할 수 없었다. 제조업 고용의 비중은 1970년대 말 약 28%에서 자산 거품 붕괴 직전 25%로 소폭 낮아졌다가 2017년에는 16% 선으로 하락했다.

이처럼 일본 기업들이 과잉 부채와 생산능력을 덜어내도록 짓눌렸다는 증거를 기반으로 통념적인 묘사는 당시 주식회사 일본을 암울하게 채색한다. 그러나 일본의 기업 부문이 과잉 공급 상황에 투항했다는 묘사로 인해 대개 간과되는 사실이 있다. 실은 이 시기 일본 기업이 생산성 향상 전략을 세계적인 관점에서 활기차고 영리하게 추진했다는 측면이다.

우리는 당시 일본 기업들이 이윤을 극대화하기 위해 활동 범위를 능동적으로 확장했다고 생각한다. 일본 기업들은 고전하는 일본 경제와, 공급은 줄고 임금은 비싸진 일본 노동력에 대한 의존을 줄이면서 노동 비용이 저렴하고 성장 전망도 더 밝은 해외시장으로 능동적이고 전략적으로 기업 활동을 재배치했던 것이다.

해외직접투자: 일본 국경 밖의 투자 붐

일본 경제 중 제조업의 비중은 버블 전에 45%였다가 2000년대 초에 약 30%로 줄었다. 이 변화는 투자증가율이 낮아지고 미약한 가운데 진행되었다. 이로부터 부채 부담에 눌려 기업 부문이 갈피를 잡지 못하며 약해졌다고 묘사된 그림이 나왔다. 그러나 일본 기업의 해외직접투자와 해외 생산의 역동성은 다른 그림을 보여 준다. 일본 기업의 해외직접투자는 비제조업에서도 비슷한 추세를 보여 주었다. 최근 들어서는 서비스업 부문이 일본의 해외직접투자를 주도한다.

일본 기업의 해외직접투자에는 어떤 동인이 있었을까? 플라자 합의 이후 극적으로 절상된 엔화가 방아쇠를 당겼다. 그러나 이는 단순한 설명이고, 다른 요인들이 더 있다. 일본 기업의 해외직접투자가 수십 년 동안 지속되었다는 사실은 엔고라는 요인만이 아닌 구조적인 동인이 강하게 작용했으리라는 점을 시사한다.

IMF(2011)는 생산 이전의 첫째 동기는 노동 비용이라고 분석했고, 둘째 동기로는 진출 국가의 성장성을 꼽았다. 경산성이 실시한 설문조사에서는 두 동기의 중요도가 바뀌었다. 응답 기업의 70%가 진출하려는 시장의 수요를 핵심 동기로 들었다. 설문조사 결과를 보면, 자격을

그림 9-4 일본의 투자(GDP 대비 %)

해외직접투자가 국내 투자보다 많았다.

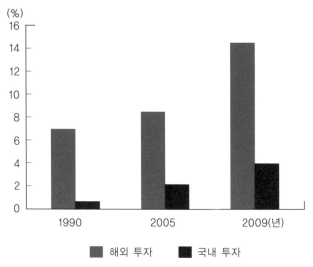

자료: 일본 경제산업성

갖춘 저렴한 노동력의 중요성은 최근 들어 낮아진 것으로 나타났다. 두 자료는 서로 배치되는 것이 아닐 수 있다. 예를 들어 단위노동비용(생산성으로 조정한 노동비용)이 중국에서는 증가하고 일본 내에서는 안정되었다면 두 자료는 양립 가능하다.

일본 경산성은 20년간 일본 기업의 해외활동을 조사를 통해 파악해 왔다(우리가 입수한 가장 최근의 조사는 2018년의 것이다). 이 조사는 일본 기업의 해외직접투자가 어떻게 진화해 왔는지 파악하는 데 활용할 수 있는 풍부한 자료를 제공한다. 주요 숫자로 본 일본의 해외직접투자는 다음과 같다.

- 투자: 일본 기업의 해외직접투자는 엔화 가치 기준으로 1996
  년에서 2012년 사이에 3배로 증가했다. 해외 현지법인 투자의
  일본 내 투자에 대한 비율은 1985년에서 2013년 사이에 10배
  가 되었다.
- 현지법인 수: 일본 기업들이 해외에 보유한 현지법인 수는
  1987년에 약 4,000개에서 1998년에는 12,000개, 2018년에는
  25,000개로 증가했다.
- 고용: 해외 현지법인이 고용한 인력은 1996년 230만 명에서
  2016년에는 560만 명으로 늘었다.

해외직접투자의 절대수치도 그 자체로 인상적이고 흥미롭지만,
일본 내 추세와 비교하면 우리의 관심에 더 부합하게 된다. 일본 내에
서는 특히 제조업 부문이 크게 부진했다.

1990년대 중반에 일본의 해외직접투자는 연간 7% 증가한 데 반
해 그 무렵 일본 내 투자는 급격하게 감소했다(Kang and Piao 2015).
1990년에서 2002년 사이에 일본 내 투자는 연평균 4% 감소했다. 비非
제조업의 연 투자감소율은 약 2%였다.

해외 자본 투자 비율, 즉 해외 현지법인에 의한 해외 자본 투자
의 일본 내 기업의 해외 자본 투자에 대한 비율은 1985년 3%였다가
1997년이 되자 12%로 높아졌다. 2013년에는 30%에 이르렀다. 다만
최근 몇 년 동안에는 이례적으로 하락했다. 여하튼 일본 기업 부문이
손실을 처리하던 위태로운 시기에 해외 투자는 국내 투자를 거뜬히
능가했다(그림 9-5).

해외직접투자에서 제조업의 비중이 낮아졌는데, 이는 비제조 기

그림 9-5 일본 제조업 부문의 해외 자본 투자

현지법인에 의한 해외 투자 비율이 2013년에는 30%에 이르렀다.

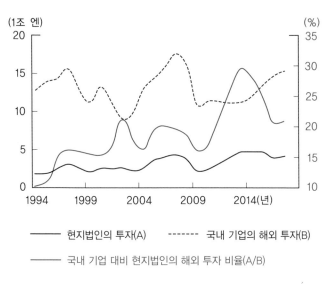

범례:
— 현지법인의 투자(A)   ------ 국내 기업의 해외 투자(B)

— 국내 기업 대비 현지법인의 해외 투자 비율(A/B)

자료: 일본 경제산업성

업들이 해외직접투자를 늘린 결과일 뿐이다. 해외직접투자는 전체적
으로 일본 내 투자와는 판이했다. 즉, 전체 해외직접투자는 1990년 이
후 6배로 증가했고, 해외 투자의 일본 내 투자에 대한 비율은 극적으
로 높아졌다. 해외 생산도 같은 추세를 보였다.

해외에 현지법인을 가동하는 일본 기업들은 40% 가까이를 해외
에서 생산했다. 제조업 부문 전체에서 이 비율은 2017년에 25%였다
(그림 9-6). 핵심 운송 부문에서는 50%에 가까운 수준이었다. 해외와
일본 내 제조업 고용 역시 마찬가지로 차이가 확대되는 추세를 따랐
다. 이에 대해서는 뒤에서 더 다룬다.

그림 9-6 일본 기업의 해외 생산 비율

일본이 해외 현지법인을 통한 생산을 늘려 왔음을 보여 준다.

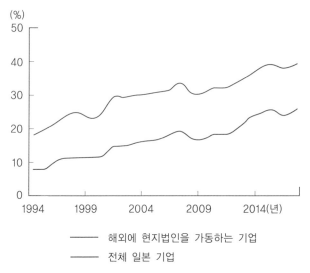

——— 해외에 현지법인을 가동하는 기업
——— 전체 일본 기업

자료: 일본 경제산업성

일본의 해외직접투자는 왜 더 주목받지 못했나?

강력한 서사인데도 일본의 해외직접투자 이야기는 그동안 주목받지 못했다. 왜 그랬을까? 우리는 다음 두 이유 때문이라고 추정한다.

첫째, 일본 내 데이터가 기존의 부채 감축과 인구변동 서사에 잘 들어맞는 것처럼 보이고, 그래서 그에 대한 의문 제기가 거의 없었다.

둘째, 해외 현지법인 운영이 일본 기업들의 회계상 이익에 유의미하게 기여하지 않은 듯하다. 앞의 J. S. 강과 S. 피아오의 논문에 따르면 해외에서 창출된 이익 중 일부만 일본으로 송금되고 대부분은 현지 활동의 확장을 위해 해외에 재투자되었다. 왜 그렇게 되었을까? 여기에는 현지 요인과 일본 요인이 작용했다. 현지에서 일본 기업은 저렴한 노동력을 활용해 성장하는 시장의 더 많은 부분을 차지하고자 했다. 그러려면 이익을 재투자해야 했다. 일본에서는 배당 관련 정책이 기업의 이익 송금을 가로막는 요인으로 작용했다(METI 2011). 일본의 해외 현지법인 운영은 수십 년 동안 공격적으로 추진할 만큼 매력적이었지만, 일본 기업들은 해외에서 벌어들인 돈을 국내로 들여오지 않았다.

그러나 해외직접투자는 일본 내에서는 주목을 많이 받았다. 대부분 '공동화'를 우려해 달갑지 않은 추세라는 반응을 보였다. 생산을 해외로 이전하면 일본 내 고용이 줄어들게 되리라고 우려했다. 이 상관관계를 뒷받침하는 일부 근거가 있다. 통산성은 1990년대 이후 해외투자가 늘며 고용이 줄었다고 추정했고 최근 연구도 이 관계를 지지한다(Kiyota 2015).

이 상관관계는 부분적이고, 실은 인과관계가 쌍방향으로 작동한 것이 아닐까? 이러한 가설은 일본의 해외직접투자를 마치 외부적 요인인 것처럼 처리한다. 그러나 일본의 해외직접투자가 자국 내 고용이 감소하는 등의 제약을 벗어나기 위한 것이라면, 해외직접투자는 고용 감소의 결과이자 요인이 된다. 이와 관련해 방증이 될 분석이 K. 사쿠라K. Sakura와 T. 곤도T. Kondo의 논문(2014)이다. 이들은 해외로 진출한 일본 기업 중 매우 혁신적인 곳들이 많았으며, 이들이 해외로 진출한 이유는 새로운 시장을 타진하고 비용 우위를 활용하는 것 외에 일본의 값비싼 노동비용을 줄이기 위한 목적도 있었다고 주장한다.

일본 내 생산 및 고용 구성의 변화

일본에서 제조업의 고용 비중은 1996년에서 2018년 사이에 22%에서 16%로 급격하게 낮아졌다. 농업의 비중은 같은 시기에 5%에서 3%로 낮아졌다. 이 시기에 고용 비중을 늘린 부문은 서비스업이었다.

먼저 제조업과 서비스업의 특성을 비교해 보자. 제조업은 수익성이 본질적으로 생산성과 연계되어 있고, 수익성을 유지하지 못할 경우 스스로를 보호할 수단이 거의 없다. 즉, 제조업은 국제 경쟁에 노출되어 있기 때문에 자기보호를 위해 예컨대 가격을 올릴 수 없다. 그에 비해 해외 이전이나 수입이 불가능한 서비스업은 지역적인 보호 수단으로 임금 대비 가격을 올릴 수 있다. 이를 일반화하면, 매출과 비용 사이를 인플레이션을 활용해 넓히는 일이 서비스업에서는 가능하다.

일본에서는 가격 대비 임금에 하향 압력이 가해졌다. 그 요인 중 하나는 세계적인 변화가 될 수 있다. 즉, 세계적으로 제조업 비중이 줄고 서비스업이 확대되는 추세가 일본에도 파급되었다는 설명이 가능하다.

그러나 다음과 같은 일본 내 동학이 상대적으로 더 간단하다.

- 자산 거품 붕괴 이후 불어닥친 두 갈래 역풍, 즉 부진한 성장과 감소하는 노동으로 인해 투자가 침체되었다.
- 국내에서 스스로를 보호하지 못하는 제조업 부문은 세 가지 방법으로 생산성을 높이기 시작했다. 첫째, 자본을 더 늘리지 않는 가운데 노동을 서서히 줄여 간다. 그럼으로써 노동당 가용 자본(기본적인 생산성 측정 지표)이 차츰 높아진다. 둘째, 제조업

생산이 점차 해외로 옮겨 가기 시작한다. 셋째, 생산의 어떤 활동을 해외로 이전하는지가 이 과정을 완성한다. 주식회사 일본은 설계와 첨단기술 활동은 국내에 두고 더 기계적인 활동을 해외로 이전했다.

- 제조업 부문은 과거의 높은 고용 수준을 유지할 여력이 없었고, 제조업 고용이 전체 고용에서 차지하는 비중은 하락했다. 서비스업 부문은(소비가 꾸준한 특성을 지닌 덕분에 서비스 부문의 경제 내 역할도 꾸준했다) 노동자 공급이 늘어났고, 서비스업 부문의 고용 비중이 상승했다.
- 서비스업 부문은 수익성을 보호하고자 가격과 임금의 차이를 확대했다. 임금상승률을 낮추는 방법을 통해서였다.

요약하자면, 생산 활동과 일자리가 일본 국경 밖과 안 모두에서 재배치되었다. 이는 기업들이 자기보호 차원에서 수익성을 높이기 위해 전략적이고 의도적으로 노력했기 때문이다. 이런 노력에 더 주목해야 할 필요가 있는데, 잃어버린 10년으로부터 일본의 탈출을 해석하는 데도 유용하고 거의 모든 선진경제를 능가한 노동생산성을 해석하는 데도 유용하기 때문이다. 그 결과는 노동자가 줄어드는 가운데 임금 인플레이션은 발생하지 않은 것이었다.

미국 및 유럽에서는 경기침체기에 실업이 증가하는 경향이 있지만, 그와 달리 일본에서는 실업이 증가하는 대신 임금이 상당히 하락한다(구로다 하루히코Kuroda Haruhiko 일본은행 총재, 2014년 연설).

일본에서는 왜 노동력 감소가 임금 인플레이션으로 이어지지 않았나? 이 간단한 사실의 이면에는 아주 복잡한 특징이 있다. 그것을 파악함으로써 우리는 대다수 다른 분석이 납득하기 어려워하는 일본의 경제 현상, 즉 노동 공급이 감소하는데 임금은 오르지 않는 현상의 원인을 푸는 실마리를 잡을 수 있다. 고령화와 노동력의 감소가 왜 일본에서는 인플레이션으로 이어지지 않았는지에 대해 우리는 그 요인을 세 가지로 분석한다.

세계화

앞에서 언급했듯이, 세계가 저렴하고도 효율적인 노동으로 넘쳐나게 되었을 때 일본에서는 노동력이 줄어들고 있었다. 그러자 주로 제조업인 교역재 부문이 생산을 해외로, 특히 중국으로 이전했다. 이는 일본 국내 고용 측면에서는 대체로 급여가 좋은 인사이더 일자리를 제공하는 제조업 고용이 줄고 보수가 박한 아웃사이더 일자리가 느는 것으로 나타났다(인사이더는 내부 노동시장의 노동자를 가리킨다. 내부 노동시장이란 일본 대기업 집단 내에 계열사 네트워크로 형성되어 작동하는 노동시장을 뜻한다. 저자들은 아웃사이더와 외부 노동시장을 각각 반대편 대상을 가리키는 용어로 활용했다 – 옮긴이).

인사이더 vs. 아웃사이더

일본에서 인사이더 노동자의 충성은 대부분 노조보다는 회사로 향한다. 노동자의 상대편인 고용주의 약속은 경기가 부진해져도 고용을 유지하는 것이다. 따라서 이 측면에서 필립스 곡선이 비탄력적이다. 경기순환에 하강하는 힘이 가해지면 실업이나 임금보다는 노동시간에서 조정이 이루어진다. 대량 해고와 일자리 파괴는 일본의 장기고용 관행에서 실행 불가능한 선택이다.

노동시장의 아웃사이더는 인사이더에 비해 협상력이 눈에 띄게 약하다. 서비스업 부문의 상대적 임금 인하 압력 대부분을 받는 이들이 그들이다. 앞에서 설명했듯이, 서비스업 부문은 임금상승률을 억제함으로써 가격과 임금의 차이를 확대할 수 있고, 그렇게 했다.

간단한 에피소드 하나가 상당히 흥미로운 사실을 드러낸다. 자산 거품이 붕괴된 이후 일본 경제가 최악이던 1993년에 일본의 실업률은 2.5%였다. 대금융위기 때인 2009년과 2010년에는 모두 5.1%였다. 지난 30년 중 일본 최악의 실업률은 2002년에 기록한 5.4%였다. 딱 그 정도였다. 반면 일본 노동시장의 조정 속도와 그에 따른 경제성장률의 움직임은 놀라웠다. 일본의 경제성장률은 1989년 6%에서 1994년 −2%로 급락했다. 그와 대조적으로 미국에서는 주택 위기 때 실업률이 불명예스럽게도 10%까지 치솟았다. 즉, 일본 노동시장의 명확한 메시지는, 일본 경제에서 경제적 조정에 참여하지 않는 부분이 있다면 그것은 고용이라는 것이다. 달리 표현하면, 일본의 필립스 곡선은 언제나 다른 선진국에 비해 매우 비탄력적이다.

이러한 일본 노동 관행의 기원은 무엇이었나. 제2차 세계대전이 일본의 노동시장을 바꾸었다. 그전에는 일부 연장자들만 장기 고용계약의 혜택을 받았다. 이 관행이 전쟁 중 고용을 확보하고 충성심을 고취하기 위해 확대 적용되었다. 전후 고용주들은 이런 관행이 피고용자의 사기와 충성에 주는 효과가 있고 경영에 유리하다고 판단했다. 장기 고용계약은 얼마 지나지 않아 규범이 되었다. 시일이 지나면서 이런 관행이 장기 고용뿐 아니라 작업을 통한 교육 훈련, 내부 노동시장

승진, 연공서열에 따른 임금과 승진 혜택으로 확장되었다.

일본 사회는 전체적으로 고용 안정성을 무엇보다 우선시하게 되었다. C. L. 아흐마디잔C. L. Ahmadjian과 P. 로빈슨P. Robinson(2001)은 "직업 안정성이 일본의 사회 가치에서 높은 우선권을 누린다"고 평가했다. 이어 "고용주에 의한 고용관계 종료는 수치스럽고 불쾌한 일로 여겨졌으며, 고용주가 빈축을 살 행위"라고 설명했다. 그렇게 엄중한 노동 규범 아래에서 움직이는 일본 경제에서는 다른 대부분의 경제에서와 달리 경기침체에도 실업률이 큰 폭으로 상승하지 않는다. 이는 밖에서 보면 놀라운 현상이지만, 일본에서는 놀랍지 않은 현상이다.

일본에서 대량 해고를 통한 고용 조정이 가능하지 않기 때문에, 노동시장 조정은 고용 구조 변화와 노동시간과 임금에 대한 가혹한 하향 압력을 통해 이루어졌다(그림 9-7). 이 방향의 결과는 왜곡되었는

그림 9-7 일본의 노동시장

일본에서는 노동시장 규범 때문에 고용 대신 노동시간이 조정되었다.

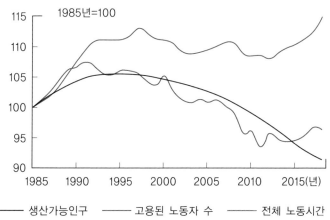

자료: 일본 총무성, UN

데, 일본의 장기 고용과 내부 노동시장, 연공서열 임금체계 등이 그 요인이었다. 노동자들은 상호 지분 소유 등을 통해 조직된 대기업 집단의 계열사들로 구성된 내부 노동시장에서 이동했다. 장기 고용계약은 연공서열 임금을 수반했고, 그 결과 내부 노동시장이 혜택을 받고 외부 노동시장은 상대적으로 손실을 입는 이중 체제가 형성되었다.

어려운 시절에는 인사이더에 유리한 노동시장의 구조가 기업에 비용 부담이 된다. 앞서 인용한 연설에서 구로다 일본은행 총재는 일본의 관행을 명시적으로 다루지는 않았다. 그러나 그의 발언은 이런 변화의 일부를 잘 요약했다. 저성장이 매출에 가하는 압박에 대응해 비용을 줄이기 위해 기업들은 더욱 임금 비용 감축을 추구했다. 성장 전망이 어두운 상황에서 노동자들은 실업의 위험을 감수하기보다는 임금 삭감을 받아들였다. 비정규직으로 장기 계약을 하지 않은 노동자의 임금 비용은 통제하기가 쉬웠다.

비용 압박이 커지면서 시간제로 근무하는 비정규직 노동자가 증가했다. 비정규직 비중은 1990년 13%에서 2018년 30% 가까운 수준으로 높아졌다(그림 9-8). 기업 입장에서 아웃사이더에 대한 인사이더의 비율을 낮추는 것이 중요했고 그 이유는 단순했다. 장기 노동계약을 하지 않는 아웃사이더의 경우에는 임금 인상율을 억누르기 쉽기 때문이다. 이 비율을 낮추는 유인이 강했음은 풀타임 노동자가 해고되는 시기에도 비정규직 노동자는 줄지 않고 심지어 늘어났다는 사실에서 확인된다.

이 절은 다음과 같이 요약된다. 성장 전망이 어두워지면 기업들은 스스로를 보호하기 위해 비용을 줄여야 한다. 그러나 일본 기업들은 노동시장의 관행 때문에 신속한 서구식 해고를 할 수 없었다. 일본 기

그림 9-8 일본 비정규직(시간제 등) 노동자의 비중

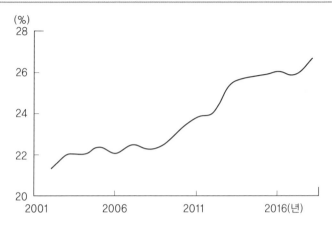

자료: 일본 내무성

업들은 실업률을 상승시키는 해고 대신 더 복잡한 전략을 채택하는데, 그 결과 일본의 고용 구조가 바뀌었고 임금과 근로시간이 조정 역할을 대부분 수행하게 되었다.

노동시장 참여

필립스 곡선을 논의한 앞 장에서 언급한 대로, 55세 이상 인구의 비중이 높아지면 고용의 외부에 실업 대신 노동시장 탈퇴가 있다. 이 측면에서 일본은 세계를 선도해 왔다. 일본의 55~64세 연령층의 노동참여율은 최근 10년간 어느 나라보다 높았다(그림 9-9). 장노년층 예비군이 그 어디보다 일본에서 가장 효율적으로 '징집'되어 온 셈이다.

일본의 55~64세 노동참여율은 지난 몇 년 동안 더욱 빠르게 높아져 75% 수준에 이르렀다. 이보다 높은 곳은 뉴질랜드와 스웨덴, 아이슬란드뿐이다. 일본은 65~74세 연령층의 노동참여율도 25%에 근접

그림 9-9 일본 55~64세 연령층의 노동참여율

일본의 55~64세 연령층의 노동참여율이 최근 빠르게 높아졌다.

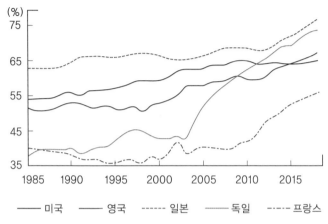

자료: OECD

한다. 이는 경제협력개발기구OECD 회원국 중 최상위 수준이다(그림 9-10).

장노년층의 노동참여율 상승은 일본에 국한된 현상이 아니다. 이 일반적인 추세에는 적어도 두 가지 요인이 있다. 첫째, 자신들이 더 오래 살 것이고 그렇다면 마련해 둔 저축이 불충분함을 깨달은 사람들이 많아졌다. 둘째, 연금 혜택이 전반적으로 낮아져 왔다(정부의 재정 부담을 경감하기 위해서). 다음 장에서 우리는 이 이슈를 더 상세하게 다룬다. 즉, 독일의 은퇴 전 연령층이 2003년에 시작된 연금 혜택의 불리한 변화에 대응해 어떻게 대처했는지에 대한 사례를 살펴본다.

55세 이상의 노동참여율이 높았던 덕분에 2000년 이후 일본 노동시장의 잠재적인 여유는 실업률 수준이 나타내는 것보다 훨씬 더 크게 존재했다. 게다가 인사이더가 대체로 보장된 일자리를 갖고 아웃사

그림 9-10 일본 65~74세 연령층의 노동참여율

일본의 65~74세 연령층의 노동참여율은 OECD 국가들 중 최상위 수준이다.

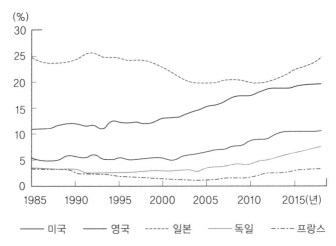

자료: OECD

이더는 협상력이 약한 일본 노동시장의 특성이 더해졌다. 그 결과 일본의 필립스 곡선은 다른 나라보다 더 평평해졌다. 일본의 자연실업률 역시 다른 곳에 비해 상당히 낮은 수준이었을 것이다.

서구는 일본의 뒤를 따르지 않을 것이다

요컨대, 일본의 경험은 고령화되는 서구에 거의 아무것도 적용되기 어렵다. 그 근거는 첫째, 향후 30년은 과거 30년의 배경과 같은 점이 전혀 없다. 과거 30년의 세계에는 인구변동의 순풍 덕분에 노동력이 넘쳐났다. 그러나 다가오는 30년에는 인구변동의 역풍에 맞서 싸워야 한다. 간단히 말하면, 과거 자국 내 노동력이 감소하는 동안 일본에게는 세계적인 탈출 밸브가 있었던 반면, 함께 고령화되는 세계의

제조업 복합체에게는 그 선택이 없으리라는 것이다.

둘째, 일본식 노동시장 관행은 서구에 적용 가능하지 않다. 해고에는 심각한 경제적 비용이 수반된다. 또 일본에는 해고에 대한 사회적 제약이 존재한다. 그러나 그런 제약이 없는 서구 노동시장에서는 경기 부진 압력이 일차적으로 해고를 통해 조정된다. 그렇게 되면 임금과 노동시간에 대한 조정 압력이 경감된다.

셋째, 노동참여율은 선진경제에서 지난 20년간 이미 상승해 왔지만 일본보다는 한참 낮고, 일본과 같은 수준에 이르기에는 시일이 다소 걸릴 것이다. 대부분 선진경제에서 55세 이상의 노동참여율은 연금 시스템이 얼마나 두둑한지와 역으로 움직인다. 연금이 후한 경제에서는 55세 이상의 노동참여율이 낮고, 따라서 그런 상황에서 노동참여율을 높이려면 연금 혜택을 크게 삭감해야 할 것이다. 이처럼 연금 혜택과 노동참여율에는 다양한 조합이 있으므로 향후 선진국은 현재 일본에 비해 선택의 폭이 더 넓을 것이다.

10장

무엇이
세계적 고령화를
상쇄하는가

세계적으로 노동자가 정말로 부족해지고 있다고 해도 고령화에 따른 노동력 부족을 상쇄할 수 있는 요인들도 있다. 자동화와 인공지능, 장노년층의 노동참여율 상승, 생산가능인구가 늘고 있는 인도와 아프리카 경제의 유망함 등이다. 어떤 형태로든 이들 요인을 거론하는 사람들은 노동력의 향후 규모가 충분하거나 적어도 우리 예상보다 훨씬 덜 걱정할 정도라고 주장한다. 그들에 따르면 로봇과 인공지능, 자동화는 자본의 본질을 바꾸고 있으며 많은 분야에서 노동을 불필요하게 만들고 있다. 또한 사람들이 더 오래 살고 생애의 늦은 시기까지 일하면서 장노년층의 노동시장 참여가 늘고 있으며, 풍부한 노동력을 갖춘 인도와 아프리카가 견고하게 성장하며 세계 경제에서 두 곳의 역할이 확대되리라는 것이다.

이는 모두 사실이다. 우리는 이 방향에 반대할 이유가 전혀 없다. 우리가 동의하기 어려운 대목은 많은 사람이 당연하게 여기는 변화의 크기이다. 고령화된 경제는 국내외의 인구변동을 상쇄하기 위해(생산이 줄지 않도록 - 옮긴이) 노력할 수 있다. 국내에서는 세 가지 선택지가 있다. 첫째, 고령화가 생산함수에 가하는 음의 충격을 상쇄하기 위해 기술을 활용하는 것이다. 둘째, 사람들이 나이 들어도 더 일하게 함으로써 노동참여율을 높이는 것이다. 셋째, 선진경제는 해외, 특히 신흥시장의 노동력을 활용할 수 있다. 해외로부터의 노동 수입이 정치적으로 비현실적이라면 자본을 해외로 수출하는 방안이 가능하다. 자본은 해외에서 재화와 서비스로 변환되어 활동하면서 창출한 이익을 자본을 수출한 선진경제에 송금하게 된다. 현재 유리한 인구변동 국면에 있는 인도와 아프리카의 역할에 대한 논의가 이 측면에서 개진된다 (Desmet et al. 2018).

우리는 이 장에서 이들 방안 중 어느 하나도 인구변동의 역풍과 충격을 누그러뜨리기에는 충분한 힘을 가지고 있지 않음을 논증할 것이다.

국내: 자동화, 노동 참여, 이민

앞에서 언급한 세 가지 방안은 다가오는 노동력 감소에 대응해 국내 생산함수를 보호하려는 시도이다. 자동화는 생산함수 중 노동의 역할을 대체하여 보호하고자 한다. 장노년층의 노동참여율 제고나 이민 확대는 노동의 흐름을 직접 개선하려는 시도이다.

자동화는 세계적으로 노동을 대체할 수 없고 보완할 뿐이다. 자동화는 매우 좁은 의미에서만 노동을 대체할 수 있다. 세계적인 인구변동의 관점에서 자동화는 필수적인 보완 요소이다. 달리 말하면, 우리는 우리가 도입할 수 있는 모든 자동화가 필요하다. 자동화로 인해 불필요해지는 일자리 하나가 생길 때마다 고령화 관련 돌봄 노동 일자리 하나가 거의 확실히 생길 것이다. 자동화가 없다면 인구변동은 경제에 우리가 서술한 것보다 더 큰 악영향을 줄 것이다.

알츠하이머를 비롯한 치매와 파킨슨병은 삶의 질을 떨어뜨리는 원인이다. 우리는 이와 관련하여 4장에서 논의한 바 있다. 이들 질환은 생애의 마지막 단계로 갈수록 비극적으로 증가한다. 더욱이 고령화 관련 질환을 앓게 될 경우 단기에 숨을 거두지 않는다. 사실 기대수명이 연장되면서 최고령층 중 많은 사람이 오랫동안 이러한 질환을 지닌 채 살아갈 것이다. 넓은 범주의 고령 돌봄 노동은 노동집약적이다. 그러나 미래의 고령 돌봄 노동은 서비스 부문의 다른 고용과 달리, 모두 경제성장률에 집계되지는 않는다. 달리 표현하면, 환자 돌봄의 많은 부분은 단순한 재화의 소비이지, 미래에 가치를 창출하는 자본재가 아니다.

일자리 흐름은 제조업 부문에서 썰물로, 서비스업 부문에서는 밀물로 나타날 가능성이 높다. 이 흐름의 일부는 자동화에 따라 발생하겠지만 제조업에서 서비스업으로의 노동 재배치는 새로운 현상이 아니다. 대다수 선진경제에서 제조업 부문이 GDP에서 차지하는 비중은 1950년대 이후 줄어들어 왔다. 이 추세는 세계적으로 노동 공급이 확대되는 시기 내내 그동안의 온갖 혼란과 경기변동에도 흔들리지 않고 전개되었다. 기술이 서비스업 부문까지 침투해 일자리를 심각하게 없애지 않는 한, 서비스업 부문의 노인층 돌봄 노동 수요 증가가 자동화의 영향을 상쇄할 것이다. 미국의과대학협회는 2032년에 이르면 미국에서 부족한 의사 수가 12만 명에 이르게 될 것이라 전망했다. 이는 의료계에는 자동화가 아직 충분한 충격을 주지 않았음을 시사한다.

우리는 자동화의 최종 영향에 대해 이를테면 불가지론을 선호한다. 우리는 자동화의 파괴적인 힘을 부정하지 않지만, 자동화가 약속하는 미래를 시간과 활동 영역에 걸쳐 외삽하는 데 대해서는 반대한다.

자동화의 파괴적인 측면은 (지나치다 싶을 정도로) 잘 알려졌기 때문에, 우리는 자동화에 대한 현재의 통념적인 견해의 단점과 범위를 지적함으로써 더 균형을 잡고자 한다. 우리는 최종적인 결과에 대해 어떤 예측을 하기보다는 노동자가 사라진 세계보다 일자리가 사라진 세계를 위해 필요한 게 무엇인지 궁리하는 현실적인 견해를 제시하고자 한다.

자동화는 '제4차 산업혁명'을 운송하는 수단으로 널리 받아들여지고 있다. 4차 산업혁명이라는 용어는 지난 약 10년 동안 많은 경우 기술이 주도한 변화를 가리키는 데 쓰여 왔다. 지금까지의 진행 속도와 폭을 고려할 때 자동화의 미래를 예견하기란 불가능하지는 않겠지만 어려운 일이다. 제4차 산업혁명의 실현 여부는 인공지능이 초기 단계를 넘어서 계속 발전해 널리 적용되는지에 달려 있다.

우리는 자동화에 필요와 효과의 괴리라는 역설이 존재한다고 생각한다. 즉, 세계적으로 인구변동의 측면에서 자동화를 필요로 하지 않는 신흥시장경제에 자동화가 분명 도움을 주고 널리 적용 가능하다고 본다. 신흥시장경제는 자본이 적고 자본/노동 비율도 낮다. 신흥시장경제에서는 노동을 크게 대체하지 않으면서도 더 적은 비용으로 자동화를 추진해 훨씬 더 빠르게 생산성을 향상시킬 수 있다. 왜냐하면 신흥시장경제에서는 선진경제에서 낡은 자본 세대를 통째로 건너뛰면서 자동화를 추진할 수 있기 때문이다. 우리는 미래의 혁신 중 많은 부분이 신흥시장경제가 자신의 목적에 따라 기존 기술을 채택하고 그로부터 혁신하는 데에서 오리라고 예상한다. 신흥시장경제에서 가장 발달했고 자본/노동 비율이 높은 동아시아는 고령화가 빨리 진행되고 있지만, 자동화를 폭넓게 채택함으로써 실익을 취할 수 있는 신흥시장경제 지역은 인구변동의 역풍이 덜 심한 곳들이다.

세계적인 범위에서 자동화의 실익은 세계 경제 고령화의 영향을 상쇄할 만큼 뚜렷하고 광범위하지 않다. 현 상황에서 노년층 돌봄의 복잡한 수요를 로봇에게 넘긴다는 생각도 비현실적이다.

이제 장노년층의 노동참여율에 대해 생각해 보자. 65세 이상 연령층이 더 오래 일할 수 있지 않을까? 단순히 답하자면, 더 오래 일할 수 있다. 더 어려운 부분은 실제로 노동참여율을 지금보다 높이는 일이다. 1950년대부터 1970년대까지 대다수 선진경제에서 65세 이상의 노동참여율은 지금보다 높았다. 당시 전체 인구 중 노년층 비율이 지금보다 훨씬 더 낮았고 기대수명도 낮아 정말 나이 든 사람은 매우 적었다. 기대수명이 높아지면서 많은 지역에서 노년층의 노동참여율이 1980년대 말까지 꾸준히 낮아졌다. 이후 지난 30년 정도 시기에는 다시 꾸준히 상승했다(그림 10-1).

지난 30년간 65세 이상 연령층의 인구구성이 더욱 고령화되었음을 고려할 때, 노동참여율은 하락했어야 하지 않을까? 이 의문의 배경은 고령화가 심화될수록 노동하지 않는 초고령자가 많아질 것이기 때문이다. 65세 이상의 노동참여율에 비해 예컨대 80세 이상의 노동참여율이 낮으리라는 것은 누구나 예상할 수 있다. 그런데도 노동참여율이 상승한 요인은 무엇이었을까?

우리는 여기에 두 가지 관련된 힘이 작용했다고 추정한다. 첫째, 은퇴를 앞둔 연령층이 기대수명 연장을 인식했다. 둘째, 은퇴 연령과

그림 10-1 각국 65세 이상의 노동참여율(인구 대비 %)

왜 65세 이상의 노동참여율이 높아지나?

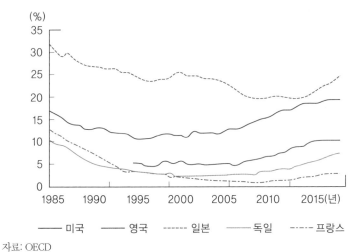

자료: OECD

그림 10-2 기대수명과 은퇴 연령의 차이(년)

기대수명이 늘어났으나 은퇴 연령은 높아지지 않았다.

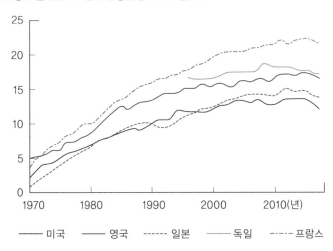

자료: OECD, UN

기대수명의 차이가 벌어져 정부 연금 제도에 가해지는 부담이 커지면서 정부 관계자들도 같은 추세를 뚜렷하게 인식했다. 연금 혜택 중 많은 부분이 연금 제도의 지속 가능성을 제고하기 위해 삭감되거나 하향 조정되었다. 더 오래 살게 되었는데 연금 혜택은 줄어드는 상황이 되자 노동참여율이 높아졌을 듯하다. 미국에서 두 요인이 어떻게 작용했는지에 대한 논의는 P. 버튼P. Button의 논문(2019)에서 볼 수 있다.

현재의 연금 제도가 지속 가능하지 않음이 분명한 가운데, 최근 들어 속도는 둔화되었지만 기대수명이 계속 높아지고 있다. 바로 이것이 노년층의 노동참여율이 높아져야 하는 이유이다. 적어도 노년층 중 아래 연령대에서 높아져야 한다.

불행하게도 미래 노동참여율 상승에는 한계가 있다. 첫째, 55~64세 연령층과 특히 여성의 노동 참여가 증가하면서 노동참여율은 이미 상당히 상승했다. 미래에 얼마나 더 높아질 수 있을까? 만약 필요한 노동 참여의 큰 부분의 증가가 이미 이루어졌다면 미래에 인구변동 문제가 더 심각해졌을 때 노동참여율이 더 높아질 여지는 크지 않다(그림 10-3).

둘째, 한 나라의 연금 제도가 얼마나 후한지는 노동참여율과 역의 상관관계가 있다. 우리의 핵심 가정은 연금/은퇴 혜택이 축소될 수 있지만 그 정도가 급격하지는 않으리라는 것이다. 그림 10-4는 한 경제의 연금 제도가 관대할수록 장노년층의 노동참여율이 낮아지는 관계를 보여 준다. 이런 관계를 잘 보여 주는 사례가 다음에 소개하는, 연금 개혁을 둘러싼 독일의 경험이다.

그림 10-3 높아진 노동참여율

은퇴 전 연령대(55~64세)의 노동참여율이 이미 크게 높아졌다.

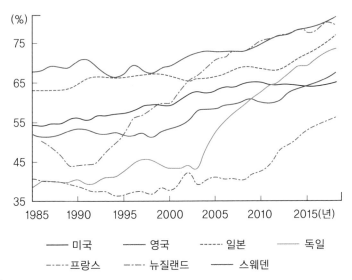

자료: OECD

그림 10-4 연금과 노동참여율의 관계

연금 혜택이 두둑하면 노동참여율이 하락하는 경향이 있다.

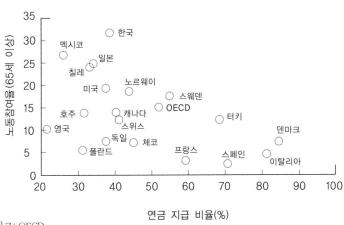

자료: OECD

독일에서 은퇴 전 노동참여율이 2003년 이후 상승한 이유는 무엇일까

독일의 연금 개혁과 그에 대응한 노동참여율 상승은 이 관계를 탄탄하게 보여 준다. 대다수 주요 10개국G10 경제에서 55~64세의 노동참여율이 상승했는데, 독일의 그래프는 연금 개혁안 논의와 함께 분명한 전환을 보여 준다(그림 10-3). 독일에서는 2003년 중반에 연금 개혁안이 발의되어 2004년에 입법되었다.

A. H. 뵈르쉬-수판A. H. Borsche-Supan과 C. B. 빌케C. B. Wilke(2004)는 1958년과 1972년의 제도 변화로 독일의 연금 제도가 고령화 시대에 지속 가능하지 않게 되었음을 보여 주었다. 1958년에 완전적립 방식에서 부과 방식으로 연금 제도가 바뀌었고(연금 제도는 재원 조달 방법에 따라 부과 방식과 완전적립 방식, 부분적립 방식으로 나뉜다. 부과 방식은 현재 일하고 있는 사람들에게 부과한 돈으로 은퇴한 사람들에게 연금을 지급한다. 즉, 젊은 세대가 내는 보험료를 은퇴 세대가 받게 된다. 완전적립 방식은 보험료 등을 받아 적립해 조성한 기금을 운용해 연금으로 나갈 돈을 마련한다. 부분적립 방식은 지급할 연금의 일부를 기금에서, 일부는 후세대 부담에서 조달한다 - 옮긴이), 1972년에는 은퇴 후 높은 연금지급액을 보장했을 뿐 아니라 노동자가 63세부터 65세 사이에 아무 때나 조기 은퇴로 인한 불이익 없이 은퇴할 수 있게 했다(Börsch-Supan et al. 2014). 이렇게 설정된 은퇴 연령대는 '은퇴의 창'이라고 불렸다.

1992년 첫 개혁 때 지급되는 연금의 부담을 줄이기 위한 몇몇 시도가 이루어졌다(연금 지급의 기준이 총임금 대신 순임금으로 대체되었고 은퇴의 창이 대부분 폐지되었다). 그러나 이들 조치는 효과가 미미했고 의미 있는 변화를 만들기에는 시일이 너무 걸렸다. 그래서 2001년에 부과 방식이 다층형으로 변경되었다(다층형은 부과 방식에 직업연금과 개인연금을 추가한 방식이다 - 옮긴이). 불행히도 이 '100년을 위한 개혁' 이후 2년도 채 지나지 않아 연금 재정이 다시 위기에 몰렸다. 2003년에 뤼룹 위원회의 개혁안이 제안되어 2004년 법에 반영되었다. 개혁안의 중요한 기여는 다층형 가운데 부과 방식을 이전의 완전적립 방식과 개념적으로 동일한 확정기여체제로 바꾸는 것이었다. 또한 개혁안은 은퇴 연령을 높일 것을 제안했다.

그 결과 뤼룹 위원회 제안 전에는 약 45%이던 55~64세 연령층의 노동참여율이 극적으로 상승했고, 현재 일본 수준까지 올랐다(그림 10-3). 노동참여율은 개혁안이 2003년에 제출되었을 때 가파르게 상승하기 시작했다. 이후 재정 부담을 줄이고 개인에게 책임을 더 지우는 추가 개혁이 추진되면서 (다른 G10 국가들과 마찬가지로) 계속 높아졌다.

독일 사례의 시사점은 높은 노동참여율을 보장하는 (보기에) 손쉬운 방법은 사람들이 기대수명을 더 잘 따라가도록 간단히 은퇴 연령을 높이는 것이다. 그러나 독일의 역사와 그리스의 경험을 보면, 몹시 인기가 없는 그런 조치를 취하기까지 국가부채 지속 가능성 위기와 큰 시장 압력이 가해져야 했다. 브라질은 심각한 시장 압력에 처한 뒤 몇 차례 시도 끝에야 연금 개혁안을 통과시킬 수 있었다. 또한 은퇴 연령을 높이는 데 대한 저항이 매우 크기 때문에 어느 행정부도 2년 이상을 높이지 못했다.

이민이 인구변동의 역풍을 잠재울 수 있을까?

노동 유입(노동이 풍부한 경제에서 노동이 부족한 경제로)이 인구변동의 역풍을 상쇄할 수 있을까? 현재의 이민 추세가 지속된다면 가능하지 않다. 신흥시장경제에서 선진경제로의 순이민 흐름은 2007년에 2,400만 명으로 정점에 이르렀다(그림 10-5). 전체 인구와 비교해 보면 순이민은 차이를 만들기에는 너무도 적은 규모이다. 순이민은 이미 감소세로 돌아섰다. 선진경제로의 이민과 신흥시장경제로부터의 이민 모두 감소했다.

인구변동의 역풍이 강해지는 가운데 이민이 더 많아져야 하지만, 이민은 정치적인 이슈이다. 포퓰리스트 행정부와 우파의 인기, 선진경제의 반反 이민 정당을 고려하면 현지 노동력의 고령화를 상쇄할 정도의 노동력 수입은 실행 가능하지 않다. 이와 관련해서는 유럽중앙은행 ECB이 포르투갈 신트라에서 개최한 중앙은행 제도 포럼에서 발표된 뵈르쉬-수판의 논문(2019)이 참고가 된다.

만약 노동이 국경 너머로 쉽게 이동하지 못한다면, 대신 자본을 인구가 증가하는 경제에 수출하면 어떨까? 그곳에서 생산해 완제품을 그곳에서 수입하면 되지 않을까?

그림 10-5 신흥시장경제에서 선진경제로의 순이민

순이민이 가속화될 필요가 있는 바로 그 시기에 감소하고 있다.

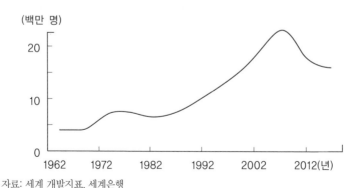

자료: 세계 개발지표, 세계은행

인도와 아프리카가 고령화 경제들의
인구변동 역풍을 상쇄할 수 있을까?

수학적으로는 가능하지만 경제적으로는 가능성이 매우 낮다. 수치상
으로는 빠르게 고령화되는 경제들의 앞으로 10년이 노동력이 증가할
듯한 경제들에 의해 상당 부분 상쇄될 수 있다. 노동력이 증가할 지역
은 인도와 사하라 이남, 다른 몇몇 신흥경제들일 것으로 전망된다(그
림 10-6).

세계는 이들 경제의 풍부한 노동력에 두 가지 경로로 접근할 수

그림 10-6 생산가능인구의 연간 증가

인도와 아프리카가 세계적인 고령화를 거스를 것이다.

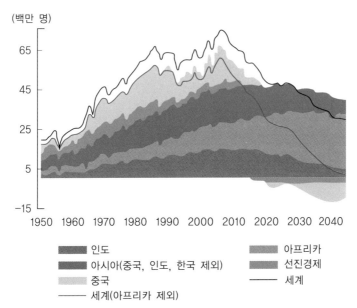

자료: UN 인구통계

있다. 첫째, 이들 경제로부터 노동이 부족한 경제로의 이민은 노동력 감소 문제를 직접 해소할 수 있다. 둘째, 노동을 경제 간 이전하는 직접적인 경로가 활용 가능하지 않다면 노동이 풍부한 경제로 자본이 흘러갈 수 있다. 이동한 자본은 현지에서 노동과 결합해 재화와 서비스를 생산하고, 생산된 재화와 서비스는 노동이 부족한 경제로 수출될 수 있다.

인도가 중국처럼 세계의 성장을 추동할 수 있을까?

수십 년 전에 중국이 한 것처럼 인도 또한 매력적인 출발점 덕분에 몇 가지 이점을 갖고 있다.

첫째, 인도는 2050년 이후로도 계속 증가할 풍부한 노동 공급과 절실하게 높아질 필요가 있는 자본/노동 비율, 경쟁국들에 비해 신기술을 훨씬 더 빠르게 흡수할 수 있는 인적 자본을 보유하고 있다. 둘째, 이와 같은 대조가 점점 더 분명해지면서 자본이 계속해서 인도로 흘러갈 것이다. 극도로 낮은 자본/노동 비율을 고려할 때 인도로의 자본 유입은 변화를 불러일으킬 것이다. 셋째, 새로운 자본과 함께 그에 내장된 기술이 함께 유입될 것이다. 따라서 자본의 점진적인 증가는 자본/노동 비율을 향상시킬 뿐 아니라 자본과 노동 간 상호작용의 품질을 몇 배로 끌어올릴 것이다. 인도의 구공항과 신공항, 지하철을 이용해 본 사람이라면 누구나 이를 실감할 수 있다. 넷째, 경제는 점점 더 선거의 승패를 결정하는 변수가 되고 있다. 즉, 열망하는 유권자들에게 현 정부가 괜찮은 경제적 미래를 확신시킬 수 있는지 여부에 따라 선거 결과가 달라진다. 나렌드라 모디Narendra Modi 인도 총리는 2019년 총선에서 연임에 성공하면서 더 강력한 권력을 행사하게 되었다. 인도의 주 선거에서도 이 간단한 이슈로 승패가 갈렸다. 마지막으로, 인도의 규제당국은 기술을 활용해 준법 네트워크를 업그레이드하고 있다. 예를 들어 인도 중앙은행은 채무불이행 이력이 있는 은행과 기업의 데이터베이스를 구축해 관리하고 있다. 인도의 '아다르' 카드 시스템은 돈을 의도한 수금자에게 직접 송금되도록 하고, 송금 경로에서 '분실'되는 경우가 없도록 한다.

그렇다면 왜 인도 경제의 성장이 최근 2018년과 2019년에 그토록 부진했나? 인도뿐 아니라 중국도 같은 시기에 크게 부진했다. 투자자들은 그 원인의 큰 부분을 인도에 대해서는 정치적인 오만에, 중국에는 무역전쟁에 돌렸다. 그들은 그림자 금융 부문에 가해진 충격이라는 원인은 너무 간과했다. 인도의 공공 부문 은행이 대대적인 통합 과정을 거치는 가운데, 비은행 금융회사들은 이전 몇 년간 공격적으로 대출하는 바람에 빚어진 부실채권을 정리하고 있다. 대출이 제약되면서 당장은 큰 혼란을 빚지만, 인도가 자본 축적의 시대를 시작하려면 더 건전한 은행이 필수적이다. 인도의 새로운 파산법IBC도 인도의 현재와 미래에 필수적인 요소이다. IBC는 이미 제조업 부문의 기업들 다수에 적용되고 있으며, 채무불이행 비은행 금융회사에도 작용되고 있다. 채무불이행을 해소하는 새로운 절차가 시행되면서 과거 평균 20%이던 채권 회수율이 60%로 높아졌다. 동시에 채무불이행 차입자에 비용을 부과하는 제도는 과다 차입을 억제함으로써 금융안정성을 높이는 데 도움을 줄 것으로 기대된다.

우리는 인도가 다음 10년간 경제성장에서 중국을 능가하리라고 본다. 아마도 그다음 10년도 그럴 것이다. 그러나 인도는 다음 세 가지 이유로, 중국이 했던 것처럼 세계의 성장을 끌어 올리지는 못할 것이다.

첫째, 세계 여건이 두 가지 측면에서 물질적으로 다르다. 중국이 부상하는 동안 나타난 명목금리와 실질금리의 하락(이는 적지 않게 중국의 부상 덕분이었다)은 선진경제 내에 우호적인 여건을 형성했다. 따라서 중국의 부상은 제로섬 게임으로 여겨지지 않았다. 세계화의 대의가 여론으로 진전되었다. 인도가 직면해야 하는 여건은, 노동 공급 감소가 선진경제에서뿐 아니라 동아시아와 동유럽의 제조업에 강한 경제들에서도 나타나고 있다는 것이다. 그 결과 임금이 상승하고 인플레이션과 명목금리가 높아지면 고령화 경제들에서 성장률을 높이기가 상당히 어려워진다. 그에 따라 인도로의 생산 이전에 대한 정치적인 반대가 더 거세질 것이다.

둘째, 인구변동의 골대가 이동했다. 설령 '또 다른 중국'이 등장하더라도, 그 시기는 먼 미래일 것이다. 중국이 세계 경제에서 중요한 역할을 할 수 있었던 것은 단순한 노동력 동원만이 아니라 수천 년 역사 중 대부분 시기에 세계 경제에서 우위를 차지해 온 저력이 있었기 때문이다. 세계 경제에서의 지배적 우위를 기반으로 중국은 풀뿌리 수준이나마 기업가정신과 생산, 효율 체제를 보유하고 있었다. 아프리카 같은 지역의 덜 정교하고 덜 조직된 소기업 경제는 개발하는 과정에서 그런 시스템을 갖춰 가야만 한다. 인도는 지난 몇 세기에 걸친 풍부한 무역사를 갖고 있으며, 그 무역사는 광대한 영토를 차지한 제국에 의해 지원되었다. 그러나 분절된 사회구조가 견고한 경제적 기초를 창조하는 과정을 종종 방해해 왔다. 인구변동의 규모 측면에서도 중국과 같은 효과를 얻기 위해서는 인도가 세 개는 있어야 할 것이다.

셋째이자 가장 중요하게, 인도가 자국 내로 글로벌 자본을 유치하더라도 행정 자본과 민주적 견제·균형 시스템의 결여로 인해 성장에

전념하던 중국풍의 발전 모형은 실현되기 어려울 것이다. 인도에서 성장을 위해 협조하는 정책이 운영되기 어려운 요인을 구체적으로 열거하자면, 극도로 취약한 단계에서 시작하고 있는 행정 자본과 다당제 체제하의 내부 충돌, 연방정부와 주 정부 사이의 충돌이다.

세계은행의 기업환경평가 지수에서 인도는 2015년 190개국 중 140위였다가 지난 4년간 73계단 상승했으나 아직 67위이다. 인도는 몇몇 평가항목(허가와 국경 간 접근)에서는 최상위에 올랐지만, 협조와 노력을 요구하는 사회간접자본 품질과 계약 이행 같은 항목에서는 계속 하위에 머물러 있다(예컨대 계약 이행은 163위이다). 초기 발전의 단계에서는 당연히 개선이 쉽다. 인도가 기술을 활용해 성장의 동력을 유지하는 일도 전적으로 가능하다. 그러나 우리 생각에, 인도는 더 광범위한 참여를 필요로 하는 변화를 성취해 가기는 힘들 것이다.

민주주의가 덜 갖춰졌고 덜 작동한다는 장애물도 높다. 일상적인 사안을 놓고도 정치적인 알력이 벌어지는 실정을 보면, 인도가 금융 및 물적 자본을 중국풍의 동원을 향해 투입할 국가 전략을 만들어 내고 지켜갈 확률은 그리 크지 않다.

인도의 경우, 민간 부문이 성장을 추동하는 역할을 해야 할 것이다. 그렇다면 인도의 성장 경로를 결정하는 것은 민간 부문의 성장 의지와 능력일 것이다. 국유기업들은 국가의 보호 아래 성장하는 반면 민간 부문이 번창하려면 효율적이고 평평한 운동장이 갖춰져야 한다. 따라서 인도 정부가 얼마나 신속하고 효율적으로 경제를 개혁하고 규제를 완화하는지에 많은 것이 달려 있다.

만약 세계적인 인구변동의 역풍을 상쇄하고자 한다면, 인도는 아프리카의 도움을 필요로 할 것이다. 그러나 인도가 다양한 지리적, 경제적, 정치적 장애물을 넘어 아프리카를 동원하기란 자국 내 성장을 돌보기보다 몹시도 더 어려울 것이다.

일부 아프리카 경제는 기업환경평가 지수에서 인도보다 높은 점수를 받고, 몇몇은 중국보다도 더 높게 평가된다. 그러나 아프리카에는 두 가지 어려운 문제가 있어 선진경제의 인구변동 역풍을 상쇄할 만큼 충분하게 자본을 유치하고 배치할 역량을 저해한다. 첫째, 아프리카는 파편화된 경제들의 집합이어서 협력을 통해 중국과 경쟁할 제조업 복합체를 창조할 가능성이 매우 낮다. 더 중요하게는 중국은 물론 인도에 비해서도 인적 자본이 부족하다. 중국에서는 앞서 서술했듯이 도제와 수공업자 조합, 효율의 체제가 수 세기 동안 발달하면서 넓고 깊게 자리 잡고 있었다.

파편화를 살펴보자. 2019년 아프리카의 인구는 약 13억 2,000만 명으로 인도의 13억 7,000만 명과 비슷하지만, 면적은 320만km²인 인도의 10배에 가깝다. 국가는 54개에 이른다. 아프리카가 성장을 위해 54개국의 국가 정책을 협조적으로 조율하는 일은 고도의 난제일 것이다.

게다가 아프리카 내 국가 간 이민은 국경을 넘어야 하기 때문에 인도의 주 간 이주보다 훨씬 더 어렵다. 인도의 인구변동은 국경 내 자유로운 인력 이동으로 단일하다고 볼 수 있다. 인도의 노동은 성장이 빠른 곳으로 신속하게 움직여, 자본이 배치된 곳에서 자본의 유의미한 보완 생산요소가 될 수 있다. 아프리카의 국경은 인도의 열린 주 경계선에 비해 이동이 덜 용이하다. 자본이 풍부하지만 경제 효율이 낮은 국가의 노동이 국경을 넘어 노동 생산성이 향상되고 경제 성장이 좋아지는 국가로 순조롭게 이동하지 못한다.

인구밀도와 이동성의 차이는 인도와 아프리카의 현격한 격차로 귀결되었다. 인도의 거대한 인구는 아프리카 면적의 10분의 1에 집중적으로 거주하며 자유롭게 다른 지역으로 이주한다. 이런 인도는 매력적인 상품 시장이 된다. 반면 아프리카는 인구밀도가 인도보다 훨씬 더 낮아, 아프리카 내 제조업 생산기지 건설은 다른 50여 개국에 먼 거리를 거쳐 수출해야 함을 의미한다. 아프리카는 앞으로도 인구밀도도 이동성도 갖추기 어려울 것이다.

지리적 파편화는 인구변동의 차이와도 관계가 있다. 아프리카의 경제들은 인구변동 단계에 있어서도 차이가 크다. 사하라 이남 지역은 인구변동의 순풍을 갓 맞고 있다. 반면 아프리카의 많은 부분은 인구변동 순풍이 많이 약화된 상태이다(IMF 2015).

아프리카의 많은 곳에서 경제가 크게 성장했지만, 불행하게도 지난 10년간 아프리카의 정치적 안정은 대체로 악화되었다. 이미 상대적으로 안정적인 궤도에 올라선 경제만 정치적으로 안정되고 폭력이 줄었지만 처음부터 정치적으로 취약했던 경제에서는 상황이 더 악화되었다. 사하라 이남 지역은 정치적 안정 점수가 전반적으로 하락했다.

앞으로 개선이 불가능하다는 말은 아니다. 노동이 풍부한 곳은 자본을 유치할 수 있을 테고, 그런 나라는 주위 경쟁 국가들보다 몇 걸음 더 앞서가면서 자본을 더 유치할 수 있을 것이다. 그러나 인도가 그렇게 할 수 없는 것처럼, 아프리카도 세계의 인구변동 역풍을 상쇄할 만큼 노동력을 활용하지는 못할 것이다.

정치 외에 아프리카의 급속 성장을 가로막는 두 번째 장애물은 인적 자본이다. 세계은행의 2019년 인적 자본 지수를 보면, 인도는 세계의 셋째 4분위에 들었다. 아프리카 경제 중 6개국만 인도 수준에 포함되었다. 대다수 아프리카 경제들은 첫째 4분위, 즉 하위 25%에 속했다.

경제 발전 초기에 있는 아프리카 국가들의 전반적인 수준을 놓고 논의하는 것은 적절하지 않다고 반박할 수 있다. 초기에 제조업 생산 기지를 건설할 때, 가장 역량 있는 노동력을 갖춘 곳에 가장 수익성이 좋은 활동이 진출한다. 파편화된 아프리카가 문제가 되는 지점이 여기이다. 제한적으로 인적 자본을 갖춘 몇몇 경제는 자본을 유치할 수 있다. 다른 경제들은 인적 자본을 수입하거나 교육제도를 발전시킴으로써 자체적으로 서서히 육성해야 한다. 이는 유입되는 자본을 충분히 큰 규모로 재화와 서비스로 변환하는 역량에 심각한 제약으로 남을 것이다.

요약하면, 인도는 물론이고 아프리카도 방대하고 상대적으로 활용되지 않은 노동 자원이 있지만 중국의 부상을 재현할 역량은 없다. 양국의 발전은 견고할 듯하고 간혹 눈에 띄겠지만 고령화되는 세계 경제가 필요로 하는 정도의 동력에는 미치지 못할 듯하다. L. J. 코틀리 코프L. J. Kotlikoff는 추격 성장이 매우 느린 속도로 아프리카와 중동, 인도, 다른 역사적 저성장 지역에 나타날 것으로 전망했다(Kotlikoff 2019; Benzell et al. 2018). 우호적인 동학이지만 실망스러운 규모이다.

K. 데스메트 등(2018)은 그런 수렴을 위한 또 다른 수단으로 기술 이전을 인상적이고 영향력 있게 제시했다. 그들은 국제 이민과 국내 이주가 활발해지지 않으면, 기술이 현재 생산성이 낮고 인구밀도가 높은 지역으로 이전되어 아시아와 아프리카의 유망한 지역에서 생산성 역전이 나타날 것이라고 주장한다. 이 모형의 직관은 인구밀도와 1인당 GDP의 높은 상관관계이다. 그들은 이 상관관계를 세계의 다른 지

역들 간에는 물론, 놀랍게도 세분한 지역 모형을 활용해 한 경제 내에서도 발견했다. 그들의 모형은 오늘날 인구밀도가 높고 생산성이 낮은 사하라 이남 지역과 남아시아, 동아시아가 인구밀도도 높고 생산성도 높은 지역이 되고, 북아메리카와 유럽은 인구와 생산성 모두에서 뒤처진다는 전망을 내놓는다.

그러나 그들의 모형에는 결정적인 단점이 하나 있다. 행정력이라는 사회간접자본의 역할을 반영하지 않았다는 것이다. 행정력은 신흥경제의 발전에 필수 요소이지만 이를 갖추지 못한 곳이 많다. 행정력이란 복합적이고 조율된 장기 경제 전략을 실행할 수 있는 역량을 가리킨다. 논의를 더 진전시키면, 우리는 신흥경제가 선진경제로 변신하지 못하는 것 또한 행정력 함정에 빠져서이지 이른바 중진국 함정에 빠져서가 아니라고 본다. 데스메트 등의 예측은 영감을 주긴 하지만 이들 경제가 갖고 있지 않은 행정력 자본의 개발을 전제로 한다.

11장

우리는 부채 함정을
피할 수 있을까

정치인들이 상자에 갇혔다. 저금리가 오래 지속되면서 부채 증가를 조장했고, 이는 종종 부적절한 자본의 배분으로 나타났다. 성장이 회복되고 금융 안정에 대한 관심이 커지면 중앙은행들은 정책금리를 올릴 것이다. 높은 금리는 성장의 발목을 잡고 경기가 나빠지면서 인플레이션과 금리가 다시 하락할 것이다. 어떻게 이 함정을 피할 것인가? 이 장과 다음 장에서 어떻게 우리가 부채 함정에 빠지게 되었는지, 그리고 세계 경제가 어떻게 그것을 피하거나 극복할 수 있을지 심도 깊게 논의한다.

세계 경제의 부채 증가는 결국 인구변동이 가져오는 결과이고, 금리와 더 넓게는 경제의 정상화에 있어서 가장 큰 장애물이다. 우리는 먼저 우리가 어떻게 부채 함정에 직면하게 되었는지 설명하고 이 문제를 상세히 설명한 뒤 해법을 모색한다.

6장에서 설명한 것처럼 재정정책은 1990년대 초 이래 유지된 디플레이션 경향을 상쇄하기에 결코 충분하지 않았고, 심지어 2007~2009년 대금융위기 동안에도 미흡했다. 따라서 거시경제의 균형과 인플레이션 목표를 유지하기 위해서는 통화정책이 지속적으로 더 팽창적이어야 했다. 이에 따라 다음과 같은 금융 순환이 강화되었다(Borio et al. 2019). 팽창적 통화정책의 결과 명목(과 실질)금리가 하락했고, 이는 미국과 유럽(영국, 아일랜드, 스페인, 포르투갈, 그리스)에서 주택·건축 호황을 야기했다. 그 자금은 각국의 은행뿐 아니라 외국 은행에서 대거 조달되었다. 주요국 은행들 다수의 부채비율과 붐이 일어난 국가의 가구 부채상환비율DTI이 상승했고, 일부에서는 그 폭이 가팔랐다(그림 11-1). 이 같은 전개가 안고 있는 위험은 예견되지 못했고, 2008년 9월 리먼 브라더스의 파산과 AIG 구제금융이 결정되었을 때에는 대금융위기를 막기에 너무 늦은 지경이 되었다.

행동에 나선 정책 당국(주로 통화 당국)은 재정정책과 통화정책의 조합을 성공적으로 도입했다. 이에 대해서는 여기서 더 상술할 필요가

그림 11–1 호황기에 가파르게 상승한 은행 부문 부채비율

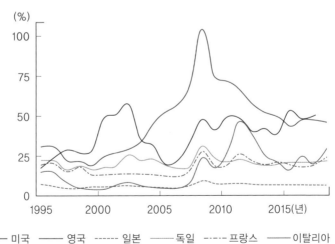

자료: OECD

없다고 본다. 그러나 장기적인 관점에서 보면, 정책 당국의 주요한 대응은 은행들이 자기자본비율을 높게 유지하도록 요구하는 것이었다. 이는 유럽에서보다 미국에서 더 잘 수행되었다. 그 결과 유럽에서보다 미국에서 자기자본비율, 신용과 예금 증가율, 은행 자기자본이 더 견고하게 회복되었다.

왜 미국은 유럽보다 은행 부문을 더 잘 회복시켰나?

이는 티모시 가이트너Tim Geithner 미국 재무장관이 부실자산구제프로그램TARP: Troubled Asset Recovery Program 자금을 은행의 자본 확충에 투입할 수 있었기 때문이다. 앞서 가이트너 재무장관은 신뢰할 만한 스트레스 테스트를 실시해 은행이 조사 시점의 예금 수준에 적절한 수준으로 자기자본을 확충할 것을 요구했다. TARP 자금은 요구된 수준을 맞추지 못한 일부 은행에 조건부로 지원되었다. 조건은 지원받은 은행은 돈을 다 상환하기 전에는 배당을 지급하지 않고 자사주를 매입하지 않으며 경영진 보상을 늘리지 않는다는 것이었다. TARP 자금은 곧 상환되었다. 그와 대조적으로 유럽에는 자본이 부족한 은행을 도울 돈이 충분하지 않았다. 그 결과 유럽의 스트레스 테스트는 신뢰받지 못했다. 요구 수준에 미달한 은행의 자본을 즉각 확충해 줄 방법이 없었기 때문이다. 그래서 유럽에서는 스트레스 테스트를 통과하지 못한 은행이 나오지 않았고 은행들은 스스로 자기자본비율을 높여야 했다. 그 방법은 신주 발행일 수도 있었고 자산(예금) 감축일 수도 있었다. 자본시장 상황은 불리했고, 은행들은 자기자본순이익률ROE에 신경을 써야 했다. 결국 은행들은 자산 감축을 선택했다. 당국은 자국 내에 본부를 둔 은행들에 현지에서 해 준 대출을 유지하라고 명시적으로나 암묵적으로 압력을 넣었다. 자연스럽게 유럽 은행들은 국경 밖 대출을 대대적으로 감축하게 되었다.

정책 당국은 자본주의 지배 체제의 제도적·구조적 특징을 개혁하려고 노력하기보다는 규제적 강권으로 더 안전하게 자본을 확충한 은행 체제를 가져왔다. 은행 경영진은 장기 투자와 성장보다 단기 주식 가치를 더 우선시하게 되었다. 그 영향의 일부는 대금융위기 전에 이미 나타난 디플레이션 경향이 훨씬 더 강해졌다는 것이다. 재정정책은 6장에서 제시된 이유로 제약된 가운데, 통화정책이 더 팽창적이도록 하는 압력이 지속되었고, 양적 완화가 실행되었다. 아울러 '도시의 유일한 게임'이라고 불린 공식 마이너스 금리가 도입되었다.

양적 완화는 처음에는 효과가 있었다. 2009년 첫 양적 완화는 대금융위기가 야기한 공포에 질린 유동성 추구를 잠재우는 데 크게 도움이 되었고 성공적이었다. 반면 후속 조치가 긍정적인 효과를 크게 가져왔는지는 의문이다. 왜냐하면 은행 수익성에 잠재적인 악영향을 끼쳤기 때문이다(Altavilla et al. 2018; Borio et al. 2017; Brunnermeier and Koby 2018; Eggertsson et al. 2019; Goodhart and Kabiri 2019; Heider et al. 2019; Xu et al. 2019). 게다가 예외적으로 낮은 금리는 비금융 기업들이 부채를 유지할 뿐 아니라 더 빠르게 늘리도록 조장했다.

다음 절에서 우리는 먼저 과잉 부채의 원인으로 널리 지목된 대금융위기가 오히려 비금융 기업과 가계, 공공 부문에 더 많은 부채 축적을 야기했음을 보여 준다. 물론 대금융위기 이후 비금융 기업과 가계 부문의 부채 축적은 앞서 방만과 위기가 대금융위기로 치닫지 않은 곳에서 진행되었다. 그러나 총부채원리금 상환비율DSR, Debt Service Ratio(연간 원리금 상환액을 연간 소득으로 나눈 값 - 옮긴이)은 대부분 거의 일정했는데, 왜냐하면 부채 규모 증가가 금리 하락과 동시에 이뤄졌기 때문이다.

우리는 금리가 낮아져 유효 하한까지 도달했을 뿐 아니라(우리는 현금을 없애는 정책의 가능성은 배제한다) 이제 인플레이션과 명목금리가 다시 오를 가능성이 높다고 주장한다. 문제는 주요 거시 부분의 높은 부채비율로 인해 금리가 가파르게 인상되면 민간 부문의 부채 상환이 어려워지고, 이는 또 재무장관들의 곤경을 가중시킨다는 것이다. 빚이 많은 기업은 부채 상환 불능의 위험으로부터 벗어나고자 새로운 투자를 급격히 줄일 필요를 느낄 테고, 그럼으로써 침체가 온다면 그 침체를 더욱 심화시킬 것이다(Kalemli-Özcan et al. 2019). 요컨대 미래의 침체를 막기 위해 금리가 매우 낮게 유지되었고, 이는 부채를 줄이도록 유도하는 여건과는 거리가 멀었다. 그 결과 부채가 축적되었다.

이제 이 부채 함정에서 벗어나는 출구로 실행할 만한 게 있는지 살펴보자. 앞 장들에서 서술한 것처럼, 탈출로는 성장의 가속화이지만 사실 성장은 둔화될 가능성이 더 크다. 아울러 (아직 컨센서스는 이루어지지 않았지만) 우리는 인플레이션이 상승할 개연성이 높다고 예상한다. 그렇다면 중앙은행들의 인플레이션 목표는 어떻게 될까? 인플레이션에도 채무자가 갚아야 할 부담이 줄지 않고 상환이 거의 불가능해진다면 그런 부채는 협상을 통해 조정될 수 있을까? 또는 마지막 구제 방안으로 불상환 처리(또는 면제) 혜택을 받을 수 있을까?

우리가 더 진지하게 취하는 견해는, 과거와 미래의 거시경제적 병폐는 극적인 인구변동 추세의 반영일 뿐 아니라 기업 지배구조와 자본주의 구조가 실패한 결과라는 것이다. 부채가 너무 쉽게 늘어나게 만들어졌고, 주식을 통한 자금 조달은 너무 매력이 없게 되었다. 기업에게 주식을 통한 조달의 매력이 없어진 것은 ROE에 경영진 평가의 초점이 맞춰지기 때문이다. 경영진은 주주 전체의 한정 책임만을 공유하면서 자금 조달의 의사결정을 한다. 이슬람식 자금 조달 요건에 대해 일반적으로 알려진 것보다 논의할 내용이 더 많다. 우리는 이들 주제에 대해 할 말이 무척 많고, 그래서 12장에서 전체 자금 조달 구조를 부채 기반에서 주로 주식 기반으로 옮기는 방안을 논의한다. 그러한 이전의 대상은 주로 기업이 되겠지만 부분적으로는 가계와 공공 부문도 될 수 있다.

부채의 축적

표 11-1과 11-2는 선진경제 주요국과 신흥시장경제 주요국의 가계와 비금융 기업, 공공 부문의 GDP 대비 부채비율을 보여 준다. 2007년 말과 2018년 말의 부채비율과 두 시점의 부채비율의 차이를 정리했다.

표 11-1 선진경제의 부채비율(GDP 대비 %)

	*2007년 말				
	가계	비금융 기업	민간 (가계+비금융 기업)	정부	전체
미국	99	70	169	65	233
유로 국가	60	92	151	65	216
독일	61	57	118	64	181
프랑스	47	111	157	65	221
스페인	81	124	206	36	241
이탈리아	38	75	113	100	213
영국	92	94	187	42	228
스웨덴	65	126	191	39	230
일본	59	103	161	175	337
호주	108	80	188	10	198
캐나다	79	83	162	67	229

2018년 말					
	가계	비금융 기업	민간 (가계+비금융 기업)	정부	전체
미국	76	74	151	106	256
유로 국가	58	105	163	85	248
독일	53	57	110	60	169
프랑스	60	141	201	99	300
스페인	59	93	152	97	249
이탈리아	40	70	110	132	242
영국	87	84	171	87	258
스웨덴	89	156	244	39	283
일본	58	103	161	237	398
호주	120	75	195	41	236
캐나다	101	117	218	91	308

2007년 말과 2018년 말 사이의 변화(%p)					
	가계	비금융 기업	민간 (가계+비금융 기업)	정부	전체
미국	−22	4	−18	41	23
유로 국가	−2	13	11	20	31
독일	−8	0	−8	−4	−12
프랑스	14	30	44	34	78
스페인	−23	−31	−54	62	8
이탈리아	2	−5	−3	32	30
영국	−5	−11	−16	45	29
스웨덴	23	30	53	0	53
일본	−1	0	−1	62	61
호주	12	−5	7	31	38
캐나다	22	34	56	24	80

* 부문 간, 국가 간 부채비율을 농도로 나타냈다. 농도가 짙을수록 부채비율이 높음을 뜻한
다. 예를 들어 첫째 표의 가계 부문 부채비율을 보면 호주가 10개국 중 가장 높아 농도가
가장 짙다. 반면 정부 부문 부채비율은 가장 낮다.
자료: BIS, IMF

표 11-2 신흥시장경제의 부채비율(GDP 대비 %)

2007년 말					
	가계	비금융 기업	민간 (가계+비금융 기업)	정부	전체
중국	19	98	117	29	146
한국	72	89	161	26	189
인도	11	42	53	74	127
인도네시아	12	15	26	32	59
말레이시아	52	58	111	40	150
태국	45	46	91	36	127
홍콩	51	126	177	1	178
브라질	18	30	48	64	111
멕시코	14	15	28	37	65
칠레	29	66	95	4	99
콜롬비아	17	27	44	33	76
아르헨티나	5	17	22	62	84
러시아	11	39	50	8	58
폴란드	23	34	57	44	101
체코	23	46	69	27	97
헝가리	30	78	108	65	174
터키	11	30	41	38	79
남아공	44	35	79	27	106

2018년 말					
	가계	비금융 기업	민간 (가계+비금융 기업)	정부	전체
중국	53	152	204	50	255
한국	98	102	199	41	240
인도	11	45	56	70	126
인도네시아	17	23	40	29	70
말레이시아	66	68	134	56	190
태국	69	48	117	42	159
홍콩	72	219	292	0	292
브라질	28	42	71	88	158
멕시코	16	26	42	54	95
칠레	45	99	144	26	170
콜롬비아	27	35	62	50	113
아르헨티나	7	16	22	86	109
러시아	17	46	64	14	77
폴란드	35	46	81	48	129
체코	32	57	89	33	122
헝가리	18	67	85	69	154
터키	15	70	85	29	114
남아공	34	39	72	57	129

	2007년 말과 2018년 말 사이의 변화(%p)				
	가계	비금융 기업	민간 (가계+비금융 기업)	정부	전체
중국	34	54	88	21	109
한국	25	13	39	12	51
인도	1	3	3	−4	−1
인도네시아	5	9	14	−3	11
말레이시아	14	10	24	16	40
태국	24	2	26	6	32
홍콩	21	94	115	−1	114
브라질	11	12	23	24	47
멕시코	3	11	14	16	30
칠레	17	33	50	22	71
콜롬비아	11	8	19	18	37
아르헨티나	2	−1	1	24	25
러시아	7	7	14	6	20
폴란드	13	11	24	4	28
체코	9	11	20	5	26
헝가리	−12	−11	−24	4	−19
터키	4	40	44	−9	34
남아공	−10	4	−7	30	23

자료: BIS, IMF

가계

가계의 부채비율은 대체로 다른 부문보다 가장 소폭 높아졌다. 주택 거품 붕괴 전까지 가계 부채가 많았던 미국, 영국, 독일 등의 나라에서는 심지어 하락했다(표 11-1). 반면 선진경제 중 호주와 캐나다, 노르웨이, 스웨덴 같은 나라에서는 대금융위기 이후에 주택시장 호황이 전개되면서 가계 부채비율이 상승했다. 한편 이들 국가의 주택시장 호황은 스톡홀름과 토론토, 밴쿠버 등 몇몇 도시에 대부분 집중되었다. 신흥시장도 비슷한 추세를 보였다. 가계 부채는 신흥시장경제 중 가장 개발된 나라들에서 높아졌다. 그들 국가의 공통점은 물가와 금리가 낮고 안정적이었다는 것이다.

선진경제 중 캐나다와 호주, 스웨덴과 신흥시장경제 중 동아시아, 폴란드, 칠레에서는 가계 부채비율의 상승폭이 두 자릿수로 나타났다(2007년 말 가계 부채비율에 비해 2018년 말 가계 부채비율이 두 자릿수 %p 높아졌다는 의미이다 – 옮긴이). 중국과 한국, 말레이시아, 태국의 가계 부채비율은 특히 20~25%p 상승했다. 그렇게 높아진 가계 부채비율이 말레이시아와 태국은 선진경제 수준이다. 그에 비해 한국의 가계 부채비율(98)은 주택 위기 직전 미국의 비율(99)과 별 차이가 나지 않는다.

가계 부문 수지는 상당한 흑자이고 자산시장이 매우 강세여서, 가계 부문 부富는 부채보다 더 빨리 증가했다. 이 추세는 대금융위기 이전 10년과 이후 10년에 공통적으로 진행되었다. 그때나 지금이나 문제는 가계 부채의 전체적인 수준이 아니다. 문제는 특정 집단, 특히 젊은 가정에서 일어날 수 있다. 젊은 층은 비록 일시적일지라도 연령 구조나 실업으로 인해 소득보다 부채가 많기 때문이다. 채무불이행과 그로 인한 주택 압류(이는 주택 가격 하락이라는 추가 파장으로 확장된다)를 모면했더라도 금리가 오르면 이들은 다른 소비지출을 크게 줄여야 한다. 그 결과는 총수요 감소이다(Mian and Sufi 2014).

주택·부동산 금융의 확장 주기에 균형을 잡기 위한 새로운 방편이 고안되었다. 거시건전성 규제 방안으로 예를 들어 담보인정비율LTV과 소득대비대출비율LTI을 낮추는 것이다. 이들 조치는 도움은 되지만 완전한 해결책은 아니다. 왜냐하면 주택시장 호황이 자극하는 심리적인 충동은 당국이 그런 규제를 도입할 때 가능하다고 느끼는 정도를 압도할 가능성이 높기 때문이다. 특히 당국은 대개 정치적으로 민감한 이슈인, 부채를 동원한 젊은 가정의 주택 매입을 막는 데 주력하기 때문이다.

대금융위기 이후 10년간 신흥시장경제의 상황은 몇몇 중요한 차이에도 불구하고 공통적인 측면이 있다. 10년 중 초반 5년에는 성장과 심리의 뒷받침으로 주요 선진경제가 겪은 부진을 피할 수 있었다. 신흥시장경제의 주요 도시에서 주택 가격이 가파르게 상승했고, 부동산 분야의 호황이 끝나지 않으리라는 거품 같은 기대를 낳았다. 그에 따라 건설과 주택담보대출이 크게 활기를 띠었다. 러시아를 비롯한 원자재 생산 경제에서도 주택 부문이 강세를 보이며 관련 신용이 증가했다. 임금 상승과 원자재 생산 급증, 자본 유입 급증이 어우러진 결과였다. 러시아와 브라질, 인도네시아, 말레이시아, 남아프리카공화국의 도시 지역에서 주택 가격이 상승했고 대출이 크게 증가했다. 원자재 수출국뿐 아니라 동아시아와 인도, 필리핀 등 아시아 곳곳의 원자재 수입국에서도 부동산 호황이 나타났다. 세계 경제의 우호적인 여건과 확장적인 통화·재정정책이 집행된 덕분이었다.

이후 5년간 중국과 많은 다른 신흥시장경제에서 경기가 둔화되었고 주택 가격과 개인소득도 하강 주기로 접어들었다. 그러나 선진경제와 달리 신흥시장의 주택은 위기 수준까지 가지 않고 하강에 그쳤다(다만 터키는 예외이고 중국은 근접했다). 그러나 가계 부문은 여전한 부채 부담에 눌려 주택과 다른 소비 지출을 줄이게 되었다. 이 충격은 마찬가지로 부채를 많이 진 건설회사들과, 많은 경우 담보대출을 준 은행 등 금융회사들로도 전해졌다.

기업

(비금융) 기업의 부채비율은 신흥시장경제의 여러 나라에서 크게

상승했다. 특히 중국의 상승폭이 컸는데, 국유기업들이 정부 소유 은행들로부터의 차입을 대거 늘렸다. 그 결과 성장률이 높아진 가운데 금리는 하락했고 원자재 가격이 가파르게 올랐다. 신흥시장경제에 자본이 유입되었으며 많은 주요 국가의 기업부채가 증가했다. 중국 국유기업 외에 주요 차입자는 원자재 생산 및 건설 업체들이었다. 멕시코 국영 석유회사 페멕스와 브라질 석유·가스업체 페트로브라스, 남아공 국영 전력회사 에스콤이 심각한 부채를 갖게 되었는데, 이는 대금융위기 이후 10년 중 첫 5년의 과잉으로 인해 빚어진 문제였다. 원자재 수입 신흥시장경제 국가들, 예를 들어 한국과 말레이시아, 태국, 인도, 터키에서는 건설회사들의 과잉이 일부 원인이 되어 부채가 급속하게 불어났다.

확장의 초기에는 늘어난 부채가 투자로 투입되었다. 이후 5년 동안 중국 국유기업, 원자재 생산업체, 건설회사가 투자한 다수의 사업의 이익이 크게 감소했다. 그러나 부채는 대부분 관련 기업들의 장부에 남아 있었다.

그와 대조적으로 선진국의 고정자본 투자는 상대적으로 부진했다. 고정자본 투자는 이익에 비해 부족해 재무적 잉여가 발생하지 않았다. 이는 5장과 6장에서 이미 논의한 바 있다. 그런 선진경제에서 부채비율이 상승한 원인은 부채에 의한 자금 조달이었고 특히 자사주 매입이었다. 자사주 매입은 미국에서 두드러졌고 다른 영어권 국가들에서도 이루어졌다. 미국의 자사주 매입 추이는 그림 11-2에서 볼 수 있다. 부채비율을 높이는 자사주 매입은 ROE를 향상시키는 가장 간단한 방법이다. 이런 측면에서 사모펀드의 역할에 대해서는 J. 포드J. Ford 의 〈파이낸셜 타임즈〉 엘리자베스 칼럼(2019. 7. 29.)이 참고가 된다.

그림 11-2 미국의 자사주 매입 추이(GDP 대비 %)

미국 기업들이 차입을 통해 자사주를 매입하면서 투자는 저조했다.

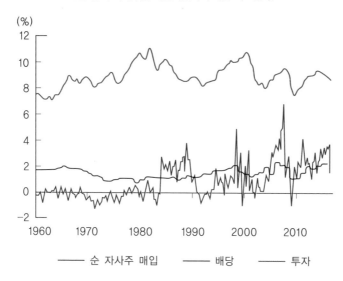

포드는 이 칼럼에서 "사모펀드의 약탈 위험을 걱정하는 워런(미국의 상원의원 – 옮긴이)이 옳다"고 논평했다. 기업의 자사주 매입은 위험을 이전하는 행위이다. 은행의 부채 증가가 넓게는 공공이라고 할 수 있는 다른 이해관계자들의 위험을 키우는 것과 똑같은 방식으로 그렇다.

　더구나 늘어난 기업부채의 큰 덩어리는 레버리지론[1](사모펀드나 기업이 인수할 업체의 자산을 담보로 금융회사에서 빌린 자금을 가리킨다 – 옮긴이)이나 신용등급 BBB 채권 등 등급이 떨어지는 부류이다. 그림 11-3과 11-4에 이를 나타냈다. 두 요인이 결합되면서 상대적으로 더 위험한 자산이 급속하게 증가했다.

　이는 아마도 미래의 금융 취약성과 관련해 가장 주시할 영역일 것이다. 만약 그런 기업 중 대다수가 빚을 갚지 못하게 되거나 금리 부담

그림 11-3 영국 파운드화 회사채의 신용등급 분포

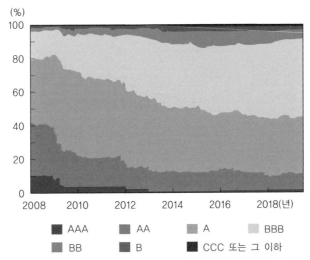

* ICE 뱅크오브아메리카 메릴린치ICE BofAML 지수 편입된 채권을 대상으로 시장가격 기준으로 집계한 결과이다. BBB 등급 회사채의 비중이 2019년에 기록적으로 높았다.
자료: 영국은행 금융안정보고서(2019. 7.)

그림 11-4 급성장한 레버리지론 시장

레버리지론 시장이 최근 몇 년 동안 급성장했다. 2018년 정점에 오른 후로 감소했다.

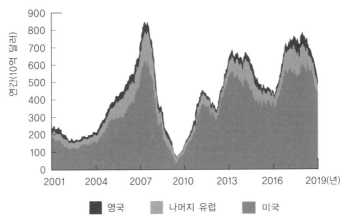

* 사모 양자 간 거래는 제외하고 공모 신디케이트 거래를 집계
자료: 영국은행 금융안정보고서(2019. 7.)

이 악화되면 상황은 그 자체로 디플레이션적으로 될 뿐 아니라 채권자인 은행과 보험사, 연기금에도 2차 악영향이 미칠 것이다. 이에 대해 영국은행의 존 컨리페Jon Cunliffe 부총재가 2019년 7월 연설에서 언급한 바 있다.

공공 부문

가계 부문에서는 부가 부채보다 빠르게 증가했고 기업 부문의 총부채원리금 상환비율DSR은 낮게 유지되었는데, 이는 이윤이 높은 수준으로 유지되고 금리가 하락하거나 낮게 머무른 결과였다. 비슷하게 공공 부문에서는 부채 증가가 거의 전적으로 금리 하락으로 상쇄되었고, 그래서 공공 부문의 DSR은 지난 20년 동안 심지어 일본에서도 일정하게 유지되었다(그림 11-5).

지금까지는 괜찮았다. 그러나 만약 명목금리가 오르기 시작하면 어떻게 될까? 그간의 예외적으로 낮은 금리에 크게 힘입어 이자 지급액은 일반 정부지출의 미미한 부분으로 줄었다. 따라서 금리 상승의 영향은 어느 지점까지는 쉽게 흡수될 것으로 여겨질 수 있다. 그러나 추가 부담은 늘어날 때마다 고통스럽고, 특히 사회가 고령화되면서 정부회계에 피할 수 없는 압력이 더 크게 가해질 때 더욱 그렇게 된다.

물론 극도로 낮은 금리가 주는 기회를 활용해 공공 부문 부채의 상환기간을 연장할 수 있었다면 앞으로 진행될 명목 단기금리의 상승이 주는 영향은 덜할 것이다. 그러나 점점 더 팽창적인 통화정책이 필요하다는 감성적 접근은 공공 부문 부채 상환기간의 연장 대신 오히려 유효 상환기간을 크게 단축했다. 특히 양적 완화와 상업은행의 중앙은행 지급준비금에 대한 '플로어 시스템floor system(정책금리를 목표 범

그림 11-5 주요국의 부채비율(GDP 대비 %)과 DSR, 금리

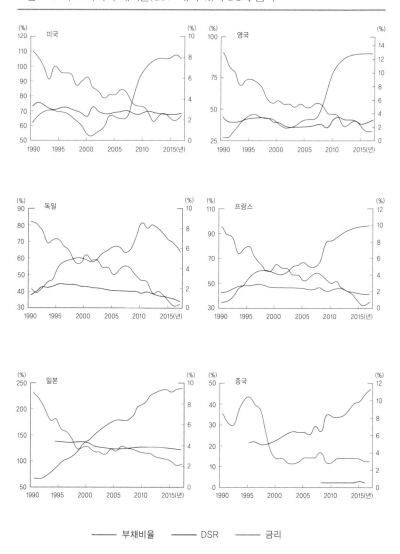

자료: 세계은행, OECD

위에 두기 위해 고안된 방식 – 옮긴이)' 이자 지급 방식, 이 두 요인이 결합해 지급준비금으로 뒷받침된 양적 완화는 유효 상환기간이 제로였다.

따라서 공공 부문은 정책금리 인상이 조금이라도 단행된다면 거의 즉각 영향을 받을 것이다. 기업 부문 재무 상태가 점점 더 취약해지고 금리를 그대로 낮게 두라는 (포퓰리스트) 정치적 압력이 여전한 가운데, 정책금리 인상을 점진적이고 제한적으로만 하라는 압력이 중앙은행에 가중될 것이다. 그러나 만약 금리 인상이 점진적이고 소폭으로 진행된다면, 부채를 연장하고 늘리고자 하는 현재의 유인이 전처럼 작동하게 된다. 이게 바로 현재 많은 나라가 빠진 부채 함정이다.

게다가 최근에는 중국을 비롯해 파리클럽(주요 채권국 협의체)에 속하지 않은 채권자들이 중·저소득 국가들에 자금을 제공하는 중요한 원천이 되었다(Alfaro and Kanczuk 2019). 전형적인 국가부채와 대조적으로 이런 대출은 공개되지 않아 다른 채권자들은 규모를 전혀 알지 못한다. 이는 전통적인 파리클럽의 채권 지속 가능성을 크게 떨어뜨린다.

우리는 부채 함정을 탈출할 수 있을까?

그렇다면 이 부채 함정에서 어떻게 벗어날 수 있을까? 가장 매력적인 최상의 방법은 더 높은 실질 경제성장률을 달성하는 것이다. 실질 경제성장이 실질금리보다 높게 되면, 공공 부문 적자가 없을 때 부채비율은 하락할 수밖에 없다. 사실 실질 경제성장이 실질금리에 비해 충분히 높으면 적자를 늘리면서도 부채비율을 낮출 수 있다.

성장

세계, 특히 대다수 선진경제가 직면한 문제는 성장이 실질금리보다 더 높게 이뤄질 가능성이 매우 낮다는 점이다. 여기에는 앞에서도 제시한 몇 가지 요인이 있다.

- 기대수명이 높아졌고 앞으로 더 연장되면서 선진경제들의 공공 부문 지출 중 급속하게 증가하는 고령층에 대한 연금과 의료 부분 수요가 크게 늘어날 것이다. 그와 같은 추가 공공 지출이 앞으로 수십 년 동안 얼마나 될지 우려된다(OBR 2018). 반면 생산가능인구가 조세를 부담할 역량은 제한적이다(Heer et al. 2018; Papetti 2019).

- 그러면서 인구변동으로 노동자 증가율이 감소할 뿐 아니라 유럽과 중국 같은 곳에서는 절대적인 노동자 수가 감소하고 있다. 이런 상황은 앞서 이미 논의한 바 있다. 설령 생산성이 2008년 이전 수십 년 전의 좋았던 성장률의 수준으로 회복된다고 하더라도, 노동력이 줄면 실질 총생산은 느리게 성장하게 된다. 일본의 노동자당 생산 증가는 다른 대다수 선진경제의 같은 지표보다 빠르게 높아지고 있다(3장과 9장). 그럼에도 불구하고 일본의 실질 총생산 증가율은 연 1% 정도의 낮은 수준을 이어왔다. 그 원인이 지난 수년간의 노동력 감소였다. 비슷한 문제가 향후 수십 년 동안 많은 유럽 국가를 무겁게 누를 것이다. 다만 미국과 영국은 조금 더 낙관적인 위치에 있는데, 지난 수십 년간의 이민이 부분적으로 도움이 되었다.

- 실질금리는 그동안 예외적으로 낮게 유지되어 왔다. 여기에는

두 요인이 작용했다. 한편으로 인구변동 압력이 특히 중국에서 저축 과잉으로 이어졌고, 다른 편에서는 세계적으로 추가적인 저렴한 노동을 활용하는 것이 가능해졌다. 이제 두 요인이 반대로 움직이고 있다. 부양인구비가 상승하면서 개인 부문 저축률이 하락할 가능성이 크다. 정부가 향후 고령층에 대한 지원을 줄이면 저축률이 하락하지 않을 수 있지만, 연금과 의료 혜택 감축은 정치적으로 어려운 일이다. 동시에 노동자가 적어지고 노동의 협상력이 회복되며 공공 부문 지출을 위한 세금이 늘면, 실질 단위노동비용이 증가할 것이다. 이를 상쇄하기 위해 기업은 투자 수요를 늘릴 공산이 크다. 투자와 저축의 균형, 즉 대출 가능 자금의 수요와 공급이 실질금리의 상승 쪽으로 기울 것이다. 반면 다가오는 압력으로 성장률이 낮아질 수 있고, 그 결과 현재의 높은 부채비율을 탈출할 만큼 성장하기란 점점 힘들어질 것이다.

만약 우리가 현재의 높은 부채비율을 벗어날 만큼 성장하지 못한다면, 채무자들은 처음에 암묵적으로 약속한 만큼 부채를 상환하는 데 실패할 수 있다. 이와 관련해 세 가지 경로가 있다.

예기치 못한 인플레이션

가장 손쉬운 길이 (예기치 못한) 인플레이션으로 실질 부채 부담을 줄이는 것이다. 현재의 인플레이션 기대는 잘 고정되어 약 연 2%의 낮은 수준으로 유지되고 있다. 인플레이션 기대의 고정 여부는 중앙은행이 미래의 가시적인 시기 동안 물가안정 목표를 지킬 수 있다고 보는 투자자들의 신뢰에 크게 좌우된다. 그러나 중앙은행이 앞으로 그렇게 할 수 있을까? 지난 25년 동안 물가안정 목표가 널리 채택된 가운데 명목금리와 실질금리가 하락하는 경향을 보였다. 그래서 중앙은행은 채무자인 재무장관들과 그들의 보스인 총리들의 좋은 친구였다. 중앙은행은 낮은 수준의 인플레이션은 자기네 물가안정목표제가 성공을 거둔 결과라고 내세웠다. 평론가들과 정치인들은 그 주장을 반박할 별다른 이유가 없었다.

그 속도가 점차적일지라도 만약 명목금리가 다시 상승하는 궤도에 올라선다면, 중앙은행과 재무장관 및 다른 정치인들 사이의 욕망 및 이해에 즉각적인 갈등이 빚어질 것이다. 실제로 미국과 인도, 터키 같은 나라들에서는 이러한 갈등이 이미 표출되었다. 어느 나라에서나 중앙은행의 독립은 입법에 의해 이루어졌다. 유럽의 경우 유럽중앙은행 ECB의 독립은 공동 조약에 의해 갖춰졌다. ECB의 독립은 철회하기 어렵겠지만, 다른 중앙은행들의 독립성은 추가 입법으로 뒤집힐 수 있다. 만약 정치인들이 중앙은행의 물가안정 정책이 더 빠른 성장과 낮은 세금이라는 자기네 목표에 방해가 된다고 본다면, 그들은 자국 중앙은행의 독립성을 없애거나 크게 훼손하려고 들 것이다. 그렇게 되면 더 인플레이션적이 될 미래에 있어서 그토록 긍지 높던 중앙은행의 독립성은 결국 약한 갈대로 판명날 것이다.

재협상

그러나 ECB의 독립성은 더 탄탄한 기초 위에 서 있다. 유럽에서는 국가를 포함한 채무자들이 인플레이션을 통해 상환 부담을 줄이기 어렵다. 중앙은행 독립성의 기반이 탄탄한 다른 나라에서도 마찬가지이다. 그런 경우 부채 상환 압력이 감당이 불가할 정도로 커진다면 다른 대안은 상환할 현금흐름 재협상이다. 그런 재협상은 대개 '대출 만기 연장 미봉책'을 의미하는 '연장과 가장Extend and Pretend'이라는 명칭으로 불리며, 상환액을 줄이고 상환기간을 연장하는 결과를 도출하기 위해 진행된다. 그렇게 되면 채무자의 상환 현금흐름이 경감된다. 향후 채무 상환액의 현재가치는 감소하지만, 채권자 장부 중 해당 부채의 명목 가치는 회계상으로 변함이 없을 수 있다. 즉, 채무자는 구제되지만 채권자 재무 상태의 악화가 꼭 수반되지는 않는다. 채무 연장은 물론 '눈가림'이다. 그러나 금융의 큰 부분이 신뢰임을 고려할 때 도움이 되는 수단이 될 수 있다.

채무불이행

채무자 구제의 최종 방편은 채무불이행으로, 부채의 일부나 전체를 갚지 않는 것이다. 물론 채무불이행을 한 채무자는 상당 시일 동안 채권시장에 접근이 차단된다. 그러나 역사는 채무불이행의 기억이 단기적임을 시사한다. 그 실례가 과거 국가의 채무불이행이다. 그래서 과거에 채무불이행을 한 채무자일지라도 형편이 회복되리라고 전망될 경우에는 금융시장에 대한 접근이 오랫동안 차단되지는 않는다. 명백한 채무불이행이 발생하면 채권자는 재무상태에 즉각 타격을 받는다. 따라서 채무불이행은 재협상에 비해 시스템적인 영향이 훨씬 더 클 수 있다. 채무불이행으로 인한 은행과 국가 사이의 '어두운 고리'라는 문제가 단적인 사례이다. 재협상이나 약간 높은 인플레이션에 비해 차입자에 의한 채무불이행은 과도한 부채 부담에 따른 극단적이고 불행한 대응이다. 왜냐하면 채권자에게 비용을 지우고 시스템적인 영향을 키우기 때문이다. 요컨대 이 세 가지 대안, 즉 인플레이션과 재협상, 채무불이행은 비용이 많이 들고 바람직하지도 않다.

마지막으로 빚 전체를 탕감하거나 일부를 면제해 주는 부채 희년 debt jubilees이 있다. 이는 형식적으로 채무자의 상환을 면제해 주는 외양을 띤다. 이를 다루는 것은 논의를 포괄적으로 하기 위해서이지, 현재 여건에서 실질적인 방안으로 제시하기 위해서가 아니다. M. 허드슨(2018)은 부채 희년이 바빌로니아와 아시리아 등 고대 제국에서 정기적으로 행해졌고, 초기 유대와 기독교 문화에 영향을 주었음을 보여주었다. 빚을 탕감받은 채무자는 가계였지 사업가가 아니었으며 그 채권자의 대다수는 왕과 왕실이었다. 왕은 부채 탕감과 더불어 다른 부유한 채권자들도 자신처럼 행동하라고 지시할 수 있었다. 부채 희년은 그들 제국의 사회구조와 군 복무 같은 공동체의 의무를 강화했다. 부채 희년은 왕이 새로 즉위하거나 국가 위기 시에 선언되었고, 그럼으로써 제국의 존속에 도움이 되었다.

넓게 분포된 부유한 채권자의 권력이 중앙 지배자의 권력보다 강해지면서 부채 희년의 실행 가능성은 감소했다. 사실 강력한 지배자가 채권자들의 이익을 거슬러 부채 희년을 도입했을 때, 그는 종종 '폭군tyrant'으로 불렸다. 이처럼 폭군이라는 단어의 정확한 의미에는 흥미롭게도 계급적인 함의가 있다. 더 일반적으로 현재 채권자와 채무자의 관계는 대체로 금융회사에 의해 중개된다. 따라서 부채 희년은 이 금융회사들을 파산시킬 수 있다. 게다가 채권자 계층이 예컨대 준강제적 연금 제도에 의해 너무 폭넓어졌다. 그래서 어떤 채권자가 어떤 채무자의 빚을 면제해 주는지가 너무 복잡해졌고, 채무 면제는 부채 재협상과 구분하기 어렵게 되었다. 이는 앞서 '재협상'에서 논의되었다.[2]

12장

주식을 통한
자금조달

성장을 통해 부채 함정에서 벗어나는 일이 용이하지 않다면, 또 이런저런 형태의 채무불이행이 매우 바람직하지 않다면, 다른 무엇을 하면 좋을까? 우리가 여기서 제시하는 주장은, 부채 자금조달로부터 주식 자금조달로 극적으로 전환하기 위해 균형을 바로잡는 작업으로 실행될 수 있었으며 실행되어야만 했던 일이 그렇게 되지 않았다는 것이다.

주식을 통한 자금조달의 이점은 분명하지만, 다시 언급할 가치가 있다. 첫째, 부채와 달리 주식은 만기가 없고 따라서 상환 마감일이 없다. 둘째, 배당은 재량에 의해 매출이나 이익의 규모에 따라 결정될 수 있어서, 부채에 대해 고정된 이자를 지불해야 하는 것과 다르다. 부채의 대부분은 고정이자를 지불하는 채권으로 구성되어 있다. 이자율 스왑(두 차입자가 각각의 차입 조건을 서로 교환하는 계약 – 옮긴이)이나 인플레이션 인덱스 채권(물가가 오를수록 금리가 높아지는 채권 – 옮긴이)처럼 이자가 변동하는 부채가 있긴 하지만 일부에 불과하다. 채권에 대한 이자를 지불하지 않는 것은 채무불이행으로 여겨지지만, 배당을 지급하지 않는 것은 그렇지 않다. 마지막으로, 채권자를 보호하는 고정이자 지급이라는 채권의 현금흐름이 부채 상환이 불투명해지는 시기에는 기껏해야 의심스러운 자산이 된다. 역사를 돌아보면 채무불이행이 거시경제적 격동과 나란히 진행된 사례가 많다. 따라서 채권자 입장에서도 주식 대신 채권을 보유한 이점은 명확하지도 분명하지도 않다.

미래에 주식 자금조달로 전환하는 일은 이미 축적된 대규모 부채를 자본으로 전환하기보다 쉬울 것이다. 그렇지만 부채 출자전환은 이미 재무상태표의 외양을 개선하기 위해 활용되고 있다. 특히 중국에서 공격적으로 실행되고 있다. 미래에도 주식으로의 자금조달 전환은 기관 대상이 가계 대상보다 더 설계하기 쉬울 것이다. 물론 주식 자금조달은 기업 금융에서 가장 쉽게 관찰할 수 있고 제일 중요하다. 그러나 우선 가계와 공공 부문 금융에서 무엇이 가능한지 고려해 보자.

주택담보대출 금융회사와 가계가 주식 자금조달 모형으로 전환하도록 어떻게 유도할 수 있을까? 가계는 주택을 구입하기 위해 주로 고정금리로 담보대출을 받는다. 이 또한 더 주식 기반으로 전환이 가능하다. 주택 가격이 소비자물가지수보다 더 빠르게 상승하리라고 예상되는 시기라면, 금융회사들은 주택 금융에 주식 요소(영국과 미국, 싱가포르는 지분대출equity loan을 포함한 주택금융을 제공한다. 지분대출이란 금융회사가 주택 매입자에게 돈을 빌려주는 동시에 자기 자금을 더해 함께 주택을 매입하는 방식을 가리킨다. 금융회사가 대출해 주면서 해당 주택의 일부 지분을 소유하는 것이다 – 옮긴이)를 기꺼이 제공하지만 차입자는 받지 않을 것이다. M. 베네톤M. Benetton 등(2019)은 다음과 같이 분석했다.

지분대출을 이용하는 대신 차입을 담보인정비율LTV이 높은 수준으로 일으키는 주택 매입자의 선택이 합리적인 경우는 기대 주택 가격 상승률이 연 7.7% 이상일 때이다.

그러나 규제당국은 금리대출보다 지분대출을 유도하기 위해 LTV 규제를 조정할 수 있다. 그 근거는 그렇게 함으로써 주택담보대출 차입자를 보호할 수 있기 때문이다. 지분대출에 필요한 요건은 대출자가 인플레이션 위험을 헷지할 수 있는, 주택 가격 선물시장의 발달이다. 이는 이미 어느 정도 가능한데, 부동산투자신탁이나 부동산을 담보로 한 자산담보부증권ABS 매입을 통해서이다.

소비자물가지수에 비해 주택 가격 하락이 예상되는 시기에는 단기 대출자이더라도 지분대출을 꺼릴 것이다. 그런 경우라면 공공 부문이 후방에서 주택 매입자를 위한 지분대출을 제공해야 할 것이다.

시간 축을 매우 길게 잡아 되돌아보면, 주택 건설의 기술 혁신은 대다수의 제조업 분야보다 크게 뒤처졌다. 게다가 주택 가격의 큰 부분은 땅값과 관련이 있는데, 토지는 공급이 고정되어 있다. 부분적으로는 이 때문에 주택 가격이 소비자물가지수보다 더 상승해 온 경향이 있다. 이 경향이 미래에도 이어진다면, 정부가 후방에서 제공하는 지분대출(영국에서 이미 '매입 지원Help-to-Buy'이라는 이름으로 실행)은 공공 부문이 중기 동안 수익을 올릴 기회를 실제로 제공할 것이다.

이와 대략 비슷한 주장이 학생 대출에 대해서도 가능하다. 학자금을 고정금리 대출로 조달하는 방식에서 지분 형식 기반으로 전환하는 것이다. 대출자는 나중에 학생이 취업해서 버는 전체 과세소득 중 (작은) 몫을 받게 된다. 학생 지분대출을 대학 입학자를 대상으로 한 대출의 의무 조항으로 만들 수도 있다. 그런 조항은 누진적인 소득재분배 세금과 비슷하게 작용할 것이다(그리고/또는 부유층 자녀의 대학 진학 비율을 다소 낮출 것이다). 이에 대해서는 C. 굿하트와 M. 허드슨의 논문(2018)이 참고가 된다.

잠시 공공 부문으로 눈을 돌리자. 공공 부문도 고정금리 부채 대신 주식 형식의 자금조달을 더 활용할 수 있다. 그런 자금조달에 대한 주장은 이따금 제기되었고 지난 수년 동안에는 종종 나오기도 했지만(Sheedy 2014; Benford et al. 2016) 아직 본격적으로 논의되지는 않았다. 그러나 앞으로 수십 년 동안의 생산성과 노동 공급을 고려하면, 지금이 이 이슈를 더 고려하기에 적절한 때이다.

부채에서 주식으로의 자금조달 전환이 가장 유망한 부문이 기업이다. 기업 부문이 주식 자금조달로 지속적으로 넘어가는 데엔 먼저 해결되어야 할 두 가지 문제가 있다. 첫째, 부채 자금조달이 적어도 기업 부문에서는 주식 자금조달에 비해 재무적 장점이 있다는 것이다. 주식으로의 이전이 성공하려면 이 부분을 바로잡아 자금조달에 있어 주식이 부채보다 유리해져야 한다. 이는 뒤에서 논의한다.

둘째, 모든 주주의 한정 책임과 경영진이 주주의 이익에 맞춰 의사결정을 하게끔 하는 유인이 결합되어 단기주의와 소극적인 투자의 경향을 낳았다는 것이다. 앞서 논의한 바 있는 이 문제에 대해 C. 굿하트와 R. 라스트라R. Lastra(2020)와 T. 후에르타스T. Huertas(2019)가 더 논의했다.

부채와 주식의 재무적 이점을 비슷하게 맞추기

우리가 알기에 기업 자금조달에서 채권 발행이 갖는 이점을 덜어내 주식과 부채의 조건을 동등하게 하는 방안으로는 두 가지가 있다. 첫째는 기업주식공제ACE: Allowance for Corporate Equity이다(Mirrlees Review 2011). 둘째는 소비되는 나라의 세율로 과세하는 현금흐름 조세DBCFT: Destination-based Cash Flow Taxation이다. 이는 옥스퍼드대학 기업조세센터가 2017년에 낸 같은 이름의 보고서에서 제시되었다. 이제 두 방안을 살펴보자.

ACE, 주식에 세금공제를?

기업이 주식보다 부채를 선호하는 핵심 이유는 세금 때문이고, ACE는 이 세금 불균형을 바로잡고자 한다. 이자 비용은 법인소득세제에서 세금공제 대상으로 명시된 항목이다. 주식 발행으로 조달한 자금에는 비슷한 세금공제 지출이 없다. 그래서 기업들은 세금공제가 가능한 빚을 더 빌려 벌어들인 이익 중 주주에게 돌려줄 수 있는 부분을 더 늘리고자 한다. 더구나 채무의 비용은 인플레이션율이 상승하면 감소한다. 이는 부채 자금조달을 더욱 매력적으로 만드는 요인이다. 그러나 부채 자금조달의 기업 재무에 대한 순영향은 더 위험하고 덜 효율적이라는 것이다.

ACE는 부채에 대한 세금 혜택을 주식을 통한 자금조달에도 적용하려는 시도이다. 즉, 이자 비용에 대해 하는 것처럼 주식에 대해서도 세금공제를 명시적으로 도입하자는 것이다.

ACE에는 두 가지 이슈가 있다. 첫째, 부채와 채권을 동등하게 처리하는 방안에는 이자 비용에 대한 세금공제를 폐지하는 것도 있다. 그러나 이는 세계적으로 실행되어야만 한다. 그렇지 않으면 기업은 이자 비용을 계속 공제해 주는 곳으로 이전해 버릴 것이다. 따라서 국가끼리 경쟁하는 상황에서 (예컨대) 영국 기업들에 대해 이자 비용 지출에 대한 세금공제를 홀로 폐지하는 정책은 실행 가능하지 않다.

둘째, ACE를 도입하면 조세수입이 감소한다. 실제로 2008년에 이를 도입한 벨기에에서 조세수입의 상당한 감소가 주요 단점으로 나타났다. ACE 도입으로 인해 줄어든 조세수입을 법인세 인상으로 벌충하고자 하는 선택도 있다. 이 선택의 문제는 영국이 다른 나라보다 법인세를 올릴 경우 다국적 기업들이 과세 대상 이익을 다른 나라로 옮기거나, 심지어 회사를 영국 밖으로 이전할 유인을 키워 주게 된다는 것이다. 따라서 이를 제안한 앞의 책은 세금 감소를 받아들이고 국가 전체의 조세 구조에서 감소분을 채울 방안을 찾아보라고 주장한다. 즉, 법인세 인상 대신 다른 세금을 올려서 벌충할 것을 제안한다.

우리 견해로는, 현재 전 세계적으로 과도한 부채를 고려할 때 자금조달 원천으로 부채와 주식 사이 균형 맞추기의 이점은 충분히 크기에 그런 세제 기반 조정을 도입할 만한 가치가 있다. 그럼에도 불구하고 우리가 아는 한 ACE를 제안한 미를리스 리뷰가 발행된 지 몇 년이 지나도록 재무부나 재무장관들 사이에서 이 제안에 대해 적극적인 고려가 이루어졌다는 정황이 없었다. 증세에 대한 정치적인 압력이 거세기 때문이다. 미래에 비금융 기업의 과도한 부채에 대한 우려가 높아지는 위기가 발생하면 이 이슈에 대한 논의가 다시 활발해질지는 지켜봐야 한다.

국경세

DBCFT는 ACE와 비슷하게 부채와 주식 간의 균형이라는 목표를 추구하며, 국경세라고도 불린다. 우리는 국경세가 더 논쟁적이라고 생각한다. 국경세는 수입에 세금을 부과하는 방식으로, 부가가치세와 비슷하다. 대신 수출에는 세금을 매기지 않고 투자를 포함해 모든 기업 지출에 대해서도 세금을 부과하지 않는다. 국경세는 모든 비용을 동등하게 처리하기 때문에 기업들로 하여금 부채와 주식을 동등하게 여기도록 한다. 국경세는 ACE에 비해 도입하기가 훨씬 쉬울 것이고 조세수입의 감소도 없고 경제 왜곡도 작을 것이다. 국경세의 다른 이점은 기업의 세금 회피가 어렵다는 것이다. 기업은 회사 간 대출과 조세회피처에 자산을 보유하는 세금회피 전략을 더 이상 활용하지 못하고, 따라서 입지가 무의미해지기 때문이다.

비슷하게, 점점 더 많은 나라가 조세수입 감소를 피하거나 국경세를 운영하는 다른 경제만큼 경쟁력이 있어 보이기 위해 이 제도를 도입하는 것이 유리함을 알게 될 것이다.

소비지국의 세율로 과세하는 현금흐름 조세라고도 알려진 국경세 ───

옥스퍼드대학 기업조세센터가 2017년에 낸 〈현금흐름 조세DBCFT: Destination-based Cash Flow Taxation〉 보고서의 핵심 요약문은 이 개념을 다음과 같이 설명한다.[1]

국경세에는 두 개의 기본 구성 요소가 있다.
- 하나는 '현금흐름'이다. 투자를 포함한 모든 지출에 대해 즉각 면세하고 발생하는 수입revenue에 대해 세금을 부과한다.

- 다른 하나는 '소비지 기반'이다. 이 요소는 국경세에 부가가치세와 같은 국경 조정을 도입한다. 즉, 수출은 비과세하고 수입은 과세한다.

국경세의 경제적 영향은 광범위하고 단일한 부가가치세를 도입하고 임금과 노동소득에 대한 세금을 그만큼 감면하는 것과 비슷하다. 기존 부가가치세를 통해서 같은 효과를 달성할 수도 있다.

이 보고서는 국경세를 다섯 가지 기준으로 평가한다. 경제적 효율, 조세회피에 대한 방비, 집행의 용이성, 공정함, 안정성이다. 이는 전 세계 모든 국가의 국경세 채택과 더 가능성이 높은 한 국가 단독 채택 모두와 관련한 평가 기준이다.

기업 이익에 과세하고 특히 국제적인 환경에서 작동하는 기존 조세 제도와 대조적으로 국경세와 부가가치세에 기반한 비슷한 세제에는 여러 중요한 매력이 있다.

- 국경세를 제안하는 중심 동기는 기업 소득에 대해 상대적으로 이동하지 못할 장소, 즉 재화와 용역의 최종 구매 장소(목적지)에서 과세함으로써 경제적 효율을 향상시키자는 것이다. 국경세는 기업 투자의 규모나 장소를 왜곡하지 않을 것이다. 또 자금조달 원천으로서 부채와 주식을 동등하게 취급함으로써 조세의 부채 편향을 제고할 것이다.
- 기업에 대한 목적지 과세는 기업 간 거래를 통한 조세회피에 대한 방비가 튼튼하다는 것이 큰 장점이다. 흔히 쓰이는 조세회피 방법인 기업 간 부채 활용과 무형자산을 세율이 낮은 국가에 이전하거나 기업 간 거래 가격을 조정하는 것 등은 국경세 아래에서는 세금 부담을 줄이는 데 성공적이지 않을 것이다. 그러나 여기서 세계 모든 국가가 채택할 경우와 일부 국가만이 채택하는 경우의 차이가 중요하다. 일부 국가에서만 채택할 경우 국경세를 도입하지 않은 나라에서는 기업 이익의 유출 문제가 심각하게 인식될 것이다.

- 마찬가지로 국경세는 장기 안정성도 제공한다. 왜냐하면 국가들이 대체로 국경세를 채택할 유인이 있기 때문이다. 유인이란 기존의 원산지를 기반으로 세제를 운영하는 다른 나라에 대한 경쟁 우위를 확보하는 것일 수도 있고, 국경세를 이미 도입한 나라들과 비교해 상대적인 불리함을 피하는 것일 수도 있다. 국경세 아래에서는 국가 간 세율 경쟁도 일어나지 않을 것이다.

이 모든 매력과 장점을 지닌 국경세가 왜 한참 전에 채택되지 않았을까? 미국에서는 2017년에 차기 공화당 정부가 이를 진지하게 검토했다가 만 적이 있다. 국경세에는 몇 가지 단점이 있다.

- 국경세 도입은 조세제도의 방향과 역할에 대한 큰 변화를 수반할 것이다. 조세제도가 크게 바뀔 때마다 그랬듯이, 국경세 도입은 많은 패자와 승자를 낳을 것이다. 그리고 패자의 불평은 대개 승자의 지지보다 더 목소리가 크다.
- 주요 패자는 수입업자들일 것이다. 그들은 국경세 도입을 일시적인 화폐 가치 절하와 동등하게 여기며 반대할 것이다. 아울러 세계무역기구WTO 규정에 부합하는지에 대한 의문도 제기될 것이다.
- 국내 가격이 (일시적으로) 상승할 것이다. 특히 수입 비율이 높은 재화와 용역의 값이 오를 것이다.
- 부가가치세 증세와 근로소득세 감세를 결합한다는 취지이지만, 세금을 제한 노동의 실질 소득이 변하지 않게 할 수 있거나 그렇게 될지는 확실하지 않다.

- 더 심각한 점은 일하지 않는 빈곤층인 노인과 실업자, 환자 등이 보호받지 못한다는 것이다. 만약 일반적인 이익의 조정이 이뤄지지 않는다면 그들은 부분적으로 환율 효과에 따라 손실을 입게 되고, 국경세가 매우 역진적이라는 공격을 받을 수 있다.
- 투자와 기업 손실은 경기순행적이고 변동성이 있다. 국경세로 얻은 조세 수입은 현행 법인세보다 더 경기순행적이고 변동성이 클 것이다(IMF 정책 보고서 2019).
- 손실을 만들어 내는 사기가 발생할 수 있다(그러나 M. 데브뢰M. Devereux와 J. 벨라J. Vella(2019)는 이를 반박했다).

따라서 국경세를 도입한 후 정치적인 후폭풍을 야기하지 않으려면 기존 이전지출과 혜택 체계를 재작업하고 임금과 노동소득에 대한 세제도 개정해야 한다. 대다수 재무장관은 이런 방대한 규모의 작업이 필요하다는 사실에 의욕이 꺾일 것이다. 그들은 이 방안에 착수하는 대신 많은 글로벌 기업이 활용할 수 있는 조세회피 방법을 다루는 다른 경로를 탐색해 볼 것이다. 국경세의 이점은 분명하지만, 새롭고 시도된 적 없는 체제로 멀리 뛰는 작업은 비용도 비용이거니와 채택되기까지 넘어야 할 장벽이 만만치 않다.

기업 경영진의 유인 체계 개혁

현대 자본주의 비판에는 몇 가지 측면이 있다. 경영자들이 지나친 위험을 지고, 과도하게 보수를 받으며, 특히 연구개발 같은 장기 투자를 충분히 수행하지 않는다는 것이다.[2] '지나친 위험'과 '과도한 보수'라는 비판은 대금융위기 이후 특히 은행과 다른 금융회사들을 향해 제기되었다. 그런 오작동을 제어하거나 방지하기 위한 제안이 다양하게 제안되어 왔다. 그중 일부는 은행과 금융회사의 사업구조를 제한하는 데 초점을 맞춘다. 예를 들어 여러 외양을 취한 자금 중개의 범위를 좁혀 핵심 소매 금융 구조로 제한하고 다양한 규제를 도입하자는 제안이다.

우리는 그 대신 '내부자'와 '외부자'를 나누고 내부자에게 외부자보다 몇 배의 책임을 지울 것을 제안한다(Goodhart and Lastra 2020). 일반 주주에게는 아무런 변화가 없을 것이다. 이 방안을 실행하려면 내부자와 외부자를 구분해야 하는데, 그 작업은 불가피하게 다소 자의적이다.

내부자와 외부자를 어떻게 구분할까? 원칙적으로는 간단하다. 내부자와 외부자의 차이는 정보 접근성과 위험 관련 의사결정에 대한 영향력이다. 내부자는 기업의 경영과 관련해 더 많은 정보를 얻을 수 있고, 그 정보를 활용해 기업이 지나치게 위험한 행위를 하는 상황을 막을 수 있다. 물론 실행 단계에서는 이 기준이 쉽지 않다. 이사회 멤버는 사외이사까지 모두 내부자에 포함된다. 임직원에 대해서는 이중 기준을 제안한다. 하나는 회사 내 직책이고 다른 하나는 보수 수준이다. 사업부문장은 첫째 범주에 따라 내부자에 포함된다. 보수 수준을 기준으로 추가한 것은 어떤 인물이 회사 내 핵심인지 아닌지를 종종 직급보다는 보수를 통해 파악할 수 있어서이다. 예를 들어 어떤 직원이 급여를 CEO보다 50% 더 받는다면 그는 내부자로 분류될 수 있다. 규제 당국은 특정 회사의 관계자를 공정한 검토를 거쳐 내부자로 지정할 권한을 가져야 한다. 왜냐하면 일이 잘못되었을 때 내부자가 몇 배의 책임을 져야 하는 제도에 대응해, 내부자들이 자기네 직책과 급여를 조정해 내부자 범주에서 벗어날 가능성이 있기 때문이다.

대주주도 내부 정보에 접근해 기업의 향후 경로에 영향을 미칠 수 있는 위치에 있다. 따라서 예컨대 지분을 5% 초과해 보유한 주주는 누구나 내부자로 간주되어야 한다. 주주 중 내부자와 외부자를 가르는 수치는 하나가 될 수 없는데, 왜냐하면 지분이 상당해도 주주권의 일부를 행사하지 않기로 했다면 그 주주는 내부자에서 제외하는 것이 합리적이기 때문이다. 예를 들어 지분이 2%를 초과하고 5% 이하인 주주는 주주총회의 정책 논의에 참여하지 않고 의결권을 행사하지 않기로 했다면 내부자에서 제외하는 운영 세칙을 추가할 수 있다.

내부자에게 책임을 지울 기준은 그가 그 자리를 맡은 이후 받은 보수이다. 누적 보수에는 모든 금전적 보상이 포함된다. 다만 상환받을 수 있는 부채는 제외한다. 이는 모든 이사와 직원에 적용된다. 주주는 주식 매입가액에 따라 책임을 지게 된다.

모든 내부자가 동등하지는 않다. 특히 CEO는 이사회의 다른 멤버나 감사, 자신 아래에서 일하는 어떤 임원보다 더 많은 정보와 권한을 보유한다. CEO가 책임지는 금액은 그 자리에 취임한 이후 받은 누적 보상액의 세 배로 정할 수 있다. 이사회 멤버와 각 영역의 최고책임자들은 두 배로 하고, 나머지 내부자들은 누적 보수와 같은 금액으로 할 수 있다. 비슷하게 5% 초과 내부자 주주에 대해서는 주식 매입가액의 두 배를, 2% 초과 5% 이하 내부자 주주는 주식 매입가액 만큼의 책임을 지울 수 있다. 이는 미국의 은행 체제가 1930년대 전까지 시행한 방식과 대략 비슷하다.

여기서 두 가지 의문이 발생한다. 첫째는 내부자가 이직이나 주식

매도 등으로 인해 그 역할을 수행하지 못하게 되면 어떻게 처리하느냐는 것이다. 둘째는 내부자가 기업이 위험한 영역에 진입함을 인지하고 있었으나 경영진이 방향을 바꾸도록 설득하지는 못한 경우이다. 그런 내부자는 자신이 주장하지 않은 정책에 대한 책임을 어떻게 피할 수 있을까?

첫째 경우에 대해서는 해당 사안에 대한 내부자의 지식과 권한에 비례해 책임의 정도를 조정하는 방안이 적당할 듯하다. 만약 CEO가 세 배의 책임을 지도록 정해졌다면, CEO 자리를 떠난 이후 3년을 책임 만료 시효로 정한다. 또 두 배의 책임을 지는 내부자는 2년이 지나면 책임을 면제해 준다. 누적 보상액과 동일한 만큼의 책임에 대해서는 1년을 책임 만료 시효로 적용한다. 3년, 2년, 1년 중 한 시점의 책임은 시일의 경과에 비례해 줄어들도록 한다.

정책에 반대했으나 관철하지는 못한 둘째 경우에 대한 제안은 그 내부자가 공식으로 관련 규제 당국에 상황을 보고했을 때 정상을 참작해 주자는 것이다. 내부자는 상황 보고를 서한을 통해 공식적이지만 비밀을 유지한 가운데 비공개적으로 보내야 하고, 서한에 해당 정책에 대한 우려를 표명해야 하며, 규제 당국자가 공식적으로 그 서한을 받았음을 인정해야 한다. 이 경우 해당 정책이 실패했을 때 그 내부자는 책임을 경감받거나 면제받을 수 있다. 더 들어가면, 해당 정책이 실패했을 때 그 서한은 규제 당국자의 책임에 대한 자료로도 활용될 수 있다. 따라서 그런 서한은 실패한 경우 공개되어야 한다. 규제 당국자가 그런 서한을 공개하지 않는 행위는 위법이 되도록 해야 한다.

이제 더 어려운, 감사나 불만을 품은 직원에게서 경고 서한을 받은 규제 당국자의 대응에 대해 생각해 보자. 규제 당국자는 그 서한을 공개해야 할까? 우리는 먼저 경고 내용의 공개 여부를 결정하기 전에 규제 당국자나 금융 옴부즈맨 같은 독립 기구가 조사해야 한다고 생각한다. 왜냐하면 많은 경우 경고는 근거가 없는 것으로 드러나기 때문이다. 그러나 만약 조사 후 당국자가 판단하기에 경고에 의미가 있다면 첫째 단계는 경영진과 비공개적으로 논의를 하는 것이다. 경영진이 요지부동이라면 다음 단계는 (제보자는 익명으로) 경고를 당국자의 평가와 함께 공표하는 것이다. 그러면서 경영진이 자기네 입장을 공개적으로 표명할 기회를 준다. 이 과정이 마무리되면 외부자들도 해당 이슈에 대해 내부자들만큼 잘 알게 된다.

내부 고발에 대한 이런 절차는 규제 당국자를 평가받고 책임지는 위치에 올려놓는다. 만약 경고를 받았는데 당국자가 대응하지 않은 가운데 그 경고가 현실이 되었다면, 그는 적어도 평판에 심각한 손상을 입게 된다.

이런 제도와 절차의 목적은 실패할 경우 정보와 권한을 가진 내부자에 적절한 제재를 부과하는 것이다. 앞에서 제시한 숫자들은 분명 다소 자의적이다. 그러나 내부자인 대주주와 핵심 임직원, 규제 당국자에 대해 적절한 제재 정도는 산출이 가능하다. 우리는 이런 제도와 절차가 포함되면 지배구조가 더 개선되리라고 생각한다.

13장

**향후의
정책적 문제**

인구구조의 변화가 공공 재정에 장기적으로 압박을 가할 핵심 요인이다
(영국 예산책임청, 2018. 7. 1.).[1]

노년층에게 필요한 지출을 유지하기 위한 재원은 어디서 마련할
것인가? 만약 당신이 세계가 지고 있는 부채의 규모가 이미 문제라고
생각한다면 미래 노년층 관련 지출에 대한 공식적인 전망은 읽기에
몹시 부담스러울 것이다.

손쉬운 해결책은 없다. 부자 증세 또는 빈자 증세는 경제적으로도
그렇고 정치적으로도 극단적으로 어려운 전략이다. 노년층에 대한 의
무로부터 등을 돌리는 선택 또한 실행 가능하지 않은데, 왜냐하면 노
인들이 점점 더 유권자의 큰 부분을 차지하는 민주주의 체제에서는
그런 선택을 용납하지 않을 것이기 때문이다.

그렇다면 극적으로 바뀌어야 하는 대상은 통화정책과 재정정책
의 경로이다. 여러 재정정책 혁신 방안이 제안되었고, 우리는 유망한
대안들을 다각도로 살펴본다. 그중에는 현대의 '둠스데이 북'도 포함

되어 있다. 둠스데이 북은 1086년에 작성된 인구·토지 조사서이다. 모든 개혁안은 실행하기에 저마다 단점이 있다. 개혁안이 최종적으로 채택되도록 하는 데에는 절망이 혁신보다 더 큰 역할을 하리라고 본다. 그러는 동안 증가하는 부채의 부담은 우리가 앞에서 서술한 것처럼 인플레이션 압력에 힘을 더할 것이다.

통화정책은 어려워지고 정부들이 그동안 중앙은행의 독립성을 보장하기 위해 보여 온 열렬한 의지는 방향을 틀 것이다. 중앙은행은 지난 수십 년 동안 진행된 디스인플레이션이 자신들의 물가안정목표제 덕분인 것처럼 설명하였고, 인구변동에는 눈길을 주지 않았다. 인플레이션과 금리가 하락하는 한 재무장관들은 행복했다. 그렇다면 노인층이 늘어나고 인플레이션과 금리가 상승해도 상황이 비슷하게 유지될까? 우리는 그렇게 보지 않는다. 중앙은행과 재무장관의 갈등은 이미 시작되었고, 우리는 그 초입에 들어섰을 뿐이다.

앞으로의 가시밭길

다가오는 수십 년 동안 인구변동 추세가 공공정책 중 재정정책과 통화정책에 엄청난 압력을 가할 것이다. 영국의 기초 재정수지와 공공부문 순부채에 대한 기준선 전망baseline projection을 그림 13-1에 인용했다. 재정 상황이 악화된다는 전망의 전제 중 하나는 인구변동, 특히 고령화에 따른 의료비용 증가이지만, 보수적인 예측을 사용했다. 이와 관련해 영국 예산책임청(2018)은 다음과 같이 서술했다.

그림 13-1 기초 재정수지와 공공 부문 순부채에 대한 기준선 전망(GDP의 %)

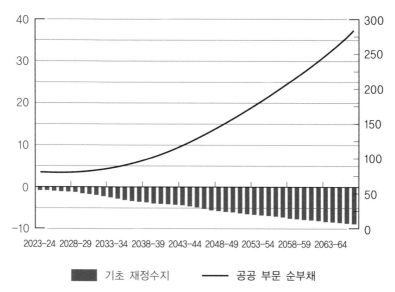

자료: 영국 예산책임청(2018)

이 같은 접근과 우리가 택한 값들은 미국 의회예산처가 활용한 것과 비슷하다. 중요하게 강조할 대목은, 우리의 의료 지출 전망이 수요 평가에 따라 상향식으로 이루어진 것이 아니라 시일 경과에 따른 인구변동적·비인구변동적인 비용 압력을 수용해 지출이 증가한다는, '정책은 불변'이라는 전제 아래 이루어졌다는 것이다.

게다가 우리는 생산가능인구 증가율 둔화와 최근의 생산성 추세를 고려할 때 생산성에 대한 예산책임청의 가정이 너무 안이하다고 생각한다. 보고서는 "경제 전체의 연간 생산성 증가율은 평균 2.0%로 꾸준히 유지될 것"이라고 전망했다.

우리도 생산성이 향상되리라고 본다. 그러나 이런 전망은 기업 부문, 특히 자본/노동 비율을 효과적으로 높일 수 있는 활동에 더 초점을 맞춘 것이다. 의료 분야에서는 생산성을 향상하기가 어렵다. 노년층의 돌봄 수요는(사실 환자 전반의 수요도 마찬가지) 매우 독특하다. 미국에서 의료 부문이 '가장 비효율적'이라고 보는 사람들은 종종 그 원인을 파악하지 못한다. 그 원인은 의료 분야 업무가(생산성 기준으로 보면 마찬가지로 비효율적인 교육도) 복제를 허용하지 않고(매번 다르기 때문에 – 옮긴이), 따라서 자동화되지 않기 때문이다. 결국 기업 부문에서는 생산성이 향상되겠으나 전체 생산성은 의료 분야가 커짐으로 인해 서서히 향상되리라는 것이다. 예산책임청의 생산성 향상 전망은 방향은 정확할지라도 출발점이 낮기 때문에 높은 수준까지 올라가기에는 경로가 평탄치 않을 것이다.

그림 13-2 미국 정부지출과 세입에 대한 의회예산처의 기준선 전망

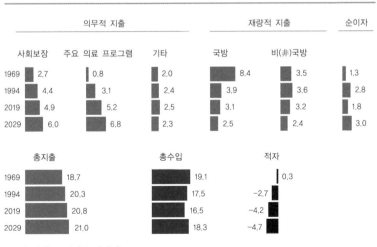

	의무적 지출			재량적 지출		순이자
	사회보장	주요 의료 프로그램	기타	국방	비(非)국방	
1969	2.7	0.8	2.0	8.4	3.5	1.3
1994	4.4	3.1	2.4	3.9	3.6	2.8
2019	4.9	5.2	2.5	3.1	3.2	1.8
2029	6.0	6.8	2.3	2.5	2.4	3.0

	총지출	총수입	적자
1969	18.7	19.1	0.3
1994	20.3	17.5	-2.7
2019	20.8	16.5	-4.2
2029	21.0	18.3	-4.7

* 1969년과 1994년은 실적치
자료: 미국 의회예산처

그림 13-3 미국 연방정부 부채

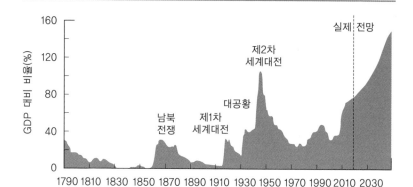

자료: 미국 의회예산처

정확히 동일한 현상이 미국에서도 나타난다. 미국 의회예산처는 2019년 보고서에서 정확히 같은 재정 추세를 보여 준다. 관련 항목의 추이를 그림 13-2와 13-3에서 볼 수 있다.

불가피한 두 가지: 노화와 세금

인구변동과 현재의 의료를 전제로 할 때 현재의 재정 상태는 지속 가능하지 않다. 물론 그렇게 되지 않을지도 모른다. 치매 치료법을 발견하거나 노화를 늦출 수 있게 될지도 모르기 때문이다. 그렇게 되면 우리는 모두 85세까지 일하는 것이 가능해진다(100세가 되는 해의 무작위로 정해진 날에 갑작스러운 심장마비로 사망하도록 설계할 수 있을지도 모른다). 그러나 노화와 재정 문제를 언젠가의 과학적인 혁신으로 해결할 수 있다고 보는 기대는 지나치게 낙관적이다. 현재 추세가 불과

20~30년만 지속될 경우 거의 모든 정부의 재정은 위태로운 상태에 봉착할 것이기 때문이다.

대금융위기 이후 악화된 부채 규모와 부채비율을 되돌리기 위해 긴축재정 정책이 시행되었다. 그 결과 많은 국가가 국민들이 정치적으로 수용 가능한 범위의 상한에까지는 도달한 듯하다. 긴축재정은 대개 보건과 연금, 국방을 제외한 분야를 대상으로 추진되었다. 우리는 그런 지출 감축이 더 진행될 수 있을지 의문스럽다. 나아가 사회·정치적인 압력이 지속되면서 의료·연금 비용이 크게 증가하리라고 믿는다. 또 초강대국들의 기존 경쟁 구도에 새로운 경쟁이 더해지면서 국방비 지출도 계속 늘어날 여지가 많다.

불가피한 귀결은 공공 부문의 지불 능력을 유지하기 위해 증세가 필요하다는 것이다. 그러나 무엇에 대한 세금을 늘릴 것인가? 가파르게 누진적인 소득세와 재산세, 훨씬 더 높은 법인세는 대체로 효과를

그림 13-4 실업률이 상대적으로 낮았을 때 미국의 재정수지와 기준선 전망

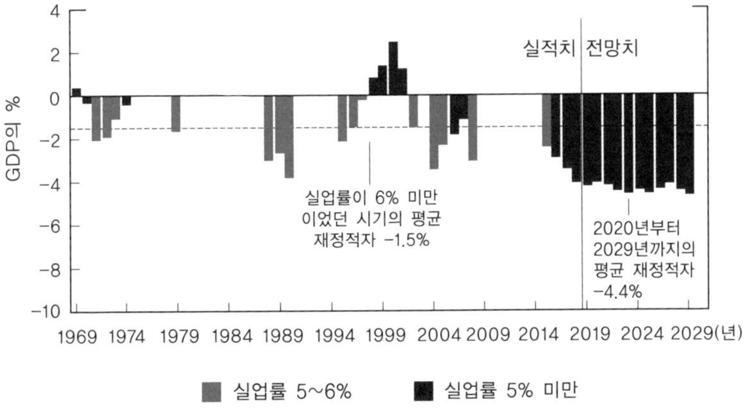

자료: 미국 의회예산처

304

스스로 깎아 먹는다. 왜냐하면 (숙련) 노동자들과 금융자산, 기업 본부가 소재지를 바꿔버릴 수 있기 때문이다. 한편 낮은 소득 구간에서 세율을 높이는 정책은 불평등을 심화하고 노동자들이 더 높은 세전 임금을 요구하도록 자극할 수 있다.

생산인구에 대한 과세의 상한 문턱

B. 히어B. Heer 등(2018)은 생산인구에 대한 과세의 상한을 추정하는 시도를 했다. 그들은 다음과 같이 결론 짓는다.

> 국가 연금체제의 지속 가능성에 대한 주요 위협은 인구 고령화이다. 비록 세계적인 현상이지만 특히 선진경제에서 고령화가 문제인데, 선진경제에서는 납부자 대비 연금 수령자의 비율(부양 비율)이 높은 수준이고, 앞으로 85년이 지나면 이 비율이 두 배가 될 것으로 전망된다. 더구나 많은 선진경제에서 이 상황을 해소할 조세정책이 한계점 가까이에 있다.
>
> 선진경제 국가들 간에는 과세 상한과 상한까지의 거리, 상한에 이를 확률에서 큰 차이가 있다. 유럽 국가 대다수의 전망이 특히 걱정스럽다. 미국과 비교해 유럽 국가들은 평균적으로 재정 여력이 부족한 반면 연금체제는 더 관대한데 더 고령이고 훨씬 빨리 고령화되고 있다. 그래서 유럽 국가들은 2010년 기준으로 미국보다 훨씬 더 상한에 가까운 것으로 나타났고, 2050년보다 한참 전에 상한에 이를 것으로 예측되었다. 그와 대조적으로 미국은 2100년까지 여유를 유지할 것으로 예상되었다.

이와 대조적으로 L. J. 코틀리코프L. J. Kotlikoff(2019)는 반대의 결론을 내놓았다. 코틀리코프는 다음과 같이 주장했다.

우리의 모형(일반 가이다 모형)은 놀랍게도 고령화되는 중국과 일본, 한국, 또는 서유럽에 장기 재정 문제가 없으리라는 전망을 제시한다. 사실 이들 지역 각각의 지난 세기말 소비세는 지난 세기 초에 비해 크게 낮았다. 모형에 따르면 고령화로부터 가장 큰 재정 문제가 발생하는 나라는 미국이다. 현재 미국 노년층 인구의 비중은 17%인데 2010년이 되면 27%로 높아질 것으로 전망된다. 미국은 생산성 추격을 경험하지 못하는데, 왜냐하면 추격의 대상이 미국이기 때문이다.

J. C. 코네사J. C. Conesa 등(2019)과 J. 라이트너J. Laitner와 D. 실버만D. Silverman (2019), 뵈르시-수판Börsch-Supan(2019)도 참고가 된다.

우리는 재정 전문가는 아니지만, 더 많은 세금 징수가 가능한 네 가지 방안을 제안하고자 한다. 법인세와 토지가치세, 탄소세 그리고 앞서 논한 바 있는 국경세이다.

법인세의 기초 개혁

과세 기반 잠식과 이익 이전이 많이 이루어졌다. 이익 이전은 특히 조세회피처를 통해, 지난 10년간에는 특히 디지털 서비스를 제공하는 기업들 사이에서 실행되었다. 이로 인해 특히 대규모 경제에서 법인세 수입이 크게 감소해 아마도 사회적 최적보다 아주 낮은 수준이 되었다.

경제협력개발기구OECD는 2019년에 적어도 디지털 기업에 대해서는 법인세 과세의 중심을 물리적으로 회사가 존재하는 곳이 아니라 판매가 이뤄지는 곳으로 옮기자고 제안했다. 만약 이 개혁이 채택된다면 (이 책이 인쇄되기까지 그렇게 되지는 않을 텐데) 대다수 대규모 경제에서 법인세 수입이 대폭 증가할 것이다. 또 조세회피처의 매력이 줄어들 것이다.

토지세

배를 타고 암스테르담 운하를 관광하다 보면 운하를 따라 지어진 건물에 눈이 휘둥그레진다. 기울어진 건물도 눈길을 끌지만, 폭이 좁은 건물도 특이하다. 운하를 바라보는 면이 가장 좁은 건물은 몇 피트에 불과하다. 암스테르담 운하 건물들의 좁은 앞면은 건물 폭과 창문 크기를 기준으로 과세한 정책의 산물이다. 그런 기준을 정한 발상은 (아마도) 건물 거주자들이 공공 도로에 접근하고 개인적으로 햇볕을 활용하는 데 대해 세금을 매긴다는 것이었다. 현대의 관점에서 흥미로운 이 발상은 정당화할 수 있고 공정한가?

우리의 제안에는 다소 네덜란드적인 요소가 있다. 우리는 주인이 '잠자고 있는 동안' 부를 불려 주는 토지에 세금을 매기자고 제안한다. 다만 토지에 들인 건설 노력에 대해서는 과세하지 않아야 한다. 토지와 그 위의 건축은 사회간접자본과 인근의 다른 토지·건축으로부터 도움을 받는다. 그런 긍정적인 파급효과를 받는 데 대한 세금은 타당하다. 도시 토지와 농촌 토지는 다르게 취급되어야 한다. 이 같은 토지세는 사회적 이익을 창출할 것이고, 부동산 가격이 갑자기 불연속적으로 뛰는 것을 피하도록 설계될 수 있다.

인류가 농경사회로 들어선 이후 토지 소유권은 권력과 부의 주요 원천이 되었다. 이 관계는 산업혁명 때까지도 대체로 변하지 않았다.

이제 권력과 부의 원천이 인적 자본과 금융 자본, 기술 자본에 더 넓게 분포되어 있지만, 토지 소유권은 아직 사회적인 위상을 나타내는 핵심 지표이다. 또한 토지는 여전히 경제의 가장 큰 자산이다. 많은 나라에서 은행 대출의 80%가 토지로 흡수된다. 이를 통해 주택과 다른 부동산 가격이 상승하고 경제가 부담하는 과잉 부채가 늘어난다.

다른 형태의 부와 달리 토지는 고정되어 있고 움직이지 못한다. 따라서 다른 세금을 부과할 때에 고려하는 활동 감소와 해외 이전 등은 토지에 적용되지 못한다. 네덜란드의 해안 간척지 같은 몇몇 예외를 제외하면 토지는 다른 형태의 부와 달리 인간의 노동으로 만들어지지 않았다. 토지 과세에는 다른 형태의 부 대부분에는 적용되지 않는(되더라도 조금만 적용되는) 윤리적인 측면이 고려된다. 토지 가치의 큰 부분은 긍정적인 외부 효과로 창출된다. 예를 들어 교통과 공원, 학교, 다른 편의시설, 인근의 민간 개발업자의 투자 등이 긍정적인 외부 효과를 만든다. 토지 가격은 다른 사람들이 그곳에서 거주하고 일하고 싶어 하는 정도에 따라 변동한다.

특히 국가의 역할이 중요하다. 국가는 평화와 안전을 법과 국방과 경찰로 제공한다. 국가의 이런 서비스가 없다면 토마스 홉스Thomas Hobbes가《리바이어던》에서 설파한 것처럼 삶은 야만적이고 단명하며 토지 가치는 낮고 불확실할 것이다. 국가는 다른 폭넓은 서비스도 제공한다. 예를 들어 앞에서 거론한 학교와 병원, 도로, 철도를 건설하고 서비스를 제공한다.

애덤 스미스Adam Smith가《국부론》(1776)에서,[2] 존 스튜어트 밀John Stuart Mill은《정치경제학 원리》(1848)에서 제시한 것을 비롯해 2세기가 넘도록 위대한 경제학자들이 설명해 왔듯, 도시나 개발되지 않은 곳의 토지 소유자는 나중에 건물이 들어설 수 있는 그 맨땅을 만드는 데 거의 또는 전혀 기여하지 않았다. 밀은 지주가 '잠자는 동안' 지대와 토지 가격의 상승을 즐긴다고 지적했다.[3] 그리고 물론 헨리 조지의 《우리 토지와 토지 정책》(1871)이 있다.

반면 건축 투자와 관련 개발에는 실제 비용이 들어간다. 따라서 그런 활동에 세금을 부과하는 것은 토지에 대한 과세에 비해 덜 적절하다. 전체 부동산이 아닌 토지에 대한 과세는 토지를 빠르고 효율적으로 개발해 신축 주택을 많이 공급할 유인을 제공할 것이다. 개발업자는 그렇게 함으로써 토지 단위 면적당 평균 세금을 줄이는 결과도 얻을 수 있다.

농촌 토지에 대해서는 같은 주장을 할 수 없다. 예를 들어 유럽 농촌 토지의 현재의 모습 중 대부분은 인력에 의해 만들어진 결과이다. 국립공원에 세금을 부과하는 건 바보 같은 일이다. 토지세의 요건을 마련하기 위해 할 수 있는 일은 다양하게 활용되는 농촌의 토지에 대해 폭넓은 사회적 가치를 평가하는 것이다. 어렵고 관료적이라고 여겨질 수 있지만, 이 일은 농업 보조금 지급 절차의 연장에 불과할 것이다(예를 들어 영국에는 농촌지급국이 그 일을 한다). 맨땅의 가치를 추정하기란 어렵다. 그러나 다른 많은 대상의 가치, 예를 들어 예술품의 가치를 추정하는 일보다 더 어렵지는 않다. 토지 가치를 유지하고 높이는 작업인 울타리 치기와 도랑 파기, 비료 주기, 잡초 제거, 정원 가꾸기에 든 경비는 토지세에서 공제해 주는 방안이 있다.

노르만족이 1066년에 영국을 정복한 이후 최초로 시행한 재정·통치 조치가 인구·토지 조사였다. 그 결과로 1086년에 둠스데이 북이 만들어졌다. 영국뿐 아니라 모든 선진경제는 현대판 둠스데이 북이 필요하다. 인공위성을 활용하면 건축된 토지와 맨땅을 저렴하고 효율적이며 포괄적으로 구분하는 작업을 더 성공적으로 수행할 수 있다. 물론 위성 이미지는 종종 벙커를 원자력 시설로 오인하는 실수를 저지르기도 하지만 말이다. 더 관련이 있는 데이터로 공공 교통 같은 사회간접자본 접근성과 기후 등도 파악하기 쉽다. 우리는 토지 가치만을 과세 표준으로 삼는 토지세와 함께 이차적인 재산세를 선호한다.

토지세의 즉각적인 이점은 두 가지가 있다. 첫째, 토지의 시장 가격을 곧바로 떨어뜨릴 것이다. 그에 따라 주택 가격과 상업용 부동산 가격도 하락할 것이다. 토지 가격이 오르면 더 어리고 다양한 사람들이 농업에 종사하게 될 것이다. 둘째, 건물에 세금이 부과되지 않음에 따라 토지 소유자가 단위 면적당 세금 부담을 줄이기 위해 건물을 더 짓고자 할 것이다.

토지세 도입에 따라 향후 현금흐름이 줄어드는 만큼이 즉각 현재가치에 반영될 것이라고 우려하는 사람들이 있다. 그럴 수도 있지만 반대 사례도 있다. 마이애미가 대표적이다. 마이애미는 토지의 상당 부분이 앞으로 50년 동안 바다에 잠기게 된다. 그러나 그에 아랑곳하지 않고 대도시 마이애미는 건설이 증가하고 주택 가격도 상승하고 있다.

토지세는 점진적인 방식으로 부과해야 가치와 거래의 왜곡과 혼란을 줄일 수 있다. 초기에는 적당한 세율을 적용한 뒤 점차 올려야지, 무작위적으로 즉각 올려서는 안 된다. 여러 단계를 거쳐 세율을 점진적으로 인상하려면 각 단계마다 부동산 가치를 시가로 평가해야 하는 행정적 번거로움을 감수해야 한다. 그러나 그런 평가는 기술적으로 쉽고, 더 광범위한 부유세를 도입하는 데 비해 덜 번거롭다. 또 토지는 이동하지 못하기 때문에 토지세는 경제를 왜곡하는 영향이 덜하고, 현재의 토지 소유자에서 부동산을 보유한 사회로 부를 재분배하는 효과가 있다.

탄소세, 일명 '그레타에게 웃음을'

많은 사람, 아마도 대다수에게 주요한 실존적인 걱정은 부양인구비 악화나 인구구조의 변화가 아니라 기후변화와 그로 인한 문제들일 것이다. 출산율 하락(아프리카는 제외)과 인구증가율 둔화는 환경운동가들이 화석연료 수요 감소 측면에서 반기는 변화이다.

탄소세는 두 가지 목적을 위해 활용될 수 있다. 탄소세로 마련한 세수로 노년층에 대한 재정 지출 수요에 대응할 수 있다. 이미 많은 나라에서 노년층의 난방 수요에 대한 특별계정을 운영하고 있다. 또 화석연료가 덜 비싼 곳에서 시장의 힘을 통해 화석연료의 활용을 줄일 수 있다. 많은 주요 경제학자가 탄소세를 주장하는 데(최근 논문으로는 Kotlikoff et al. 2019가 있음) 비해 환경운동가들은 구호로 채택하지 않고 있다. 환경운동가들은 직접 규제를 통한 통제가 세금/보조금 기반 체제에 비해 왜곡이 덜하다고(또는 불특정 다수에게 귀속될 것이라고) 상상하는 듯하다. 이는 흔한 오류이다.

그러나 증세는 언제나 인기가 없다. 최근의 사례로는 에마뉘엘 마크롱 프랑스 대통령이 2018년 유류세 인상을 시도했다가 '노란 조끼' 시위의 반대에 밀려 철회한 것이 대표적이다. 반대 논리는 대중교통 접근도가 떨어지는 교외의 저소득층이 지하철을 이용하면 되는 부유한 파리지앵에 비해 타격을 받는다는 것이었다.

여기서 다시 현대판 둠스데이 북이 등장한다. 지역을 대중교통 접근성을 기준으로 구분해 등급을 매기는 방안을 생각해 보자. 등급은 우수, 만족, 불편, 거의 없음으로 나눈다. 자동차 연료를 판매할 때 구역에 따라 세금을 다르게 부과한다. 그렇게 하면 대중교통이 불편하고 세율이 낮은 곳에 주유소가 많이 생길 수 있다. 미국은 주마다 휘발유 세율이 다른데, 세율이 낮은 주의 경우 주 경계에 주유소가 많다. 그러나 이런 왜곡은 상대적으로 작은 편이다. 비슷하게, 평균 온도에 따라 난방요금에 대한 세율을 달리할 수 있다.

우리가 원하는 것은 탄소세이되 빈곤층과 노년층, 새 세금에 탄력 있게 대응하지 못하는 사람들의 부담을 덜고 더 영리하게 설계된 탄소세이다.

국경세

앞에서 이미 논의한 바 있는 국경세에 대해 여기서는 간략하게 다룬다. 국경세의 큰 장점은 기업들이 그간 완벽에 가깝게 만들어 온 조세 회피책으로도 국경세를 피할 수 없다는 것이다. 따라서 기업이 해외로 이전하면 어떻게 하나 하는 두려움 없이 재정 수입 확충을 위해 국경세 세율을 올릴 수 있다. 큰 단점은 소비에 대한 간접세로 일반화된 부가가치세여서 역진적이라는 것이다.

따라서 국경세를 도입하려면 저소득층이 불이익을 받지 않도록 하는 상세한 보완책이 병행되어야 한다. 임금과 노동소득에 대한 세금 인하로는 충분하지 않다. 국경세로 일시적으로 가격이 오를 수입 식품을 포함한 물품 가격에 대해서도 보전해 줘야 한다. 대상은 노년층, 실업자, 한부모 가정, 사회복지제도 수급자들이다.

요약하면, 앞으로 닥칠 재정 지속 가능성 위기에 대응할 여러 형태의 추가 세금이 있다. 그러나 추가 세금은 모두 반대에 직면할 것이다. 가장 손해를 보는 사람들이 반대할 것이다. 따라서 새 세금은 점진적으로 늘려 나가고, 세심하게 설계한 취약층 보전·보호책과 함께 시행해야 한다.

증세에 대한 대중의 반대를 고려할 때 정치인들이 가계·기업 부문의 적자 전환 속에서 거시경제의 균형을 유지하기 위해 충분히 노력하거나, 공공 부문 부채비율의 지속적인 상승에 대한 우려를 불식할지 의문이다. 우리가 앞에서 강조한 것처럼 그 결과는 인플레이션 압력의 부활일 것이다. 이 새로운 맥락에서 통화정책과 중앙은행은 무엇을 할 것인지가 다음 질문이다.

통화정책

정치인들과 그들의 경제 참모들은 (1990년대 초 이후) 지난 30년 동안 진행된 세계화와 인구변동의 힘이 결합되어 세계 경제에 가한 디플레이션 압력을 일관되게 과소평가해 왔다. 그럼으로써 그들은 스스로 물가를 안정시키고 인플레이션을 통제하는 데 성공했다고 평가했다.

가능한 나라들은 공공 부문 적자와 부채 누적 대신 대규모 경상수지 흑자를 통해 경제 균형을 맞췄는데, 독일이 대표적인 국가였다. 그만큼 경상수지 적자를 본 국가들에서는 적자가 자국의 재정 누수('더 신중한' 채권국들의 정책 때문이 아니라) 탓으로 돌려졌다.

세계적으로 적정 수준에 못 미치는 재정적자의 맥락에서 세계 경제 장부의 균형을 맞추려면 팽창적인 통화정책이 필요했다. 중앙은행의 통화 완화는 재정정책 당국과 기업, 주택담보대출을 진 가계, 부유층, 노년층 모두에게 도움을 줬다. 그러면서 중앙은행은 재무부와 절친한 친구 사이가 되었다. 부채의 이자 비용을 낮게 유지함으로써 중앙은행은 자산 가격 상승을 조장했다. 젊은 층과 빈곤층은 상대적으로 적은 혜택을 보았다. 그러나 그들도 팽창적인 통화정책이 일으킨 높은 총수요와 고용으로 득을 봤다고 말할 수 있다.

추세의 대역전이 이루어지면 무슨 일이 발생할까?

세계적인 관점에서 지난 30년 동안 재정정책은 체계적으로 필요한 규모에 비해 덜 확장적이었다. 2050년까지 앞으로 30년 동안에도 재정정책은 필요에 비해 덜 긴축적일 공산이 크다. 그렇다면 통화정책이 물가안정 목표를 방어하기 위해 수요의 고삐를 당기는 부담스러운 역할을 맡아야 한다. 그렇게 하면 명목금리와 실질금리가 높아진다. 고금리는 지난 수십 년간 통화정책 완화로 득을 본 모든 경제 주체의 이익에 반한다.

미래의 이런 상황에서 중앙은행은 성장률을 최대한 유지하면서 인플레이션을 낮게 유지하는 일에 별 역량을 보이지 못할 것이다. 지난 수십 년의 디스인플레이션에 중앙은행이 별 관계가 없었던 것처럼 말이다. 지난 수십 년의 물가 흐름은 비통화적인 현상이었고, 앞으로 수십 년도 그럴 것이다.

그렇다면 중앙은행의 독립성이 위태로워질 수 있다. 이 상황은 어느 정도 자연스럽게 나타나겠지만 단일한 양상을 따르지는 않을 것이다. 중앙은행의 독립성은 정부가 좌편향인 국가(지역)에서 더욱 잘 보호될 것이다. 좌편향 정부는 자산 가격의 지속적인 상승세로 이익을 보는 사람들의 복지에는 관심이 덜하고, 금융 패닉과 신용위험 프리미엄 상승, 채권시장 자금조달 경로 차단 등으로부터 스스로를 보호하고자 한다. 그런 좌편향 정부에 독립적인 중앙은행은 상승하는 인플레이션 환경에서 크게 요구되는 모범적인 금융을 확실히 제공할 수 있다. 우파 정부, 특히 포퓰리스트 정부는 그런 보호의 필요를 느끼지 못하는데, 왜냐하면 부와 권력을 쥔 사람들은 대개 이미 자신의 지역구에 있기 때문이다. 따라서 우파 정부가 등장하면 중앙은행의 독립성이 훼손될 것이다.

사실 우파 포퓰리스트가 중앙은행의 독립성을 공격하는 양상이 이미 나타나고 있다(Bianchi et al. 2019). 〈이코노미스트〉는 2019년 4월 13일자 주요 기사에서 '간섭의 날: 독립적 중앙은행이 위협 아래 놓였다. 세계에 나쁜 뉴스'라고 주장했다. 중앙은행의 독립성은 대다수 경우에 '종이 호랑이'이다. 독립성은 대개 입법에 의해 도입되었는데, 한 의회가 법제화한 것은 다른 의회가 폐기할 수 있다. 정부는 기존 법률을 그대로 둔 채 중앙은행이 제 뜻에 따르도록 하기 위해 권한을 바꾸거나 운영진을 임명할 수 있다. 중앙은행은 본질적으로 정치적인 기관이고, 중앙은행에 대한 현재의 법적 지위가 어떤 것이든지 무관하게, 그들도 이 성격을 알고 있다.

유럽중앙은행ECB은 예외적으로 국제 조약에 의해 보호받고, 조약을 개정하려면 회원국의 만장일치가 필요하다. 그러나 ECB조차도 주요 회원국 몇몇의 이익에 강하게 거스르는 정책을 채택하는 것은 위험할 수 있음을 알고 있다.

중앙은행의 영광의 시절은 비참한 최후로 접어들고 있을지 모른다.

14장

주류를
거스르기

과거를 이해하는 건 미래를 준비하는 데 무척 중요하다. 정책과 금융시장 여건, 미래에 대한 대비는 당연하게도 현재 주류의 사고를 반영한다. 주류의 사고가 얼마나 견고한지는 추세가 지속되는 길이와 관련이 있다. 추세가 오래 지속될수록 다들 그 추세가 유지되리라고 더 확신하게 된다. 통념은 한번 확립된 뒤에는 몰아내기가 지극히 어렵다. 전환 국면에서는 특히 더 어렵다. 우리는 지금 그런 굴절 지점에 서 있는데, 주류 모형은 방향을 바꿀 능력도 의지도 없다. 우리는 어떻게 그런 모형으로부터 벗어날 수 있을까? 그릇된 통념의 결과는 무엇인가?

제2차 세계대전 후 선진경제의 명목 인플레이션과 명목금리는 상반된 두 단계의 강하고 꾸준한 추세를 보여 왔다. 장기채권 금리를 기준으로 한 영국 명목금리의 장기 추세는 그림 14-1에서 극적으로 나타난다. 장기채권 금리는 1694년부터 1950년 정도까지 놀랍게도 일정했고, 2.5%에서 5% 범위에서 움직였다. 그러나 이후에 꾸준히 상승해 1973~1974년에 약 15%의 정점에 올라섰다. 이후에는 꾸준히 하락해 현재의 1% 아래 수준에 도달했다.

인플레이션은 이전 수 세기 동안에는 더욱 크게 등락했고, 주 요인은 전쟁과 수확량의 차이였다. 그러나 전쟁은 대개 단기에 끝나리라고 예상되었고 수확량은 확률적이었다(1차 세계대전이 발발한 1914년에도 조기 종전이 예상되었고 그런 예상은 간혹 어긋났다). 따라서 장기 인플레이션 기대와 실질금리도 이전 수 세기 동안 안정적이었다.

2차대전 이후 무엇이 급격하게 바뀌었길래 명목 변수들이 이전과 다른 움직임을 보인 것일까? 또 무엇이 명목 변수들을 꾸준히 상승시켰다가 반대로 꾸준히 하락시켰을까? 이들 질문에 대한 답은 중요한데, 왜냐하면 2차대전 전의 안정으로 복귀할지 제3의 추세가 전개될지가 우리의 관심사이기 때문이다. 제3의 추세가 있다면 미래는 어떻게 될까?

그림 14-1 영국 장기채권 금리

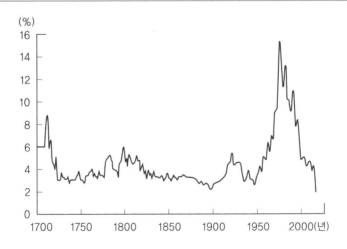

자료: FRED, 영국은행

인플레이션에 대한 주류적 접근은 통화주의와 케인스식 수요 관리에 기초를 두어 왔다. 통화주의자 또는 금본위주의자에게 그런 추세를 설명하는 방식은 간단하다. 선진경제는 금본위제에서 법정화폐제도로 옮겨갔다. 정치인들은 재정정책을 활용하여 유권자들에게 돈을 뿌렸고, 그에 따라 인플레이션이 발생했다. 1970년대에 끔찍했던 스태그플레이션이 덮쳤고 상황이 악화되자 중앙은행이 독립성을 확보하게 되면서 정치인들에게 과거의 통화적인 제약을 되돌려주었다.

이는 상당한 진실을 담고 있다. 그러나 이것이 전모는 아니다. 상승 구간의 첫째 시기인 1950~1979년에, 경제 전문가들은 필립스 곡선의 실업과 인플레이션 조합 중 최적에 도달하기 위해 재정정책을 통해 수요를 관리할 수 있다고 믿었다. 앞서 1930년대에 지독한 대공황을 체험한 당시 전문가들은 (비대칭적으로) 나타날 수 있는 실업률 범위 중 하한을 추구하는 정책을 폈다. 설령 그로 인해 인플레이션이 예상보다 더 높아져 정책이 실책이 될 가능성이 있는데도 그쪽을 선택했다. 그들은 더 높은 인플레이션은 가격이나 소득 정책으로 직접 대응하면 된다고 생각했다. 직접 대응은 의도는 좋았으나, 작동하지 않았다.

사실상 완전고용(또는 초과 완전고용)을 목표로 잡은 정책은 노동의 협상력을 키워 줬다. 영국의 전국광산노동조합NUM과 미국의 자동차노동조합UAW 등의 힘이 강해졌다. 노조 가입자 수가 늘어나고 전투성이 강해졌다. 노동의 협상력 강화의 결과 중 하나는 자연실업률 상승이었다. 이는 케인스식 수요 관리 정책의 역설적인 부작용이었다.

그러나 이 시기의 경제 현상과 문제는 우리의 초점이 아니다. 대신 우리는 둘째 시기인 1980~2018년과 앞으로 올 시기에 집중한다.

이 시기에 대한 주류 통화주의자의 이야기는 매우 불만족스러운데, 특히 2007년 이후 시기가 그렇다. 금본위주의자의 설명은 말할 나위도 없다. 그들은 언필칭 인플레이션은 통화적인 현상이라고 반복하고 중앙은행이 화폐를 만들어 낼 수 있다고 말한다. 그렇다면 인플레이션이 목표치보다 낮은 상태가 지속된 문제가 어떻게 발생할 수 있었을까?

그들은 이 문제는 제로, 또는 유효 하한effective lower bound 명목금리에서 기인한다고 설명한다. 물론 우리도 이 설명을 익히 들었다. 2019년처럼 인플레이션이 약 1%라면 제약이 되는 균형 실질금리는 마이너스가 되어야 한다. 이전의 균형 실질금리는 2.5~3.5%였다. 이는 명목이 아니라 실질 통화의 문제이다.

우리 시대 주류가 된 설명은 균형 실질금리가 실제로 마이너스가 되었다는 것이다. 이 구조적 장기침체론Secular stagnation은 균형 실질금리가 하락했고 향후 가시적인 시기까지 낮게 유지되리라고 전망한다. 그 요인으로는 불평등과 고령화 사회의 투자 감소 등을 든다. 실증 분석의 결과는 장기침체론의 주장을 뒷받침한다. 균형 실질금리의 추정치가 일관되게 마이너스이거나 제로에 가깝게 나오는 것이다.

더 광범위한 주장은 경제가 낮은 총수요와 낮은 인플레이션에 갇혔다는 것이다. 낮은 인플레이션과 그보다 더 낮은 균형 실질금리가 의미하는 바는 총수요가 회복되기란 불가능하고 경제의 가동되지 않은 부분(유휴 경제력) 때문에 인플레이션이 계속 낮게 유지된다는 것이다.

이런 사고는 인기가 있고, 그럴 만한 근거도 있다. 근거인즉 미국 연방준비제도는 금리인상을 시도했으나 번번이 인정사정없이 금리를 낮춰야 했고, 중앙은행들은 유별난 정책에도 불구하고 인플레이션을 높이지 못했다는 것이다.

그러나 이 이론은 면밀히 조사해 보면 적어도 3가지 측면에서 들어맞지 않는다.

첫째, 초과 생산 능력으로 인해 발생하는 디플레이션 경향은 미국보다는 중국과 관련지어서 설명하는 편이 더 쉽다. 이 주장은 또 대금융위기 이전 시기에 성장률이 견실했고 인플레이션과 실질금리가 하락한 현상은 설명하지 않는다. 그렇다면 대금융위기 전과 후에 대해 각각 설명해야 한다는 것인데, 그것은 가능하긴 하지만 장기 추세를 이해하는 접근으로는 만족스럽지 않다.

둘째, 균형 실질금리 전망치가 이른바 관찰이 불가한 요소나 칼만 필터Kalman filter 모형에서 도출되었는데, 가정은 균형 실질금리와 잠재성장률의 경로가 두 변수의 공통 요인인 생산성에 의해 결정된다는 것이다. 그러나 성장률과 실질금리의 관계에 대한 실증 분석에 따르면 실제로는 그런 관계가 없다(Hamilton et al. 2015). 이는 균형 실질금리 전망치 자체가 기껏해야 의심스러움을 뜻한다.

셋째, 아마 가장 중요한 대목이다. 균형 실질금리의 경로에 대한 설명에서 불평등과 투자 부진을 전제조건으로 다룬다. 그러나 두 현상은 세계화와 인구변동 요인에 의해 크게 좌우되었다(1장). 불평등과 투자 부진을 금리 하락의 원인으로 드는 설명은 무엇이 정확한 동인인가를 명확한 그림으로 보여 주지 못한다.

주요 주제에 대한 우리 접근

우리의 주된 주장은 실질생산의 지속적인 성장과 디플레이션 순풍이 공존한 추세가 전개된 요인은 인구변동과 세계화였다는 것이다. 그에 따라 노동 공급에 역사상 가장 큰 상향 충격이 발생했다(노동 절감 기술도 지원되었다). 이 맥락에서 거의 불가피하게, 자본과 상호 보완적인 숙련 노동자를 제외하고는 노동이 받는 실질 보상이 감소했다. 반면 자본의 이익은 증가하고 수익성도 향상되었다. 생산 거점의 해외 이전과 이민 유입의 위협 속에서 노동은 점점 협상력을 상실했다. 이런 가운데 자연실업률은 꾸준히 하락했다.

지난 30년의 장기 추세에 대한 우리의 분석은 비교적 주류에 가깝다. 다만 자연실업률의 변화가 적어도 자연 실질금리와 비교하면 그만큼 중요하고 그보다 유동적이라는 우리 견해는 예외적이다(8장). 이 책이 주류와 뚜렷하게 차이 나는 부분은 관점이 한층 더 세계적이라는 것이다. 이 책은 세계 거시경제의 전개와 관련해 아시아와 특히 중국의 역할에 중요성을 부여한다. 우리는 2장에 중국이 이런 측면에서 엄청나게 중요했다는 내용을 담았다. 대다수의 경제학자는 자신의 나라나 지역에 초점을 맞추고, 서구 경제학자 대부분은 북미나 유럽 출신이다. 세계적인 요인과 중국에 대한 논의는 각주 어디에서 시늉만 내는 참고자료로 언급된다. 그러나 두 변수 어느 하나도 국내 경제의 전개에 이렇다 할 역할을 하지 못한다. 이제 그런 분석 틀은 우리의 거시경제 이야기를 제대로 설명하기에 너무 좁은 화폭이 되고 말았다.

3장부터 우리는 미래로 눈을 돌렸다. 세계에서 가장 빠르게 성장하는 동아시아와 동유럽의 인구변동이 이전까지 매우 우호적이었으나 이제 급격하게 반대 방향으로 진행되고 있다는 것이다. 과거 인구변동의 결과로 기대가 충족되지 않은 많은 남겨진 노동자들이 이민을 배척하는 우파 포퓰리스트 정치인을 지지하는 쪽으로 돌아서고 있다.

그들은 이민 제한 및 현지 산업 보호 정책 등에서 환멸을 품은 노동자들과 견해를 같이한다(7장). 그들은 협상력을 잃었을지는 모르지만 정치력은 유지하고 있다. 이것이 우리 제목의 '대역전'이다.

세계화의 퇴조가 현재 어느 정도인가 하는 질문은 가능하지만, 대역전이라는 기본 윤곽은 부인할 수 없다. 만약 우리 주장처럼 우호적인 인구변동과 급격한 세계화가 지난 30년간 빠른 성장과 낮은 명목변수(인플레이션과 금리)를 전체는 아니더라도 많이 설명할 수 있다면, 향후 30년간의 성장과 인플레이션·명목금리는 각각 전보다 더 낮고 높으리라고 보는 편이 합리적이다.

주류는 왜 우리 주장에 동의하지 않는가?

우리는 인구변동과 구조적인 변수가 미래 거시경제의 전개에 결정적인 배경이 되고, 특히 지금 같은 전환 국면에서 그러리라고 믿는다. 그러나 다수의 경제 전문가들은 이들 변수를 언급하지 않는다. 그 이유는 대체로 이 주류적 경제 전망이 시간 지평을 단기로 잡는 데 있다. 그들은 향후 2년이나 그보다 짧은 기간에 대해 전망한다. 그런 전망에서 인구변동과 구조적인 변수는 상수로 처리된다. 그 결과, 아무리 수학적인 모형으로 치장되었을지라도 산출된 전망은 대개 현재 결과(동력)의 지속과 균형 수준 추정치로의 부분적인 회귀(정상 복귀)의 조합이다. 그러나 만약 균형 자체가 변한다면 모형이 회귀하는 곳은 어디인가? 관행적인 전망법은 대역전이 이루어지는 시기에는 적합하지 않을 듯하다.

고맙게도 인구변동 변수에 초점을 맞추고 장기 예측을 하는 경제학자들이 소수 있으며 늘어나고 있다. 그러나 그들 소수 그룹조차 명목 변수들과 실질금리가 다시 오르는 시점을 우리보다 훨씬 더 멀게 예상한다(Papetti 2019).

이 영역에서 우리의 접근은 주류와 비교해 적어도 세 가지 중요한 대목에서 다르다. 첫째, 우리는 주류와 달리 향후 개인저축을 낙관적으로 전망하지 않는다. 주류 모형의 소비에 대한 가설은 고령화 사회가 보일 소비 동학과 일치하지 않는다. 둘째, 우리는 노동력 감소에 직면한 기업의 투자에 대해 더 낙관적이다. 우리는 자본주의 경제의 심각한 지배구조 문제 때문에 투자가 저해되며, 특히 미국에서 이 문제가 심각하다는 앤드류 스미더스Andrew Smithers의 분석에 동의한다. 마지막으로, 주류의 견해는 향후 가시적인 미래까지 부채와 인구변동이 성장률과 인플레이션, 금리가 낮아지는 추세와 함께 변동하리라고 본다. 우리는 그와 달리 부채와 인구변동이 서로 갈등하는 변수라고 본다. 결국에는 인구변동이 거부하지 못할 힘으로 거대한 부채 덩어리를 도상에서 제거할 것이다. 이어서 통화정책과 재정정책이 서로 다툴 것이다.

소비에 대해 생각해 보자. 주류 모형의 가설에 따르면 고령화 시대의 개인은 완벽한 예견에 따라 노년으로 접어든 이후의 소비가 급격하지 않고 완만하게 감소할 수 있도록 하기 위해 저축을 늘린다. 우리는 그렇게 보지 않는다. 그런 가설은 실제 경험을 외면한 '이론의 정신 승리'라고 할 수 있다. 과거 중국에서 높은 개인저축률이 나타났지만 그것은 부분적일 뿐이다.

1인당 실질생산은 여전히 성장할 것이고 생애주기의 완만한 소비가설은 가계의 고령화에 따른 상대적인 소비가 서서히 감소한다고 본다. 하지만 선진경제에서 이러한 양상은 나타나지 않았다. 오히려 소비는 인생의 마지막 10년에 증가하는 경향이 있다. 주요 원인은 말년에 집중되는 의료비용이다. 의료의 기적이 없는 한 의료·돌봄 비용 부담은 점점 커질 것이다. 특히 치매로 인해 타인에게 의존해야 하는 환자의 비율이 연령이 높아질수록 지수적으로 증가하는 반면, 현재 치매 돌봄 재원은 부끄러울 정도로 부족하기 때문이다.

고령화에 따라 치매 등으로 인해 늘어나는 부담은 차치하더라도, 연금과 의료비용은 증가할 수밖에 없다. 반면 실질 경제성장은 둔화되고, 따라서 정부의 과세 여력이 줄어든다. 주류 모형은 여기서 은퇴 시점이 연장되리라는 가설을 제시한다. 아마도 기대수명보다 은퇴 연령이 더 빠르게 높아지리라 보고, 또 연금이 상대적으로 줄어들 것으로 예상한다. 지금까지 대다수 경제는 반대 방향으로 강하게 움직여 왔다. 우리가 주류 모형에 동의하는 바는 당위성이다. 압력이 크기 때문에 해당되는 나라들은 그 경로를 따라야 한다. 그러나 그렇게 실행하기란 정치적으로 극도로 인기 없는 난제다. 따라서 우리는 은퇴 연령을 늦추고 연금 지급액을 삭감하는 정책은 점진적이고 제한적이리라고 본다. 이에 대해서는 마크롱 프랑스 대통령이 장담할 수 있을 것이다.

또 주류 모형에서는 모든 투자가 기업 부문에서 이루어지고 가계의 주택 투자는 무시된다. 또 미래의 개인저축률이 낙관적으로 전망된다. 그러나 우리는 앞서 5장과 6장에서 논의한 바와 같이, 다음과 같은 근거로 주택 수요와 투자가 활발하고 향후 개인저축률이 하락하리라고 본다.

우선 고령화에도 가구 수는 증가할 것이다. 노년층은 자녀가 독립한 뒤에도 더 좁은 집으로 이사하지 않는다. 노년층은 이사를 힘겨워하고 장기주택담보대출을 다 갚은 뒤이기 때문이다. 그 결과 주거공간의 배분이 왜곡될 것이다. 다만 현재는 높은 주거비용 탓에 분가하지 않고 부모와 함께 사는 젊은 층이 과거보다 늘면서 가구 수 증가를 일부 상쇄하고 있다. 또한 출산 연령이 늦어지면서 은퇴를 대비한 저축 여력도 줄어들고 있다. 늦어지는 출산의 경제적인 영향을 논의한 논문은 우리가 알기에는 없었다. 요컨대 이런 이유들 때문에 우리는 주류 경제이론가들이 미래 개인저축률의 힘에 대해 너무 낙관적이었다고 믿는다.

향후 기업 투자는 어떨까. 먼저 최근 수년 동안 선진경제의 기업 투자가 왜 그토록 부진했는지 이해할 필요가 있다. 과거를 이해하기 전에는 미래를 예측하지 못하기 때문이다. 지난 수년간 경영 환경은 높은 수익성과 낮은 자금조달 비용이 두드러졌다. 그런 상황에서는 투자가 더 활발했어야 했는데 실상은 반대였던 까닭은 무엇일까?

부분적으로는 투자가 생산처럼 아시아 등의 신흥시장으로 이전되었기 때문이다. 특히 일본이 그 전형적인 사례이다(9장). 다른 이유는 교역되지 않는 서비스 부문이 투자를 통해 노동생산성을 높이는 어려운 방법 대신 긱 이코노미에서 임금을 낮추는 방법으로 대응했다는 것이다. 그 대응의 배경에는 노동의 협상력 약화가 있었다. 그렇다면 세계화가 퇴조하면 국내 투자가 다소 활력을 받지 않을까? 이에 대해 우리는 노동력 감소가 비슷한 정도로 기업 투자 감소로 이어진다는 주류 모형의 전망에 비해 덜 비관적이다.

앞서 언급했듯이 과거 투자가 부진했던 또 다른 이유는 자본주의 경제, 특히 미국의 기업지배구조였다. 우리는 이와 같은 A. 스미더스의 견해에 동의한다. 단기 주식가치를 높이면 눈물 나게 두둑한 상여금을 지급하는 기업지배구조에서 경영자들은 (위험한) 장기 투자를 벌이기보다는 부채를 조달해 자사주를 매입하고 가용 자금으로 배당을 늘리게 마련이다. 상황이 잘 돌아갈 때 제 몫을 챙기는 행위는 자연스럽고 어쩔 수 없다. 그 결과 기업의 부채비율이 특히 아시아에서 큰 폭으로 상승했다. 아시아의 기업 부채비율이 높은 데에는 미국과 서구경제의 부채비율이 높은 것과 다른 요인들이 있다. 여하튼 현재 비금융 기업의 부채비율이 대체로 2008~2009년보다 훨씬 더 높다.

부채는 중요한 역할을 하겠지만 주류가 예상하는 방식은 아닐 것이다. 만약 향후 가시적인 미래까지 명목금리가 바닥에 단단하게 머문다면, 부채를 걱정할 필요가 거의 없다. 왜냐하면 총부채원리금 상환비율DSR이 낮게 유지될 것이기 때문이다. 공공 부문도 마찬가지이고, 아마 더욱 그럴듯하다. 기업 부문이 드물게 흑자로 이동하는 가운데 가계 부문이 흑자를 유지하자, 공공 부분은 거시경제 균형을 유지하기 위해 적자로 이동해야 했다(3장과 5장, 6장, 11장). 경상수지 적자인 미국과 영국은 더했고 흑자인 독일과 중국은 덜했다. 극단적인 반례인 독일을 제외하면 선진경제의 대다수는 공공 부문 부채비율이 지난 20년 동안 전시를 제외한 어느 때보다 빠르게 높아졌다(1장과 3장, 5장, 6장, 11장).

더구나 사회 고령화로 공공 지출이 급속하게 증가할 텐데, 지출의 원천이 될 실질소득의 증가율은 하락하고 있다. 그러나 이처럼 악화되는 상황은 최근 명목금리가 하락하고 DSR이 일정하게 유지되면서 상쇄되었다. 그러나 현재 정책을 기초로 한 영국 예산책임청과 미국 의회예산처의 미래 부채비율 전망치는 아찔한 수준이다(1장과 11장). 부채가 이미 너무 엄청난 규모로 불어났고, 중앙은행이 정책금리를 올릴 경우 금융 붕괴를 피하지 못할 지경이 된 것일까? 우리는 부채 함정에 빠진 것일까? 즉, 저금리와 자본주의 구조로 인해 부채가 증가한 나머지 금리가 큰 폭 인상되지 못하게 되었고, 그 결과 부채가 더욱 증가하게 되는 것일까?

주류는 재정정책과 통화정책의 관계 변화에 대해 대수롭지 않게 여긴다. 그 이유는 주로 낮은 인플레이션과 명목금리 전망에 있다. 그 전망이 실현될 경우 부채 차환과 적자 운영은 두 정책 사이에 거의 알력을 일으키지 않는다.

우리는 어떻게 부채 함정에서 탈출할 수 있을지 11장과 12장에서 그 방안을 모색해 봤다. 주식에 비해 부채가 가진 이점을 줄이는 방법이 있고, 조세회피처를 활용한 기업의 세금 회피를 막는 방법이 있다. 토지세와 탄소세 같은 새로운 세제를 도입하는 것도 관련이 있다. 12장과 13장에서 이 이슈를 다뤘다. 기업 경영진, 특히 CEO 보상의 수준도 재고되어야 한다.

만약 미래가 우리 예상대로 되어 임금 비용과 인플레이션이 크게 오른다면 정책 대응은 훨씬 더 어려워질 것이다. 우리의 전망에 대해 여러 반론이 있다. 첫째, 필립스 곡선이 한층 더 수평으로 되었다는 것이다. 우리는 이에 대해 8장에서 논의했다. 둘째, 일본이 반대 사례라는 것인데, 우리는 이를 9장에서 다뤘다. 셋째, 그동안 저렴한 재화를 세계에 공급한 중국의 영향으로 다른 곳의 인플레이션과 임금이 낮게 유지되었는데, 그런 중국의 역할이 인구변동이 매우 우호적인 인도와 아프리카로 넘어갈 수 있다는 것이다. 우리는 이를 10장에서 논의했다. 10장과 앞서 3장에서 노동력 증가율 둔화를 보완하는 방편으로 노년층의 노동참여율을 높이는 가능성과 자동화, 로봇 활용, 인공지능을 검토했다.

결론적으로 재정정책과 통화정책에 대한 함의는 무엇이며(13장), 향후 금리에 대한 시사점은 무엇인가(6장과 13장)? 정책 대응은 언제나 어렵다. 그러나 우리의 전망이 맞다면 정책 대응은 더욱 어려워진다. 고령화로 연금과 의료·돌봄 비용이 더 증가해 공공 지출이 늘어나는데 실질소득과 징세 여력은 둔화되기 때문이다. 13장에서는 정부 세입을 늘리는 방안을 검토했다.

최근 수십 년 동안 중앙은행은 재무장관의 절친한 친구였다. 중앙은행이 금리를 낮춘 덕분에 재정 압력이 완화되었고 DSR이 안정되었다. 우리 전망대로 인플레이션 압력이 다시 높아지면 그런 화합은 상호 적대로 바뀔 것이다. 중앙은행이 인플레이션 목표를 방어하려고 하는 반면 정치인들은 더 빠른 성장과 낮은 DSR을 원한다. 우리는 어느 편이 이길지 추측할 수 있다. 예상대로 정치인이 이긴다면 인플레이션이 명목금리보다 더 오르면서 실질금리는 낮게 유지될 것이다. 중앙은행이 우세할 경우 그 반대가 될 것이다. 정치인이 이기더라도 중앙은행이 인플레이션 목표를 위해 싸워 보지도 않고 떠나 버리지는 않을 것이다. 어쨌든 정책 불확실성과 변동성이 불가피하게 야기될 것이다.

주류는 부채와 고령화가 명목과 실질 변수를 낮은 수준에서 단단하게 유지한다는 전망을 당연하게 여긴다. 그런 견해는 대개 일본의 경험을 잘못 수집한 결과이다. 우리는 그 실수를 9장에서 바로잡았다.

우리는 인구변동과 부채가 서로 조화를 이루기보다 갈등을 일으키는 변수라고 본다. 인구변동이 인플레이션과 금리에 상승 압력을 넣기 시작하면서 지탱 불가능한 빚을 진 경제나 경제의 부문들은 하나씩 굴복하고 말 것이다. 부채에 가해진 충격은 의심할 바 없이 저성장과 침체, 나아가 위기를 낳는다. 2018년, 터키와 아르헨티나가 이를 여실히 보여 주었다. 부채 충격은 낮은 인플레이션과 저금리 또한 낳을 것이다. 그러나 이런 순환적인 경기 부진의 기저에 인플레이션과 금리가 잠복해 있다가 구조적으로 떠올라 도상에 놓인 부채라는 장애물을 제거할 것이다. 이 싸움이 어떻게 전개될 것이며 승리일지 패배일지는 지금으로서는 알 수가 없다. 그러나 우리가 헤쳐 나가며 앞으로 항해하려면 행운이 많이 필요할 것이다.

후기

코로나 바이러스 이후의 불완전한 미래

이 책의 원고는 대부분 2019년에 쓰여 출판사에 보내졌다. 당시 아무도 코로나19 팬데믹을 예상하지 못했다. 코로나 팬데믹의 전반적인 충격은 우리가 이 책에서 제시한 추세를 가속화할 것이다. 앞서 세계화와 디플레이션에 기여한 중국은 전보다 더 내향적으로 될 테고, 세계적인 디플레이션 경향이 완화되며 인플레이션은 우리의 예상보다도 더 이른 시기에 더 빨리 상승할 것이다. 팬데믹은 이미 세계 경제에 극적인 파장을 미쳤고 앞으로도 영향을 미칠 것이다. 비록 코로나가 보건의료에 끼친 영향은 심각했지만, 경제에 주로 영향을 준 변수는 필요하고 올바른 정책 대응이었다.

심장이 차가운 경제학자라면 그의 유일한 목표는 국내총생산GDP 극대화일 테고, 그가 내놓는 최상의 코로나19 대응 조언은 아무 조치도 하지 말라는 것일 것이다. 즉, 코로나19를 전적으로 무시하고 바이러스가 확산되도록 하자는 조언이다. 주로 노년층이 코로나에 취약해, 영국의 코로나 사망자는 평균 80세였다. 더 연령이 낮은 사망은 주로 기저질환이 있는 사람들에서 발생했다. 코로나에 희생되는 사람들은 대개 생계를 다른 사람들에게 의존하고 있었다. 그들은 자기네를 돌보는 사람들의 재화·용역 생산 활동과 GDP에 대한 기여를 줄인다. 영국 보리스 존슨 총리의 집단 면역 전략은 영국의 사망자 수가 2020년에 25만 명 증가하리라고 예상했다. 영국의 평년 연간 사망자 50만 명과 비교해 약 50%가 많은 숫자이다. 사망자 위험이 높은 연령층과 건강 상태를 고려할 때 2020년 사망자 급증은 이후 10년간 크게 적은 사망자 수로 상쇄될 것으로 전망되었다.

그런 전망을 염두에 두긴 해야 하지만, 그런 냉혈한 정책은 부도덕하고 사회적·정치적으로 수용이 전적으로 불가능하다. 스포츠 경기가 중단된 가운데 언론은 전체 사망자 수와 지역별 사망자 수를 매일 보도했다. 격리와 봉쇄가 불가피했다. 그러는 동안 모든 위기에서 그렇듯 각국은 국제 협력 대신 각자도생을 꾀했다. 이로 인해 엄청난 규모의 공급 충격이 초래되었다. 공급 충격으로 생산이 감소했고 가격이 올랐다. 이 시기의 수요가 전적으로 회복 가능하지도 않았다. 특히 서비스 수요가 거의 사라졌다. 통근 교통이나 미용실 이용량이 정상 생활이 재개된 이후라고 두 배로 오르지는 않을 것이다.

정책 당국은 우리 중 대다수와 비슷하게 팬데믹의 공격으로 불필요한 사망을 막으려고 서둘렀다. 그러나 그렇게 하면서 대규모 공급 충격을 가했다. 소득과 지출에 가해진 봉쇄 공급 충격의 즉각적인 파괴적 효과를 줄인다는 목표는 칭찬할 만한 정확한 것이었고, 정책 당국은 그 목표를 위해 직간접적인 조치의 수문을 열었다. 직접 조치는 재정지출이었고, 간접 조치는 현금흐름에 문제가 있는 모든 차입자에 대한 은행 대출 연장이었다. 이는 의도한 대로 소득과 지출 감소를 완화하겠지만 자연히 뒤따르는 경제적 결과는 반대 방향으로 힘을 가할 것이다. 또 단기간의 대규모 공급 충격으로 인한 인플레이션은 비식품과 상품의 가격 붕괴로 상쇄될 것이다. 또한 수요 감소로도 영향을 받을 것이다. 수요 감소의 일부는 자발적이고, 일부는 강요되고, 일부는 단순히 미뤄진 것이다. 어쨌든 우리가 구매하는 재화와 서비스의 바구니가 그렇게 갑자기 인식의 영역 밖으로 왜곡되면, 2020년 3월 이후 수 개월 동안 소비자물가지수와 소매물가지수, 다른 인플레이션 지표들을 산출하기 위해 쓰일 만하고 의미가 있는 데이터를 정상적으로 수집하기까지 거의 불가능할 것이다.

그러나 봉쇄가 해제되고 회복이 시작되어 대대적인 재정정책과 통화정책 확장이 실행된 이후에는 어떤 일이 발생할까? 전쟁 이후 상황이 그렇듯, 인플레이션이 밀어닥칠 것이다. 2021년 물가상승률은 5%가 넘고, 심하면 10%대로 올라설 듯하다(코로나가 2020년 말에 누그러진다고 가정할 때). 팬데믹이 종식되기까지 오래 걸릴수록 실물경제의 회복력과 인플레이션 압박이 덜 강할 것이다.

대금융위기 이후 양적 완화가 이루어졌을 때에도 인플레이션에 대한 경고의 목소리가 나왔다. 그 경고는 현실이 되지 않았다. 그럼 왜 지금은 더 실현 가능성이 높을까? 세 가지 이유가 있다. 첫째, 양적 완화 때에는 유동성 중 대부분이 은행 시스템 내에 초과 지급준비금 형태로 머물도록 설계되었다. 유동성은 인플레이션과 관련해 문제가 되는 광의의 통화 총량으로 스며들지 않았다. 오늘날 정책 조치는 현금을 직접 광의통화 총량으로 흘러들어 가도록 주입한다. 둘째, 세계 경제가 코로나 발발 이전 수준으로 회복될 수 있는 속도이다. 회복 속도가 빠를수록 정책은 경기순행적일 것이다. 셋째, 중국이 세계 경제의 물가를 낮추는 디플레이션적인 역할을 하다 이제는 중립으로 바뀌었고 앞으로는 점점 더 인플레이션 쪽으로 옮겨 갈 것이다.

이에 대한 정책 당국의 반응은 어떨까? 첫째, 무엇보다도 일시적인 것이고 일회성 문제라는 식으로 반응할 것으로 예상된다. 둘째, 통화 당국은 상당히 바람직한 상태라는 반응을 보일 것이다. 즉, 인플레이션이 물가안정 목표에 미달한 과거와 균형을 맞추는 상황이고 평균 인플레이션이나 물가안정 목표에 전적으로 일치한다고 할 것이다. 셋째, 경제활동 붕괴가 심하게 일어났기 때문에, 실업이 2019년 수준으로 낮아지기까지 시일이 소요되고 산업의 많은 부분(항공, 유람선, 호텔 등)은 여전히 어려움을 겪을 것이다. 2020년에 산업을 그렇게 전방위적으로 지원해 줬다가, 이후에 같은 산업의 많은 부분을 금리 인상과 재정 긴축으로 힘든 지경에 몰아붙이는 일이 일어날까? 어쨌든 차입자(정부, 산업, 주택담보대출 가계)의 로비가 저축하는 측의 로비보다 강력하다.

그러나 급등하는 인플레이션을 단기간에 낮추고자 하면 일부 사람들의 실질 소득이 타격을 받게 된다. 누가 손실을 입을까? 일반적인 노동자의 실질임금은 지난 30년 동안 정체된 편이었다. 요인은 세계화와 우호적인 인구변동에 따른 대대적인 노동 공급 충격이었다. 그에 따라 고용주는 노동자가 요구를 완화하지 않을 경우 아시아로 일자리를 이전하거나 더 순응적인 이민자의 유입을 위협 요소로 활용했다. 이는 실질적인 위협이었다.

트럼프식 정책과 포퓰리즘, 이민 장벽, 코로나 팬데믹이 이제 그 위협의 힘을 약화시켰다. 협상력의 균형추는 다시 고용주에서 노동자로 이동하고 있다. 현재 더 사회주의적인 정치 흐름도 그 움직임을 강화하고 있다. 경제가 회복된 이후에는 임금 추세가 바뀌어 임금을 현재 인플레이션 수준으로 맞추거나 더 높이자는 요구가 등장할 것이다. 인플레이션이 일시적인 현상이니 자제해야 한다는 주장이 나오겠지만, 임금 요구는 그에 아랑곳하지 않을 것이다. 코로나 팬데믹과 그로 인한 공급 충격은 구분선이 되어 지난 30~40년의 디플레이션과 향후 인플레이션을 구분할 것이다.

저축을 한 개인들과 연금, 보험사, 주로 현금 형태로 금융자산을 보유한 곳들이 패자가 될 것이다. 기승을 부리는 인플레이션으로부터 연금의 실질가치를 보호하기는 더 이상 재정적으로 가능하지 않게 될 것이다. 모든 차입자(은행 제외)를 부추겨 더 많은 빚을 지도록 조장해서 불거진 2007~2008년의 과잉부채 위기에 잘못 대응한 결과가 분명해질 것이다.

어떤 일이 발생할까? 인플레이션은 정치인들이 용인할 명목금리 수준 이상으로 상승할 것이다. 비금융 기업과 정부의 과잉 부채의 실질 부담은 인플레이션에 따라 줄어들게 된다. 시스템 균형을 위해 마이너스 실질금리가 필요해지고, 실질 경제성장률이 세계화 퇴조와 경제활동인구 감소로 낮아지는 가운데 실제로 실질금리가 마이너스로 떨어지게 될 것이다. 중앙은행은 높은 인플레이션을 불편해하겠지만, 지속되는 높은 수준의 부채로 경제가 여전히 매우 취약함을 알고 있을 것이다. 이런 가운데 중앙은행이 금리를 올릴 경우 정치적인 분노를 자극해 중앙은행의 독립성에 위협을 받을 것이다. 차입자가 부채를 독자적으로 감당할 정도가 된 후에야 인플레이션에 대한 공격을 개시할 수 있다. 다음에는 11장과 12장에서 제시된 것처럼 이상적으로 자본주의를 개혁해, 우리 경제가 취약점을 맞을 때마다 부채가 지나치게 증가하도록 조장하지 않게 될 수 있을까?

지난 수십 년 동안 발생한 인플레이션 압력은 중국이 세계 경제에 통합되면서 발생한 디플레이션 경향으로 인해 상쇄되었다. 그러나 중국은 더 이상 세계 인플레이션을 막는 역할을 하지 않는다. 트럼프 대통령이 2018년에 시작한 무역전쟁으로 인해 지정학적인 어려움이 발생했고, 그 어려움은 팬데믹 이후 더 다루기 힘들어졌다. 각국의 정책은 더 내향적이 되었고, 미국과 중국의 전략적인 쟁점인 세계의 기술 패권을 놓고 볼 때 물적 자본의 세계적인 흐름도 이런 양상을 따르게 될 것이다. 중국은 우선적으로 자국 내 혁신을 기반으로 생산성을 높여야 할 것이라는 결론이 불가피하다.

국내 경제 보호가 각국의 경제적인 최우선 순위가 되었다. 이는 특히 중국에서 그렇게 되었는데, 중국은 경제 안정과 고용 보호에 대한 사회적 협약이 있다. 세계 경제 중 대다수처럼 중국의 재정 확장은 저축 재원에 손을 대는 것을 요구한다. 중국의 경우, 이는 결국 상당한 규모의 국유기업 저축에 손을 대는 것으로 귀결될 수밖에 없다. 중국 국유기업의 저축은 지난 수십 년 동안 중국 저축의 주축이었다.

중국은 자신의 미래를 보호할 자원이 있다. 그러나 중국이 세계 경제에 미치는 영향은 더 이상 과거와 같지 않을 것이다. 탈 세계화로 더 빠져들수록 우리는 세계를 각 지역의 집합체라고 생각하려는 유혹에 빠지게 된다. 그런 인식은 틀린 결론에 이를 수 있다. 세계화의 퇴조와 충격의 전이는 전적으로 양립 가능하다. 특히 기조 변화가 고령화처럼 세계의 주요 경제에 단일하게 나타나는 것일 때에는 그렇다.

이 책이 막 인쇄 단계에 접어들 때, 중요하고 유관한 새 논문이 나왔다. A. 스탠스베리A. Stansbury와 L. H. 서머스L. H. Summers의 〈노동자 힘 감소 가설: 미국 경제의 최근 전개에 대한 설명〉이다. 이 논문은 우리처럼 노동자의 협상력 감소를 매우 강조하며, 많은 측면에서 우리 작업과 비슷하고 우리 결론을 지지한다. 그러나 한 가지 중대한 차이가 있다. 그들은 노동자의 협상력이 저하된 요인이 세계화라는 분석을 부인한다. 우리처럼 그들은 P. K. 쇼트P. K. Schott 등(2006)을 인용했는데, 쇼트와 다른 연구자의 공동 논문(2012)은 인용하지 않았다.

이들 논문이 보여 주는 관계는 공장과 고용의 타격이 저임금 국가로부터의 수입이 가장 두드러진 곳에서 가장 크게 나타났다는 것이다. 이에 대해 스탠스베리와 서머스는 저임금 국가로부터의 경쟁에 따라 "자본 수익이 노동 보수와 함께 감소하고 또한 산업 전체의 이익과 노동 보수가 감소할 것"이라고 주장한다. 그러나 그런 경우는 해외로부터의 경쟁이 저임금 국가에 본사를 둔 기업들이 생산한 제품의 판매로 발생하는 때에만 해당된다.

스탠스베리와 서머스의 주장과 반대로, 세계화는 대체로 선진경제에 있는 기업이 물리적인 재화와 용역의 생산을 해외로부터 조달하되 최종 판매와 전체적인 사업구조, 자본, 경영, 지식재산권 관련 활동은 선진경제에서 수행하는 방식으로 이루어졌다. 사실 피어스와 쇼트(2012)는 "미국 제조업의 놀랍도록 빠른 몰락"은 노동집약적인 제품의 생산을 중국으로 이전한 탓이라는 가설에 대한 미시적인 증거를 꽤 결정적으로 제시했다. 이와 비슷하게, 또 매우 유명하게 중국과 대만은 아이폰 생산의 공급망 중 큰 부분을 기여한다. 그러나 애플은 캘리포니아에 본사를 유지하고 있다. 지금까지 중국 기업들의 부상은 많은 경우 굉장했지만, 세계 시장보다는 중국 내수 시장을 장악하는 데 더 성공적이었다. 그런 경우 선진경제에서 자본의 수익은 노동에 대한 보수에 비해 상대적으로 더 증가하리라고 확실히 예상할 수 있다.

따라서 우리는 세계화의 영향에 대해 스탠스베리와 서머스가 단순히 잘못 생각했다고 본다. 두 사람은 노동의 협상력이 약해진 동인은 경영자의 무자비함이었다고 주장할 뿐이다. 경영자가 더 무자비해진 것은 사실이다. 그러나 그 방식은 대개 생산의 해외조달이었다. 그럼으로써 경영자는 국내 노동의 힘을 약화시켰다. 세계화와 노동 공급의 세계적인 증가가 포문을 열었다. 앞으로 수십 년 동안 세계 노동력이 감소할 때에도 이 관계는 작동할 것이다.

요컨대 불완전하고 인플레이션적인 미래가 팬데믹을 등에 업고 예상보다 더 빠르게 우리 문 앞으로 다가오고 있다. 세계화의 퇴조는 노령화라는 세계적인 흐름 속에서 미래가 과거와 전혀 다르리라는 점을 확실히 드러낼 것이다.

주

1장 들어가며

1 일반적으로 기업이 창출한 가치 중 노동자에게 돌아가는 몫이 최근 수십 년 동안 꾸준히 감소한 것으로 받아들여지고 있지만(Schwellnus et al. 2018; IMF 2017), 구티에레스Gutiérrez와 피톤Piton(2019)은 4개 주요 유럽 국가에서는 그렇지 않았다고 분석했다. 하향 움직임이 명확하게 보인 미국과 달리 이들 국가에서는 적절한 통계 조정을 거친 노동자 몫이 대략 일정하게 유지되었다.

4장 의존과 치매, 다가오는 간병의 위기

1 A. 킹스턴 등(2018)은 "2015년 65세 이상 인구 중 절반 이상(54%)이 2개 이상 질환을 앓았다"며 "이 비율은 65~74세 연령층에서는 46%인 데 비해 85세 이상에서는 69%였다. 65세 이상 복합만성질환 보유 비율은 2025년 64%로, 2035년 68%로 높아질 것으로 예상되었다.

2 물론 이름을 잊어버리는 등 가벼운 인지 장애와 의존 정도를 뚜렷하게 분류할 수는 없다. 그러나 이 자료의 출처인 영국의 '인구 노화와 간병 시뮬레이션 모형PACSim'은 가장 최근의 성과물이다.

3 그 연령대 남성은 같은 연령대의 여성보다 더 금연했다. 또 여성에게서 비만이 더 많이 나타났다.

4 조사 참여 성인들에게 치매의 위험이 연령에 따라 얼마나 높아지는지 설명한다. 그다음 치매 위험을 10%p 낮출 수 있다면 지금부터 은퇴 시점까지 연간 소득의 어느 정도 비율을 지출할 용의가 있는지 묻는다. 치매 위험을 낮추는

가정은 예를 들어 82세 때 40%를 30%로 확실하게 낮출 수 있다고 설명한다. 이 가설적인 물음에 대한 답변은 주관적이며 암시적일 뿐이다. 그러나 아무것도 없는 편보다는 낫다. 이에 대한 키들랜드Kydland와 프레트나Pretnar의 연구(2018, 2019)도 있다.

5 예를 들어 진단에 대해 란셋 위원회는 다음과 같이 서술했다. "적기 진단, 즉 치매 환자와 간병인이 중재와 지원으로 도움을 얻을 수 있는 시기에 이뤄지는 진단은 훌륭한 치매 의료의 선결조건이다. 그러나 치매 환자의 다수가 진단받지 못하고, 20~50%만 일차 의료 기록에서 진단이 기록된다. 이 비율은 저소득국가가 고소득국가보다 낮다. 많은 환자가 자신과 가족의 미래에 대해 결정하기에, 또는 중재로부터 도움받기에 너무 늦은 시기에 진단받는다.

6 데미언 그린Damian Green은 세금이 지원되고 누구에게나 적절한 의료를 제공하는 '유니버설보험제도Universal Care Entitlement'를 제안한다. 아울러 이를 민간에서 구매 가능한 '돌봄보충Care Supplement'으로 보완하자고 한다. 키들랜드Kydland와 프레트나Pretnar의 연구(2018, 2019)도 참조할 만하다.

7 세계 알츠하이머 보고서. 저·중개발국에서는 치매 전문 보건의료서비스가 제대로 갖춰지지 않았다. 노인병 전문의와 신경과 전문의, 심리치료사가 크게 부족하고, 치매를 진단하고 치료하는 병원이나 지역 의료 서비스가 거의 없다. 선진국에서도 치매를 치료하는 범위가 넓지 않다. 진단이 제대로 이루어지지 않기 때문이기도 하고, 지속적이고 적절한 보건의료 서비스를 제공하기에 치매 환자가 너무 빠르게 증가하기 때문이기도 하다.

8 일본에서는 노인용 기저귀가 유아용 기저귀보다 많이 팔린다.

9 로봇의 EQ는 0이다. 로봇은 제한적인 역할은 수행할 수 있다. 〈파이낸셜 타임즈〉의 2019년 6월 10일자 칼럼 '로봇/늙어가는 일본: 나, 캐어봇'이 참고가 된다. 그러나 강조점은 역할의 제한성에 두어져야 한다.

10 앞 9번 각주에서 언급한 〈파이낸셜 타임즈〉의 칼럼은 일본이 세계에서 가장 빠르게 고령화되고 있으며, 이와 관련해 저출산율이 30년간 이어졌다고 전했다. 일본 사람의 거의 3분의 1이 65세 이상이다. 그들을 보살피려면 일본은 현재 약 150만 명인 돌봄 노동자를 향후 10년간 7배 가까이로 늘려야 한다. 유료 돌봄 노동자가 전체 노동력의 10% 이상이 되어야 한다.

11 〈파이낸셜 타임즈〉의 2019년 7월 16일자 기사 '외국 기업들이 중국의 노인 돌봄 시장에 진출한다'는 치엔잔산업연구원前瞻産業研究 자료를 인용해 중국

노인층의 약 90%가 주로 가족의 도움을 받는다고 전했다. 7%는 주거 지역 기반 돌봄 서비스를 받고, 3%는 양로원에서 지낸다.

12 가족당 자녀의 숫자가 감소했고, 그와 함께 자녀를 부양하는 기간이 몇 년 단축되었다. 그러나 이를 상쇄하는 변화가 대학 이후의 고등교육을 받는 기간이 연장되었다는 것이다. 그래서 각 자녀가 독립하지 않고 부모 집에서 지내는 기간이 더 길어졌다.

5장 인플레이션의 부활

1 유럽에서 1500년부터 1700년까지 초기 인플레이션에 끼친 인구변동과 통화 요인의 상대적인 비중에 대한 논의는 멜츠Melitz와 에도Edo의 논문(2019)을 참조할 수 있다.

2 런던 은행·금융연구소의 허락을 받아 인용하였다.

3 쇼왼Schön과 스텔러Stähler(2019)는 사람들이 자기네가 고령화된 세계를 살고 있음을 깨닫기 시작하면 저축이 갑자기 크게 증가하면서 큰 폭으로 세계 금리 하락이 일어날 것이라고 주장했다.

4 소비 완만화를 일차 목표로 한 차입/저축 선택 이론은 훨씬 더 짧은 시기에서도 사실로 충분히 뒷받침되지 않는다. S. 훈트토프테S. Hundtofte 등(2019)은 실업으로 인해 발생하는 전형적인 일시적인 소득 충격이 발생했을 때 개인은 평균적으로 소비 완만화를 위해 차입을 일으키지 않는다고 분석했다. 대신 개인은 소비를 조정함으로써 신용카드 부채와 마이너스 통장 잔액을 완만하게 한다. 그 결과 신용 수요는 경기순응적이고 경기순환을 증폭한다.

6장 대역전 시기의 금리 결정

1 치엔잔산업연구원 자료에 따르면 중국 노인층의 약 90%가 주로 가족의 도움을 받는다. 7%는 주거 지역 기반 돌봄 서비스를 받고, 3%는 양로원에서 지낸다.

2 라헬과 서머스(2019)는 최근의 재정적자가 중립 실질금리를 올린다고 본다. 이 견해는 타당하지만 다른 한편으로는 타당하지 않다. 타당한 측면은, 만약 재정적자 규모가 더 적었다면 금리는 더 낮았으리라는 것이다. 타당하지 않은 측면은, 재정적자 규모가 급격한 금리 하락의 필요성을 막기에는 너무 적었다는 것이다.

7장 불평등과 포퓰리즘의 부상

1   Desmet et al.(2018). 우리는 인구밀도가 그 자체로 생산성 향상에 충분하거나 필요하다고 생각하지 않는다. 10장에서 인도와 아프리카에 대해 이 주제로 더 논의한다.

2   사이먼 쿠즈네츠Simon Kuznets는 노벨 경제학상 수상자로, 하버드대학교에서 실증경제학을 연구했다. 이 책의 공저자인 찰스 굿하트는 1960~1961년에 쿠즈네츠의 연구조교로 활동했다.

3   지니계수는 한 국가 소득이나 부가 거주자들에게 어떻게 분배되었는지 나타내는 통계분포 지표로 가장 흔히 활용된다. 지니계수가 0이면 완전 평등을, 1이면 완전 불평등을 뜻한다. 지니계수가 1에 가까워질수록 불평등도가 높아진다. 지니계수(세계은행)를 산출하는 데 활용할 데이터의 일차 자료는 각국 정부의 통계청과 세계은행의 국가 부서의 가계조사 결과이다. 더 많은 정보와 방법론은 포브칼넷을 참조하라.

4   오토는 중숙련 일자리 감소는 인구밀도가 높을수록 더 심했음을, 즉 주로 도시와 대도시권에서 많았음을 보여 준다. 그 원인이 무엇인지, 이 현상이 다른 선진경제에서도 나타났는지는 분명하지 않다. T. 베이오우미T. Bayoumi와 J. 바르케마J. Barkema(2019)는 높은 불평등도와 고가 주택 가격으로 인해 미국에서 내부 이주가 감소했고, 그로 인해 쇠퇴하는 지역에 갇힌 사람들의 형편이 더욱 악화되었다고 주장한다.

8장 필립스 곡선

1   NAIRU와 NRU에는 일부 기술적인 차이가 있지만, 전문가들만 그에 대해 신경 쓴다.

2   또는 다소 뒤로 기운 모양일 수 있다는 의견이 나왔다. 그런 경우는 높은 인플레이션이 예컨대 세금에 미치는 파괴적인 영향을 피하기 위한 노력과 자원의 활용으로 인해 발생한다.

3   늘 그렇듯 여기엔 단서 조건이 붙는다. 예를 들어 이력현상(물리에서 한 상태가 그것이 겪어 온 상태의 변화 과정에 의존하는 현상을 가리킨다-옮긴이)에 따라 단기금리가 장기금리에 영향을 줄 수 있다.

4   데니스 로버츠슨Dennis Robertson과 조지 바이시George Paish 같은 경제학자들은 평균 실업률 2% 이상에서 균형이 이뤄질 수 있다고 주장했다가 경제학계

에서 두루 비판받았다(Robertson 1959). 주목할 점은 균형 실업률이 있을 테고 기대가 중요하다는 아이디어는 프리드먼이나 펠프스보다 오래전에 제시되었다는 것이다. 그러나 그 아이디어는 당시 경제학계에 설득력이 약했다.

5   정책 조치가 임금(가격) 인플레이션에 영향을 미치기까지는 시차가 있고, 그로 인해 (공식) 실업과 인플레이션 예측과 실제, 사후의 인플레이션에 예측하지 못한 괴리가 발생할 수 있다. 이 괴리는 내재하는 구조적인 관계를 파악하는 데 도움이 될 수 있다.

6   이는 임금과 실업을 변수로 삼은 필립스 곡선에는 유효해 보이는데, 가격과 아웃풋 갭을 변수로 한 관계에도 복원하려는 시도는 덜 성공적이었다. 무엇이 이 괴리를 야기했는지, 예컨대 시간에 따라 변하는 마진 때문인지를 탐구하는 일은 이 책의 영역을 벗어난다.

7   위키피디아, https://en.wikipedia.org/wiki/Reserve_army_of_labour. 비록 산업의 노동자 예비군이라는 아이디어가 마르크스에 결부되지만, 그 개념은 이미 1830년대 영국 노동자 운동에서 쓰이고 있었다. 엥겔스Engels는 마르크스보다 앞서 1845년에 《영국 노동자 계급의 상황》에서 노동 예비군을 논의했다. 마르크스가 문헌에서 최초로 노동 예비군을 언급한 것은 1847년에 쓴 출간되지 않은 (임금에 대한) 원고에서였다. 노동력이 '군대'라는 아이디어는 마르크스가 프리드리히 엥겔스와 함께 1848년에 쓴 《공산당 선언》의 1부에도 나온다.

11장 우리는 부채 함정을 피할 수 있을까

1   영국은행이 2019년 7월에 낸 금융안정보고서를 허락을 얻어 인용했다.

2   추가적인 내용은 굿하트Goodhart와 허드슨Hudson의 연구(2018)를 참조할 수 있다.

12장 주식을 통한 자금조달

1   허가를 받아 수록했다.

2   〈파이낸셜 타임즈〉 수석 논설위원 마틴 울프는 칼럼(2018. 12. 12.)에서 주주 가치 극대화라는 주문을 비판했다. 그는 부채가 많은 금융의 경우 영미 기업지배구조 모델이 작동하지 않음을 확인했다. 그는 자본주의가 상당히 고장 났음을 주장하는 책을 몇 권 언급했는데, 콜린 메이어Colin Mayer의 《번영

Prosperity》(2018)도 포함되었다.

13장 향후의 정책적 문제

1   영국 정부의 공공저작물 자유 이용 허락에 따라 인용했다.

2   "지주들은 뿌리지 않은 곳에서 거두기를 좋아하고, (토지의) 자연적인 산출물에 대해서도 지대를 요구한다"(《국부론》 1편 6장) "지주의 특권은 가장 불합리한 가정을 기초로 한다. 그 가정이란 토지에 대한 권리는 균등하지 않고 그런 상태가 대대손손 이어진다는 것이다. … 또 현세대의 부동산은 500년 전에… 죽은 사람들의 공상에 따라 규제되어야 한다는 것이다."(3편 2장)

3   밀은 이 책의 5편 2장에서 지대를 낳는 부동산이 그 소유주들에게 사회로부터 대가를 요구하도록 하는데, 그들은 "노력이나 희생을 전혀 하지 않고서" 그렇게 한다며 다음과 같이 서술했다. "지주들은… 잠자는 동안에도 일하지 않고 위험을 감수하지도 않고 절약하지도 않으면서 점점 부유해진다. 이런 부의 취득에 대해 그들은 사회 정의의 일반 원칙에 따라 무슨 주장을 할 수 있을까?"

참고문헌

1장 들어가며

Bank of England. (2019. 7.). Staff Working Paper No. 811.

Congressional Budget Office. (2019). *The Budget and Economic Outlook: 2019 to 2029*. https://www.cbo.gov/system/files?file=2019-03/54918-Outlook-Chapter1.pdf.

Friedman, M. (1968, March). The Role of Monetary Policy. *The American Economic Review*, 58(1), 1 – 17.

Gutiérrez, G., & Piton, S. (2019, July). *Revisiting the Global Decline of the (Non-Housing) Labor Share* (Bank of England Staff Working Paper No. 811).

International Monetary Fund. (2017, October). *Fiscal Monitor: Tackling Inequality*. Washington, DC: IMF.

King, M. (2003, October 14). Speech, Bank of England, East Midlands Development Agency/Bank of England Dinner, Leicester. https://www.bankofengland.co.uk/-/media/boe/files/speech/2003/east-midlands-development-agency-dinner.

Krueger, A. B. (2018). Luncheon Address: Reflections on Dwindling Worker Bargaining Power and Monetary Policy. *In Changing Market Structures and Implications for Monetary Policy: A Symposium Sponsored by The Federal Reserve Bank of Kansas City* (pp. 267 – 282). Kansas City: Federal Reserve Bank of Kansas City.

Obstfeld, M. (2019, July 22). *Global Dimensions of U.S. Monetary Policy* (Centre for Economic Policy Research Discussion Paper DP1388). Office for Budget Responsibility. (2018). *Fiscal Sustainability Report*. https://obr.uk/fsr/fiscal-sustainability-report-july-2018/.

Piketty, T. (2014). *Capital in the Twenty-First Century*. Cambridge, MA and London, UK: Harvard University Press.

Schwellnus, C., Pak, M., Pionnier, P.-A., & Crivellaro, E. (2018, September). *Labour Share Developments Over the Past Two Decades: The Role of Technological Progress, Globalisation and "Winner-Takes-Most" Dynamics* (OECD Economics Department Working Papers No. 1503).

2장 중국, 역사적 동원이 끝나다

Agarwal, I., Gu, G. W., & Prasad, E. S. (2019, September). *China's Impact on Global Financial Markets* (National Bureau of Economic ResearchWorking Paper 26311).

Jiang, K., Keller, W., Qiu, L. D., & Ridley, W. (2018). *Joint Ventures and Technology Transfers: New Evidence from China*. Vox CEPR Policy Portal, voxeu.org.

Lardy, N. R. (2001, May 9). *Issues in China's WTO Accession*. The Brookings Institution. https://www.brookings.edu/testimonies/issues-in-chinas-wto-accession/.

Ma, G., & Fung, B. S. C. (2002, August). *China's Asset Management Corporations* (Bank for International Settlements Working Paper No. 115).

Nabar, M. (2011, September). *Targets, Interest Rates, and Household Saving in Urban China* (International Monetary Fund Working Paper WP/11/223).

Pierce, J. R., & Schott, P. K. (2012, December). *The Surprisingly Swift Decline of U.S. Manufacturing Employment* (National Bureau of Economic Research Working Paper No. 18655).

Rodrik, D. (2011, October). Unconditional *Convergence* (National Bureau of Economic Research Working Paper No. 17546).

3장 인구변동의 대역전과 성장에 드리운 그림자

BBC News. (2018, August 29). *Russia's Putin Softens Pension Reforms After Outcry*.

https://www.bbc.co.uk/news/world-europe-45342721.

Börsch-Supan, A., Härtl, K., & Ludwig, A. (2014). Aging in Europe: Reforms, International Diversification, and Behavioral Reactions. *American Economic Review: Papers and Proceedings, 104* (5), 224–229.

Button, P. (2019, May). *Population Aging, Age Discrimination, and Age Discrimination Protections at the 50th Anniversary of the Age Discrimination in Employment Act* (National Bureau of Economic Research Working Paper 25850).

Cravino, J., Levchenko, A. A., & Rojas, M. (2019, September). *Population Aging and Structural Transformation* (National Bureau of Economic Research Working Paper 26327).

Maestas, N., & Jetsupphasuk, M. (2019). What Do Older Workers Want?, Chapter 5. In D. E. Bloom (Ed.), *Live Long and Prosper? The Economics of Ageing Populations*. London: A VoxEU.org eBook, CEPR Press

United Nations. (2015). *World Population Ageing* . Department of Economic and Social Affairs, Population Division, United Nations. https://www.un.org/en/development/desa/population/publications/pdf/ageing/WPA2015_Report.pdf.

4장 의존과 치매, 다가오는 간병의 위기

Bauer, J. M., & Sousa-Poza, A. (2015). Impacts of Informal Caregiving on Caregivers: Employment, Health and Family. *Journal of Population Ageing, 8*(3), 113–145.

Bauer, J. M., & Sousa-Poza, A. (2019). Employment and the Health Burden on Informal Caregivers of the Elderly, Chapter 3. In D. E. Bloom (Ed.), *Live Long and Prosper? The Economics of Ageing Populations*. London: A VoxEU.org eBook, CEPR Press.

Cavendish, C. (2013). *The Cavendish Review: An Independent Review into Healthcare Assistants and Support Workers in the NHS and Social Care Settings*. Department of Health, London. https://assets.publishing.service.gov.uk/government/uploads/ system/uploads/attachment_data/file/236212/Cavendish_Review.pdf.

Cavendish, C. (2019). *Extra Time: 10 Lessons for an Ageing World*. London, UK: HarperCollins.

Dwyer, J. (2019, November). *Innovative Approaches to Increasing Investment in Alzheimer's Research, Treatment and Cure*. Presentation at the 6th Annual Lausanne Conference on Preparing the Alzheimer's Ecosystem for a Timely, Accurate and Compassionate Diagnosi.

Eggleston, K. (2019). Understanding 'Value for Money' in Healthy Ageing, Chapter 12. In D. E. Bloom (Ed.), *Live Long and Prosper? The Economics of Ageing Populations*. London, UK: A VoxEU.org eBook, CEPR Press.

Financial Times. (2019, June 25). *How the World Deals with Alzheimer's and Dementia—In Charts* (Financial Times Special Report: FT Health—Dementia Care). *Financial Times*. (2019, July 16). Foreign Operators Take on Chinese Elderly Care, p. 14.

Financial Times. (2019, June 10). Robots/Ageing Japan: I, Carebot. *Lex Column*, Monday, p. 22.

Gratton, L., & Scott, A. (2016). *The 100 Year Life—Living and Working in an Age of Longevity*. London: Bloomsbury.

Green, D. (2019, April 29). *Fixing the Care Crisis*. Centre for Policy Studies.

Kingston, A., Comas-Herrera, A., & Jagger, C. (2018). Forecasting the Care Needs of the Older Population in England Over the Next 20 Years: Estimates from the Population Ageing and Care Simulation (PACSim) Modelling Study. *The Lancet Public Health, 3*(9), e447 – e455.

Kingston, A., Robinson, L., Booth, H., Knapp, M., & Jagger, C. (2018). Projections of Multi-Morbidity in the Older Population in England to 2035: Estimates from the Population Ageing and Care Simulation (PACSim) Model. *Age and Ageing, 47* (3), 1 – 7.

Kingston, A., Wohland, P., Wittenberg, R., Robinson, L., Brayne, C., Matthews, F. E., et al. (2017). Is Late-Life Dependency Increasing or Not? A Comparison of the Cognitive Function and Ageing Studies (CFAS). *The Lancet, 390*(10103), 1676 – 1684.

Kivipelto, M., Ngandu, T., Laatikainen, T., Winblad, B., Soininen, H., & Tuornilehto, J. (2006, September). Risk Score for the Prediction of Dementia Risk in 20

Years Among Middle Aged People: A Longitudinal, Population-Based Study. *Lancet Neurol, 5*(9), 735--741

Kydland, F., & Pretnar, N. (2018). *The Costs and Benefits of Caring: Aggregate Burdens of an Aging Population* (NBER Working Paper 25498).

Kydland, F., & Pretnar, N. (2019). Who Will Care for All the Old People?', Chapter 2. In D. E. Bloom (Ed.), *Live Long and Prosper? The Economics of Ageing Populations*. London: VoxEU.org eBook, CEPR Press.

Lancet Commissions. (2017, December 16). On Dementia Prevention, Intervention, and Care. *The Lancet, 390*, 2673-2734.

Lex. (2019, June 10). Robots/Ageing Japan: I, Carebot. *Financial Times*, Monday, p. 22.

Livingston, G., Sommerlad, A., Orgeta, V., Costafreda, S. G., Huntley, J., Ames, D., et al. (2017, December 16). Dementia Prevention, Intervention, and Care. *The Lancet, 390*, 2673-2734.

Mayda, A. M. (2019, June 19). Discussion of *Demographic Changes, Migration and Economic Growth in the Euro Area* by A. Börsch-Supan, D. N. Leite, & J. Rausch, European Central Bank Sintra Forum, Portugal.

Norton, S., Matthews, F. E., Barnes, D. E., Yaffe, K., & Brayne, C. (2014, August). Potential for Primary Prevention of Alzheimer's Disease: An Analysis of Population-Based Data. *Lancet Neurol, 13*(8), 788-794.

Patterson, C. (2018). *World Alzheimer Report 2018: The State of the Art of Dementia Research: New Frontiers.* London, UK: Alzheimer's Disease International (ADI).

Prince, M., Wilmo, A., Guerchet, M., Ali, G.-C., Wu, Y. T., & Prina, M. (2015). *World Alzheimer Report 2015: An Analysis of Prevalence, Incidence, Cost and Trends.* London, UK: Alzheimer's Disease International (ADI).

Scott, A. (2019). A Longevity Dividend Versus an Ageing Society, Chapter 11. In D. E. Bloom (Ed.), *Live Long and Prosper? The Economics of Ageing Populations* London: A VoxEU.org eBook, CEPR Press.

Vradenburg, G. (2019, November). 'Welcome Remarks'at the 6th Annual Lausanne Conference on *Preparing the Alzheimer's Ecosystem for a Timely, Accurate and Compassionate Diagnosis.*

World Alzheimer Report. (2016). *World Alzheimer Report 2015: An Analysis of*

Prevalence, Incidence, Cost and Trends. London, UK: Alzheimer's Disease International(ADI).

World Alzheimer Report. (2018). *The State of the Art of Dementia Research: New Frontiers*. London, UK: Alzheimer's Disease International (ADI).

World Alzheimer Report. (2019). *Attitudes to Dementia*. London, UK: Alzheimer's Disease International (ADI).

World Dementia Council. (2012, December). *Defeating Dementia: The Road to 2025*. worlddementiacouncil.org.

5장 인플레이션의 부활

Aksoy, Y., Basso, H. S., Smith. R. P., & Grasl, T. (2015). *Demographic Structure and Macroeconomic Trends* (Banco de Espana, Documentos de Trabajo No. 1528).

Autor, D., Dorn, D., Katz, L. F., Patterson, C., & Van Reenen, J. (2017). Concentrating on the Fall of the Labor Share. *American Economic Review Papers and Proceedings, 207* (5), 180 – 185.

Autor, D., Dorn, D., Katz, L. F., Patterson, C., & Van Reenen, J. (2019, May). *The Fall of the Labor Share and the Rise of Superstar Firms* (National Bureau of Economic Research Working Paper No. 23396).

Bernanke, B. S. (2005, March 10). *The Global Saving Glut and the U.S. Current Account Deficit*. The Federal Reserve Board, Speech. Available at https://www.federalreserve.gov/boarddocs/speeches/2005/200503102/.

Button, P. (2019, May). *Population Aging, Age Discrimination, and Age Discrimination Protections at the 50th Anniversary of the Age Discrimination in Employment Act* (National Bureau of Economic Research Working Paper 25850).

Congressional Budget Office. (2019). *The Budget and Economic Outlook: 2019 to 2029*. https://www.cbo.gov/system/files/2019-03/54918-Outlook-3.pdf.

Covarrubias, M., Gutiérrez, G., & Philippon, T. (2019, June). *From Good to Bad Concentration? U.S. Industries Over the Past 30 Years* (National Bureau of Economic Research Working Paper No. 25983).

Crouzet, N., & Eberly, J. (2019, May). *Understanding Weak Capital Investment: The*

Role of Market Concentration and Intangibles (National Bureau of Economic Research Working Paper No. w25869). Available at SSRN https://ssrn.com/abstract=3394650.

Hernández-Murillo, R., Ott, L. S., Owyang, M. T., & Whalen, D. (2011, May/June). Patterns of Interstate Migration in the United States from the Survey of Income and Program Participation. *Federal Reserve Bank of St. Louis Review, 93*(3), 169–185.

Hundtofte, S., Olafsson, A., & Pagel, M. (2019, October). *Credit Smoothing* (National Bureau of Economic Research Working Paper 26354).

Juselius, M., & Takáts, E. (2016, April 6). *The Age-Structure-Inflation Puzzle* (Bank of Finland Research Discussion Paper No. 4/2016).

Kalecki, M. (1954). *Theory of Economic Dynamics: An Essay on Cyclical and Long-Run Changes in Capitalist Economy*. London: George Allen & Unwin.

Liu, E., Mian, A., & Sufi, A. (2019, August). *Low Interest Rates, Market Power, and Productivity Growth* (National Bureau of Economic Research Working Paper No. 25505).

Mayhew, L. (2019, June/July). A Home Alone Explosion, Cass Business School, *Financial World*, 13–15.

McGovern, M. (2019). Life Cycle Origins of Pre-Retirement Financial Status: Insights from Birth Cohort Data, Chapter 10. In D. E. Bloom (Ed.), *Live Long and Prosper? The Economics of Ageing Populations*. London: A VoxEU.org eBook, CEPR Press.

Meen, G. (2005). On the Economics of the Barker Review of Housing Supply. *Housing Studies, 20*(6), 949–971.

Melitz, J., & Edo, A. (2019, September). *The Primary Cause of European Inflation in 1500–1700: Precious Metals or Population? The English Evidence* (Centre for Economic Policy Research Discussion Paper DP14023).

Office for Budget Responsibility. (2018). *Fiscal Sustainability Report*. https://obr.uk/fsr/fiscal-sustainability-report-july-2018/

Papetti, A. (2019, March). *Demographics and the Natural Real Interest Rate: Historical and Projected Paths for the Euro Area* (European Central BankWorking Paper No. 2258).

Philippon, T. (2019). *The Great Reversal: How America Gave Up on Free Markets*. Cambridge, MA and London, UK: Belknap Press of Harvard University Press.

Schön, M., & Stähler, N. (2019). When Old Meets Young? Germany's Population Ageing and the Current Account (Deutsche Bundesbank, No. 33/2019).

Smithers, A. (2009). *Wall Street Revalued: Imperfect Markets and Inept Central Bankers*. Hoboken, NJ: Wiley.

Smithers, A. (2013). *The Road to Recovery: How and Why Economic Policy Must Change*. Chichester, UK: Wiley.

Smithers, A. (2019). *Productivity and the Bonus Culture*. Oxford: Oxford University Press.

Wood, J. (2019). *Retirees Will Outlive Their Savings by a Decade*. World Economic Forum. Available at https://www.weforum.org/agenda/2019/06/retirees-will-outlive-their-savings-by-a-decade/.

World Economic Forum. (2018). *How We Can Save (for) Our Future*. Available at https://www.weforum.org/whitepapers/how-we-can-save-for-our-future.

World Economic Forum. (2019). *Retirees Will Outlive Their Savings by a Decade*. Available at https://www.weforum.org/agenda/2019/06/retirees-will-outlive-their-savings-by-a-decade/.

6장 대역전 시기의 금리 결정

Brand, C., Bielecki, M., & Penalver, A. (Eds.). (2018, December). *The Natural Rate of Interest: Estimates, Drivers, and Challenges to Monetary Policy* (European Central Bank Occasional Paper, No. 217).

Caballero, R. J., Farhi, E., & Gourinchas, P.-O. (2017). The Safe Assets Shortage Conundrum. *Journal of Economic Perspectives, 31*(3, Summer), 29–46.

Davis, S. J., Haltiwanger, J. C., & Schuh, S. (1996). *Job Creation and Destruction*. Cambridge: MIT Press.

French, E. B., Jones, J. B., McCauley, J., & Kelly, E. (2019, August). *End-of-life Medical Expenses* (Centre for Economic Policy Research Discussion Paper DP13913).

Gordon, R. J. (2012, August). *Is U.S. Economic Growth Over? Faltering Innovation*

Confronts the Six Headwinds (National Bureau of Economic Research Working Paper, No. 18315).

Hamilton, J. D., Harris, E. S., Hatzius, J., & West, K.D. (2015, August). *The Equilibrium Real Funds Rate: Past, Present and Future* (Natural Bureau of Economic Research, No. 21476).

Heise, M. (2019). *Inflation Targeting and Financial Stability: Monetary Policy Challenges for the Future*. Cham, Switzerland: Springer.

Kalemli-Özcan, S., Laeven, L., & Moreno, D. (2019, February). *Debt Overhang, Rollover Risk, and Corporate Investment: Evidence from the European Crisis*(European Central Bank Working Paper No. 2241).

Laubach, T., & Williams, J. C. (2003, November). Measuring the Natural Rate of Interest. *The Review of Economics and Statistics, 85*(4), 1063 – 1070.

Marx, M., Mojon, B., & Velde, F. R. (2019, July 9). *Why Have Interest Rates Fallen Far Below the Return on Capital* (Bank for International Settlements Working Paper, No. 794).

Mokyr, J., Vickers, C., & Ziebarth, N. L. (2015). The History of Technological Anxiety and the Future of Economic Growth: Is This Time Different? *Journal of Economic Perspectives, 29*(3, Summer), 31 – 50.

Rachel, L., & Smith, T. D. (2015, December). *Secular Drivers of the Global Real Interest Rate* (Bank of England Staff Working Paper No. 571).

Rachel, L., & Summers, L. H. (2019, March 4). *On Falling Neutral Real Rates, Fiscal Policy, and the Risk of Secular Stagnation* (Brookings Papers on Economic Activity, BPEA Conference Drafts).

Smithers, A. (2009). *Wall Street Revalued: Imperfect Markets and Inept Central Bankers*. Hoboken, NJ: Wiley.

Smithers, A. (2013). *The Road to Recovery: How and Why Economic Policy Must Change*. Chichester, UK: Wiley.

Smithers, A. (2019). *Productivity and the Bonus Culture*. Oxford: Oxford University Press.

7장 불평등과 포퓰리즘의 부상

Autor, D. H. (2019). Work of the Past, Work of the Future. *AEA Papers and*

Proceedings, 109, 1 – 32.

Boehm, C., Flaaen, A., & Pandalai-Nayar, N.(2019, May). *Multinationals, Offshoring and the Decline of U.S. Manufacturing* (National Bureau of Economic Research Working Paper 25824).

Bayoumi, T., & Barkema, J. (2019, June). *Stranded! How Rising Inequality Suppressed US Migration and Hurt Those "Left Behind"* (IMF Working Paper WP/19/122).

Blinder, S. (2015). Imagined Immigration: The Impact of Different Meanings of 'Immigrants'in Public Opinion and Policy Debates in Britain. *Political Studies, 63,* 80 – 100.

Borella, M., De Nardi, M., & Yang, F. (2019, March).*The Lost Ones: The Opportunities and Outcomes of Non-College-Educated Americans Born in the 1960s* (Opportunity and Inclusive Growth Institute, Working Paper 19).

Bratsberg, B., Moxnes, A., Raaun, O, & Ulltveit-Moe, K.-H. (2019, April). *Opening the Floodgates: Industry and Occupation Adjustments to Labor Immigration* (Centre for Economic Policy Research Discussion Paper 13670).

Compertpay, R., Irmen, A., & Litina, A. (2019, March). Individual Attitudes Towards Immigration in Aging Populations (CESifo Working Paper 7565).

Desmet, K., Nagy, D. K., & Rossi-Hansberg, E. (2018). The Geography of Development. *Journal of Political Economy, 126* (3), 903 – 983.

Duffy, R., & Frere-Smith, T. (2014). *Perceptions and Reality: Public Attitudes to Immigration.* London: IPSOS-MORI Social Research Institute.

Durant, W., & Durant, A. (1968). *The Lessons of History.* New York, NY: Simon & Schuster Paperbacks.

Federal Reserve Bank of Kansas City. (2018). *Changing Market Structures and Implications for Monetary Policy: A Symposium Sponsored by The Federal Reserve Bank of Kansas City.* Kansas City: Federal Reserve Bank of Kansas City.

Gbohoui, W., Lam, W. R., & Lledo, V. (2019). The Great Divide: Regional Inequality and Fiscal Policy (IMF Working Paper, WP/19/88).

George, A., Lalani, M., Mason, G., Rolfe, H., & Rosazza, C. (2012). *Skilled Immigration and Strategically Important Skills in the UK Economy,* Migration

Advisory Committee.

Hainmueller, J., & Hiscox, M. J. (2007). Educated Preferences: Explaining Attitudes Towards Immigration in Europe. International Organization, 61(2), 399 – 442.

Hainmueller, J., & Hiscox, M. J. (2010). Attitudes Toward Highly Skilled and Low-Skilled Immigration: Evidence from a Survey Experiment. American Political Science Review, 104, 61 – 84.

High Pay Centre. (2019). *No Routine Riches: Reforms to Performance-Related Pay.* http://highpaycentre.org/files/No_Routine_Riches_FINAL.pdf.

Immervoll, H., & Richardson, L. (2011, December). *Redistribution Policy and Inequality Reduction in OECD Countries: What Has Changed in Two Decades?* (Institute for the Study of Labor (IZA) Discussion Paper No. 6030).

International Monetary Fund. (2017, October). *Fiscal Monitor: Tackling Inequality.* IMF: Washington, DC.

Ipsos MORI. (2018). *Attitudes Towards Immigration Have Softened Since Referendum But Most Still Want to See It Reduced.* https://www.ipsos.com/ ipsos-mori/en-uk/attitudes-immigration-have-softened-referendum-most-still-want-see-it-reduced.

Kaufmann, E. (2017). Levels or Changes? Ethnic Context, Immigration and the UK Independence Party Vote. *Electoral Studies, 48,* 57 – 69.

Krueger, A. B. (2018). Luncheon Address: Reflections on Dwindling Worker Bargaining Power and Monetary Policy. In *Changing Market Structures and Implications for Monetary Policy: A Symposium Sponsored by The Federal Reserve Bank of Kansas City* (pp 267 – 282). Kansas City: Federal Reserve Bank of Kansas City.

Mayda, A. M. (2019, June 19). Discussion of *Demographic Changes, Migration and Economic Growth in the Euro Area* by A. Börsch-Supan, D. N. Leite, & J. Rausch, European Central Bank Sintra Forum, Portugal.

Migration Advisory Committee. (2018). *EEA Migration to the UK: Final Report.* London: MAC.

Milanovic, B. (2016). *Global Inequality: A New Approach for the Age of*

Globalization. Cambridge, MA and London, UK: The Belknap Press of Harvard University Press.

Philippon, T. (2019). *The Great Reversal: How America Gave Up on Free Markets*. Cambridge, MA and London, UK: Belknap Press of Harvard University Press.

Piketty, T. (2014). *Capital in the Twenty-First Century*. Cambridge, MA and London, UK: Harvard University Press.

Rachel, L., & Summers, L. H. (2019, March 4). *On Falling Neutral Real Rates, Fiscal Policy, and the Risk of Secular Stagnation* (Brookings Papers on Economic Activity, BPEA Conference Drafts).

Rodrik, D. (2018). Populism and the Economics of Globalization. *Journal of International Business Policy*, 1(1), 12–33.

Rolfe, H. (2019, May). Challenges for Immigration Policy in Post-Brexit Britain: Introduction. *National Institute Economic Review, 248*, R1–R4.

Rolfe, H., Ahlstrom-Vij, K., Hudson-Sharp, N., & Runge, J. (2018). *Post-Brexit Immigration Policy: Reconciling Public Attitudes with Economic Evidence*. Leverhulme Trust, NIESR.

Rolfe, H., Runge, J., & Hudson-Sharp, N. (2019, May). Immigration Policy from Post-War to Post-Brexit: How New Immigration Policy Can Reconcile Public Attitudes and Employer Preferences. *National Institute Economic Review, 248*, R5–R16.

Scheidel, W. (2017). *The Great Leveler: Violence and the History of Inequality from the Stone Age to the Twenty-First Century*. Princeton: Princeton University Press.

Stiglitz, J. (2019). *People, Power, and Profits: Progressive Capitalism for an Age of Discontent*. London: Allen Lane.

8장 필립스 곡선

Engles, F. (2018). *The Conditions of the Working Class in England in 1844*. London: Forgotten Books.

Engels, F., & Marx, K. (2018). *The Communist Manifesto*. London: Arcturus.

Flemming, J. S. (1976). *Inflation*. London: Oxford University Press.

Forbes, K. J. (2019, June). *Has Globalization Changed the Inflation Process?* (Bank for International Settlements Working Paper No. 791).

Friedman, M. (1968, March). The Role of Monetary Policy. *The American Economic Review, 58*(1), 1–17.

Hooper, P., Mishkin, F. S., & Sufi, A. (2019, May). *Prospects for Inflation in a High Pressure Economy: Is the Phillips Curve Dead or is It Just Hibernating?* (National Bureau of Economic Research Working Paper, No. 25792).

Lindé, J., & Trabandt, M. (2019, April 23). *Resolving the Missing Deflation Puzzle* (Centre for Economic Policy Research Discussion Paper DP13690).

McLeay, M., & Tenreyro, S. (2018). *Optimal Inflation and the Identification of the Phillips Curve* (Discussion Papers 1815, Centre for Macroeconomics [CFM]).

Mojon, B., & Ragot, X. (2019, March). *Can an Ageing Workforce Explain Low Inflation?* (Bank for International Settlements Working Paper 776).

Phelps, E. S. (1968). Money-Wage Dynamics and Labor-Market Equilibrium. *Journal of Political Economy, 76*, 678–711.

Phillips, A. W. (1958, November). The Relation Between Unemployment and the Rate of Change of Money Wage Rates in the United Kingdom, 1861–1957. *Economica, 25*(100), 283–299.

Robertson, D. H. (1959, December). A Squeak from Aunt Sally. *The Banker*, CIX, p. 720.

Stock, J. H., & Watson, M. W. (2019, June). *Slack and Cyclically Sensitive Inflation* (National Bureau of Economic Research Working Paper 25987).

9장 일본에서는 왜 인플레이션이 발생하지 않았나

Ahmadjian, C. L., & Robinson, P. (2001, December). Safety in Numbers: Downsizing and the Deinstitutionalization of Permanent Employment in Japan. *Administrative Science Quarterly, 46*, 622–654.

Bank of Japan. (2019, July). *Japan's Balance of Payments Statistics and International Investment Position for 2018.* International Department. https://www.boj.or.jp/en/statistics/br/bop_06/bop2018a.pdf.

International Monetary Fund. (2011, July). *Japan: Spillover Report for the 2011 Article IV Consultation and Selected Issues* (International Monetary Fund

Country Report No. 11/183).

Johnson, C. (1982). *MITI and the Japanese Miracle: The Growth of Industrial Policy, 1925-1975*. Stanford: Stanford University Press.

Kang, J. S., & Piao, S. (2015, July). *Production Offshoring and Investment by Japanese Firms* (International Monetary Fund Working Paper WP/15/183).

Kiyota, K. (2015, September/October). Trends and Characteristics of Inward and Outward Foreign Direct Investment in Japan. *Japan SPOTLIGHT*, Japan Economic Foundation. https://www.jef.or.jp/journal/pdf/203rd_Cover_04. pdf.

Kuroda, H. (2014, August 23). *Deflation, the Labour Market, and QQE*. Remarks at the Economic Policy Symposium held by the Federal Reserve Bank of Kansas City. https://www.bis.org/review/r140825a.pdf.

METI (1997-2019). *Survey of Overseas Business Activity*. Published Annually. https://www.meti.go.jp/english/statistics/tyo/kaigaizi/index.html.

METI (2011). *White Paper on International Economy and Trade*. Policy Planning and Research Office, Trade Policy Bureau. https://www.meti.go.jp/english/report/data/gWT2011fe.html.

Ogawa, K., Saito, M., & Tokutsu, I. (2012, July). *Japan Out of the Lost Decade: Divine Wind or Firms'Effort?* (International Monetary Fund Working Paper WP/12/171).

Sakura, K., & Kondo, T. (2014). *Outward FDI and Domestic Job Creation in the Service Sector* (Bank of Japan Working Paper No. 14-E-3).

10장 무엇이 세계적 고령화를 상쇄하는가

Benzell, S. G., Kotlikoff, L. J., LaGarda, G., & Sachs, J. D. (2018). *Simulating U.S. Business Cash Flow Taxation in a 17-Region Global Model*. https://kotlikoff. net/wp-content/uploads/2019/03/Simulating-U.S.-Business-Cash-Flow-Taxation_0.pdf.

Börsch-Supan, A. (2019, June 17-19). *Demographic Changes, Migration and Economic Growth in the Euro Area*. ECB Forum on Central Banking, Sintra, Portugal.

Börsch-Supan, A., Härtl, K., & Ludwig, A. (2014). Aging in Europe: Reforms,

International Diversification, and Behavioral Reactions. *American Economic Review: Papers and Proceedings, 104* (5), 224 – 229.

Börsch-Supan, A. H., & Wilke, C. B. (2004). *Reforming the German Public Pension System* (Center for Intergenerational Studies Discussion Paper 226). Institute of Economic Research, Hitotsubashi University.

Button, P. (2019, May). *Population Aging, Age Discrimination, and Age Discrimination Protections at the 50th Anniversary of the Age Discrimination in Employment Act* (National Bureau of Economic Research Working Paper 25850).

Desmet, K., Nagy, D. K., & Rossi-Hansberg, E. (2018). The Geography of Development. *Journal of Political Economy, 126* (3), 903 – 983.

International Monetary Fund. (2015, April). *How Can Sub-Saharan Africa Harness the Demographic Dividend?* IMF African Department.

Kotlikoff, L. J. (2019). Ageing in Global Perspective, Chapter 4. In D. E. Bloom (Ed.), *Live Long and Prosper? The Economics of Ageing Populations*. London: A VoxEU.org eBook, CEPR Press. The World Bank. *Human Capital Project.* https://www.worldbank.org/en/publication/human-capital.

The World Bank. (2018, October 11). *Human Capital Index.* The World Bank Group. https://www.worldbank.org/en/publication/human-capital.

The World Bank. (2019). *Doing Business 2019: Training for Reform* (16th ed.). The World Bank Group. https://www.doingbusiness.org/content/dam/doingBusiness/media/Annual-Reports/English/DB2019-report_web-version.pdf.

11장 우리는 부채 함정을 피할 수 있을까

Alfaro, L., & Kanczuk, F. (2019, October). *Undisclosed Debt Sustainability* (National Bureau of Economic Research Working Paper 26347).

Altavilla, C., Boucinha, M., & Peydró, J.-L. (2018, October). Bank Profitability. *Economic Policy, 96*, 531 – 586; earlier (2017) in (ECBWorking Paper No. 2015).

Borio, C., Gambacorta, L., & Hofmann, B. (2017). The Influence of Monetary Policy on Bank Profitability. *International Finance, 20*, 48 – 63.

Borio, C., Rungcharoenkitkul, P., & Disyatat, P. (2019, October). *Monetary Policy Hysteresis and the Financial Cycle* (Bank for International Settlements Working Paper No. 817).

Brunnermeier, M. K., & Koby, Y. (2018, December). *The Reversal Interest Rate* (National Bureau of Economic Research Working Paper No. 25406).

Cunliffe, J. (2019, May 7). *Financial Stability Post Brexit: Risks from Global Debt.* Bank of England Speech.

Eggertsson, G. B., Juelsrud, R. E., Summers, L. H., &Wold, E. G. (2019, January). *Negative Nominal Interest Rates and the Bank Lending Channel* (National Bureau of Economic Research, Working Paper 25416).

El-Erian, M. A. (2016). *The Only Game in Town, Central Banks, Instability, and Avoiding the Next Collapse.* (Penguin Random House).

Ford, J. (2019, July 29). Warren is Right to Worry about Dangers of Private Equity Looting. *Financial Times*, p. 8.

Goodhart, C. A. E., & Hudson, M. (2018, January 16). *Could/Should Jubilee Debt Cancellations be Reintroduced Today?* (CEPR Discussion Paper DP12605).

Goodhart, C. A. E., & Kabiri, A. (2019, May 23). *Monetary Policy and Bank Profitability in a Low Interest Rate Environment: A Follow-Up and a Rejoinder* (Centre for Economic Policy Research Discussion Paper DP 13752).

Heer, B., Polito, V., & Wickens, M. R. (2018, June). *Population Aging, Social Security and Fiscal Limits* (CESifo Working Paper No. 7121).

Heider, F., Saidi, F., & Schepens, G. (2019, October). Life Below Zero: Bank Lending Under Negative Policy Rates. *The Review of Financial Studies, 32*(10), 3728 – 3761.

Hudson, M. (2018). ⋯⋯*nd Forgive Them Their Debts: Lending, Foreclosure and Redemption from Bronze Age Finance to the Jubilee Year.* Glashütte: ISLET-Verlag Dresden.

Kalemli-Özcan, S., Laeven, L., & Moreno, D. (2019, February). *Debt Overhang, Rollover Risk, and Corporate Investment: Evidence from the European Crisis* (European Central Bank Working Paper No. 2241).

Mian, A., & Sufi, A. (2014). *House of Debt: How They (and You) Caused the Great*

Recession, and How We Can Prevent It from Happening Again. Chicago: University of Chicago Press.

Office for Budget Responsibility. (2018). *Fiscal Sustainability Report.* https://obr.uk/fsr/fiscal-sustainability-report-july-2018/.

Papetti, A. (2019, March). *Demographics and the Natural Real Interest Rate: Historical and Projected Paths for the Euro Area* (European Central Bank Working Paper No. 2258).

Xu, T., Hu, K., & Das, U. S. (2019, January). *Bank Profitability and Financial Stability* (International Monetary Fund Working Paper WP/19/5).

12장 주식을 통한 자금조달

Auerbach, A., Devereux, M. P., Keen, M., & Vella, J. (2017, January). *Destination-Based Cash Flow Taxation* (Oxford University Centre for Business Taxation, WP 17/01).

Benetton, M., Bracke, P., Cocco, J. F., & Garbarino, N. (2019, April). *Housing Consumption and Investment: Evidence from Shared Equity Mortgages* (Bank of England Staff Working Paper No. 790).

Benford, J., Best, T., & Joy, M (2016, September). *Sovereign GDP-Linked Bonds* (Bank of England, Financial Stability Paper No. 39).

Devereux, M., & Vella, J. (2018). Gaming Destination Based Cash Flow Taxes. *Tax Law Review, 71*, 477–514.

Goodhart, C. A. E., & Hudson, M. (2018, January 16). *Could/Should Jubilee Debt Cancellations Be Reintroduced Today?* (CEPR Discussion Paper DP12605).

Goodhart, C. A. E., & Lastra, R. (2019, January 28). Equity Finance: Matching Liability to Power (CEPR Discussion Paper, DP 13494).

Goodhart, C. A. E., & Lastra, R. M. (2020, March 11). *Journal of Financial Regulation.* Published Online. https://academic.oup.com/jfr/advance-article-abstract/doi/10.1093/jfr/fjz010/5802863.

Huertas, T. (2019, May 22). *'Rebalance Bankers'Bonuses: Use Write-Down Bonds to Satisfy Both Supervisors and Shareholders.* SSRN. Available at SSRN https://ssrn.com/abstract=3336186 or http://dx.doi.org/10.2139/ssrn.3336186.

Institute for Fiscal Studies (Ed.). (2011). *Tax by Design: The Mirrlees Review*. Oxford: Oxford University Press.

International Monetary Fund, Fiscal Affairs Department. (2019, March 10). *Corporate Taxation in the Global Economy* (IMF Policy Paper No. 19/007).

Mayer, C. (2018). *Prosperity: Better Business Makes the Greater Good*. Oxford: Oxford University Press.

Mirrlees Review, Institute for Fiscal Studies (Ed.). (2011). *Tax by Design: The Mirrlees Review*. Oxford: Oxford University Press.

Sheedy, K. (2014, April). *Debt and Incomplete Financial Markets: A Case for Nominal GDP Targeting* (Brookings Papers on Economic Activity, pp. 301 – 373).

Wolf, M. (2018, December 12). Rethink the Purpose of the Corporation. *Financial Times*.

13장 향후의 정책적 문제

Bianchi, F., Kung, H., & Kind, T. (2019). *Threats to Central Bank Independence: High-Frequency Identification with Twitter* (National Bureau of Economic Research Working Paper, No. w26308).

Bloom, D. E. (Ed.). (2019). *Live Long and Prosper? The Economics of Ageing Populations*. London: A VoxEU.org eBook, CEPR Press.

Börsch-Supan, A. (2019). Pension reform in Europe, Chapter 19. In D. E. Bloom (Ed.), *Live Long and Prosper? The Economics of Ageing Populations*. London: A VoxEU.org eBook, CEPR Press.

Conesa, J. C., Kehoe, T. J., Nygaard, V. M., & Raveendranathan, G. (2019). Macroeconomic Effects of Ageing and Healthcare Policy in the United States, Chapter 7. In D. E. Bloom (Ed.), *Live Long and Prosper? The Economics of Ageing Populations*. London: A VoxEU.org eBook, CEPR Press.

Congressional Budget Office. (2019). *The Budget and Economic Outlook: 2019 to 2029*. https://www.cbo.gov/system/files?file=2019-03/54918-Outlook-Chapter1.pdf.

George, H. (2015). *Our Land and Land Policy and Other Works*. Rutherford: Fairleigh Dickinson University Press.

Heer, B., Polito, V., & Wickens, M. R. (2018, June). *Population Aging, Social Security and Fiscal Limits* (CESifo Working Papers 7121/2018).

Hobbes, T. (2014). *Leviathan*. London: Wordsworth Classics of World Literature.

Kotlikoff, L. J. (2019). Ageing in Global Perspective, Chapter 4. In D. E. Bloom (Ed.), *Live Long and Prosper? The Economics of Ageing Populations*. London: A VoxEU.org eBook, CEPR Press.

Kotlikoff, L. J., Kubler, F., Polbin, A., Sachs, J. D., & Scheidegger, S. (2019, April). *Making Carbon Taxation a Generational Win Win* (National Bureau of Economic Research Working Paper No. 25760).

Laitner, J., & Silverman, D. (2019). Population Ageing and Tax System Efficiency, Chapter 17. In D. E. Bloom (Ed.), *Live Long and Prosper? The Economics of Ageing Populations*. London: A VoxEU.org eBook, CEPR Press.

Mill, J. S. (2016). *The Principles of Political Economy: John Stuart Mill*. Scotts Valley: CreateSpace Independent Publishing Platform.

OECD Secretariat. (2019, October). Secretariat Proposal for a "Unified Approach" Under Pillar One, Public consultation document, OECD.

Office for Budget Responsibility. (2018). *Fiscal Sustainability Report*. https://obr.uk/fsr/fiscal-sustainability-report-july-2018/.

Smith, A. (1982). *The Wealth of Nations: Books I – III*. London: Penguin Classics.

The Economist (2019, April 13). Interference Day: Independent Central Banks are Under Threat. That is bad news for the world.

14장 주류를 거스르기

Hamilton, J. D., Harris, E. S., Hatzius, J., & West, K.D. (2015, August). *The Equilibrium Real Funds Rate: Past, Present and Future* (Natural Bureau of Economic Research, No. 21476).

Papetti, A. (2019, March). *Demographics and the Natural Real Interest Rate: Historical and Projected Paths for the Euro Area* (European Central BankWorking Paper No. 2258).

후기: 코로나 바이러스 이후의 불완전한 미래

Bernard, A. B., Jensen, J. B., & Schott, P. K. (2006, January). Survival of the Best

Fit: Exposure to Low-Wage Countries and the (Uneven) Growth of U.S. Manufacturing Plants. *Journal of International Economics*, *68*(1), 219-237.

Pierce, J. R. & Schott, P. K. (2012, December). *The Surprisingly Swift Decline of U.S. Manufacturing Employment* (National Bureau of Economic Research Working Paper 18655).

Stansbury, A. & L.H. Summers, L.H. (2020, May). *The Declining Worker Power Hypothesis: An Explanation for the Recent Evolution of the American Economy* (National Bureau of Economic Research Working Paper 27193).

찾아보기

100년을 위한 개혁 246

ㄱ

가격 인플레이션 200
가계 267
가계 부채비율 37
가계저축 59
가구 부채상환비율 260
간병 96
간병 노동력 108
간병 의존 상태 27
간병인 109
간병인력 27
감성지수 110, 111
개인저축률 326, 327, 328
거시건전성 규제 방안 268
거시경제적 균형 138, 159
경기둔화 53
경기순환 민감 인플레이션지수 200
경도 의존 103
경영 유인 136
경제력 집중 177

경제산업성 214
경제 자유주의 24
경제적 중앙집권 54
경제협력개발기구 168, 231, 306
경제활동인구 14, 337
경제활동참가율 89
계량경제 모형 189
고도 의존 97, 98
고령자 26
고령화 96, 153, 207, 226, 237, 241, 247,
    248, 255, 300, 305, 327
고령화 관련 질환 239
고령화 사회 322, 326
고령화 시대 138, 207
고령화 지출 124, 299
고용 220
고용 조정 228
고정 환율제도 57
고정이자 284
고정자본 133, 136, 174
고정자본 투자 137, 270
공공 부문 273

공급 충격   198, 334, 337
공동화   223
공산주의   175
과세   305
구제금융   24
구조적 장기침체론   322
국가 간 소득 불평등   23
국가 내 불평등   165, 175, 179
국가 내 소득 불평등   23
국가주의   28
국경세   287, 289, 290, 292, 312
국내 경제 보호   338
국내총생산   15, 102
국민보건서비스   149
국민연합당   181
국유기업의 민영화   47
국제결제은행   50
균형 실질금리   147, 148, 322
그림자 금융   70, 72, 250
글로벌 저축 과잉   61
금본위제   321
금융 옴부즈맨   296
기대수명   26, 79, 98, 276, 327
기대수명의 연장   112, 241
기대 인플레이션   190, 191, 192
기본적 간병   111
기술   136
기술 이전   60
기업   269
기업 독점 강화   135
기업부채   270
기업주식공제   287, 288
기업 투자   328
긱 이코노미   69, 72, 177, 328

ㄴ

나렌드라 모디   249
내구성소비재   19
내부 고발   296
내부자   293
노년 부양인구비   81
노년층   299
노동   56
노동 공급   29
노동 공급의 대규모 증가   25
노동력 감소   226, 237, 326
노동력 증가율   147
노동소득분배율   177, 178
노동시장 탈퇴   230
노동의 해외조달   182
노동자의 협상력   34, 324
노동참여율   121, 151, 199, 243
노란 조끼 시위   311
노인 간병   108
노인의료보험   107
노조 가입률   35, 194
노조 가입자   17
노하우   59
노화   303
농촌 토지   309
닛케이지수   215

ㄷ

다층형   245
단기금리   162
단기주의   137, 286
단기 필립스 곡선   196
단위노동비용   138
담보대출   284
담보인정비율   268, 285

대공황 120, 175, 189
대금융위기 24, 37, 52, 54, 120, 133, 139,
    190, 227, 259, 260, 262, 269, 304
대량 해고 228
대안정기 24
대주주 294
대체출산율 78
대형 자산운용회사 50
독일을 위한 대안 181
독일의 연금 개혁 245
독점력 강화 177
돌봄 109, 241, 302
돌봄 노동자 109, 111, 112
동유럽의 재통합 15
둠스데이 북 299, 309
디스인플레이션 73, 122
디플레이션 25, 29, 121, 123, 140, 209,
    259, 262, 323, 338
디플레이션 편향 37
또 다른 중국 251

ㄹ

란셋 위원회 104
로봇 26, 237, 241
루이스 전환점 63, 70, 73
뤼룹 위원회 246

ㅁ

마찰적 환경 46
매입 지원 285
메디케어 107, 149
메디케이드 149
명목금리 278, 319
명목금리 상승 145, 161
명목 단기금리 273

명목 인플레이션 319
무보수 가족 구성원 108
무역전쟁 70, 72, 250
물가안정 192
물가안정목표제 41, 61, 192, 278, 300
물가안정실업률 34, 192
미국 의료보험 107

ㅂ

반 이민 정당 247
배드뱅크 50
법과정의당 181
법인세 306
법정화폐제도 321
베이비 붐 세대 17, 78, 88, 124, 201
벤 버냉키 61, 124, 158
보건의료 150
보건 지출 140
보호주의 137
복지 181
복지 혜택 170, 171
복합만성질환 95
부과 방식 245
부동산 호황 269
부실자산구제프로그램 261
부실채권 50
부양인구비 16, 29, 61, 79, 124, 125, 214
부양인구비 개선 16, 25, 194, 137
부양인구비 악화 95, 121, 201, 277
부채비율 37, 161, 267, 277
부채 자금조달 287
부채 재협상 280
부채 조정 40
부채 출자전환 72
부채 탕감 40

부채 함정   37, 40, 275, 283, 330
부채 희년   280
북부동맹   181
분권화 전략   66
불태환정책   60
불평등   22, 165, 167, 168, 176, 177
불평등도   168, 171
불평등 완화   30
브렉시트   181, 182
블루칼라 노동자   167
비선형 필립스 곡선   197
비숙련 노동자   17
비정규직   229

■■ ㅅ
사전 저축   148
사전 투자   148
사하라 이남 지역   254
사회간접자본   55, 59, 153, 256
사회안전망   59, 69, 124, 149, 150, 153
사회적 기여   171
사회주의   175
삼위일체 불가론   56
생산가능인구   14
생산성   240, 302
생애주기   108, 112, 131, 132
생애주기 가설   149, 326
생애주기 변화   114
서비스업   19, 224, 239
선진경제   16, 26, 54, 151, 156, 165, 166,
      253, 267, 268, 276, 319
성장   40
성장률   147
세계경제포럼   131, 132
세계대전   175, 188, 227

세계무역기구   48, 291
세계 무역 붕괴   53
세계보건기구   97
세계 불평등 데이터베이스   168
세계 알츠하이머 보고서   97, 100
세계알츠하이머협회   107
세계화   25, 45, 136, 137, 178, 181, 226,
      336
세계화의 퇴조   27, 325, 337
세금   29, 32, 139, 171, 287
세금공제   287
소극적인 투자   286
소득대비대출비율   268
소련의 해체   15
소비되는 나라의 세율로 과세하는 현금흐
      름 조세   287
소비자물가지수   200, 285
소비 주도 성장   67
수요 감소   335
수익률 곡선   29, 162
수입   289
순이민   247
신경퇴행성 장애   100
신약   105, 107
신흥시장경제   54, 79, 157, 240, 267, 238,
      248, 269
실업률   203, 227
실질금리   145, 147, 148, 276
실질임금   165
실질임금 증가율   194
실질 총생산   276

■■ ㅇ
아다르 카드 시스템   250
아두카누맙   95, 100, 105

아시아 금융위기　50, 210
아웃사이더　227, 229, 231
아프리카　37, 237, 251, 253, 254, 255
안행 모형 전략　64
알츠하이머　96, 97, 239
애덤 스미스　308
양적 완화　41, 262, 275, 335
언필칭 인플레이션　322
엄격한 자본 규제　46
에마뉘엘 마크롱　89, 311
엔고　218
엔화　218
여성 고용 증가　17
역 L자 케인스 곡선　189
연구개발　292
연금　29, 32, 140, 150, 243, 327
연금 개혁　246
연금 계획　129
연금 삭감　89
연금 혜택　243
연장과 가장　279
영구정상무역관계　48, 50, 51
예기치 못한 인플레이션　40, 277
예산책임청　139, 300, 329
오르반　181
오일쇼크　155, 198
올리고마네이트　95, 105
완전고용　188, 191, 193, 321
완전적립 방식　245
외국인 직접투자　48
외부자　293
요양보호시설　27, 108
우파 정당　181, 182
우파 정치인　167
윌리엄 베버리지　193

유가　155
유가 급락　53
유럽연합　182
유럽중앙은행　159, 161, 247, 278, 315
유효 하한 명목금리　322
은퇴　59, 129
은퇴 연령　31, 35, 88, 149, 241, 246, 327
은퇴의 창　245
은퇴 자산　129
의료 및 연금 지출　158
의료 분야　302
의료비용　29, 304, 327
의료비 지출　150
의료 지원　32, 170
의존　96
의학의 혁신　100
의회예산처　303, 329
이민　37, 167, 178, 181, 182, 246, 276, 324
이민 노동자　136
이민에 대한 태도　181
이민자　336
이민자 유입　167
이민 장벽　336
이사　126, 154, 327
이익 이전　306
이자율 스왑　283
이전소득　171
이전지출　150, 292
인공지능　26, 178, 237, 240
인구구조의 대역전　28, 41
인구변동　25, 41, 45, 73, 83, 120, 137, 178
인구변동의 사이클　83
인구변동의 스위트 스폿　13, 77, 136
인구변동의 주기　77
인구증가율　149

인도 37, 237, 249, 250, 252, 253, 255
인민은행 57
인사이너 226, 229, 231
인적 자본 249, 254
인플레이션 29, 119, 121, 175, 330
인플레이션 기대 196
인플레이션 목표 196, 260, 263, 331
인플레이션 압력 122, 331
인플레이션 없는 지속 성장 24
인플레이션의 부활 120
인플레이션 인덱스 채권 283
인플레이션지수 200, 202
일대일로 전략 65, 74
일반 가이다 모형 306
일본 34, 207, 210, 211
일본의 국내 투자 213
일본의 인구변동 209
잃어버린 10년 211, 213, 225
임금상승률 122
임금 인플레이션 225

ㅈ
자금조달 286, 288
자기자본순이익률 161, 263
자동화 109, 237, 238, 240, 302
자본/노동 비율 30, 69, 155, 240, 241, 249, 302
자본수익률 160
자본주의 시스템 179
자사주 매입 270
자산 가격 22, 38, 314
자산 거품 붕괴 209, 210
자산담보부증권 285
자연실업률 35, 122, 123, 192, 199, 201
잠재성장률 147

장기 고용 227
장기금리 162
장기 노동계약 229
장기 인센티브 플랜 179
장기주택담보대출 126, 328
장기 투자 292
장기 필립스 곡선 197, 203
장노년층의 노동참여율 241
재정적자 140, 158, 161, 313
재정정책 140, 170, 299, 314, 326, 335
재투자 222
재협상 278, 280
저렴한 노동력 59, 136, 219
저축 과잉 158, 277
정치 포퓰리즘 24
제4차 산업혁명 240
제로금리하한 120
제조업 224, 239
제조업 몰락 51, 155
조세회피처 289, 306
존 스튜어트 밀 308
좀비 기업 69
좌파 정당 181
좌파 정치 지도자 167
주류 모형 326
주류적 접근 321
주식 자금조달 284
주식 자금조달 모형 284
주식회사 일본 34, 217
주장삼각지 55
주택 126
주택 가격 269, 310
주택 거품 215
주택 거품 붕괴 209
주택 수요 154

주택시장　267
주택시장 호황　268
주택 위기　268
주택 투자　126, 153, 327
준숙련 노동자　17
중국　149, 251, 253, 255
중국 노동력　45
중국의 부상　13, 14, 25, 45
중국의 인구구조 역전　63
중국 특색의 사회주의　14, 46, 48
중기금리　162
중도 의존　98
중앙은행과 재무장관의 관계　40, 161, 278, 300, 331
중앙은행의 독립성　41, 161, 192, 278, 300, 314, 315, 337
중앙집권적　66
증세　299, 313
지니계수　168, 171
지분대출　284

ㅊ

채무 면제　280
채무불이행　40, 250, 279, 283
첫 아이를 출산하는 연령　112
체화 자본　22
초과 완전고용　321
초기 케인스 학파　187
총부채원리금 상환비율　262, 273, 329
최고경영자　179, 294
최저임금법　170
최혜국대우　49, 52
출산율　16, 26, 78, 79
치매　26, 95, 96, 97, 239, 327
치매 비용　102, 103

치매 제비뽑기　103
치매 치료　26, 303

ㅋ

칼만 필터 모형　323
케인스 경제학　188, 190
케인스식 수요 관리　189, 194, 201, 321
코끼리 곡선　166
코로나19 팬데믹　6, 120, 334, 335

ㅌ

탄소세　311, 312
탈 세계화　338
토마스 홉스　308
토지　55, 307, 308
토지 과세　308
토지세　307, 310
토지 소유권　307
통상산업성　214
통화정책　38, 41, 192, 197, 198, 260, 299, 313, 314, 326, 335
투자　220
투자증가율　216
트루핀스　181
특별경제구역　46, 47, 55, 56

ㅍ

파산법　250
파킨슨병　95, 239
파편화　253, 255
팽창적 통화정책　24, 37, 39, 260
포브칼넷 데이터베이스　168
포퓰리스트　167, 181, 184, 247, 315, 324
포퓰리즘　137, 179, 203, 336
풀타임 노동자　229

풍부한 노동력　248, 249
플라자 합의　215
플로어 시스템　273
필립스 곡선　33, 123, 177, 187, 189, 194,
　　195, 211, 321

　■■■ ㅎ
하위 중산층　166, 171
한국전쟁　189
한 자녀 정책　31, 113, 153
한정 책임　286
해고　229
해외직접투자　211, 213, 218, 219, 220,
　　222

해외 현지법인　220
현금흐름 재협상　279
현대판 둠스데이 북　311
현지법인　220
협상력　17, 35, 177, 193, 227, 232, 277,
　　321
협상력 약화　328
화폐 환상　29
확장 재정정책　39, 269
확장 통화정책　269
확정기여체제　246
환경운동가　311

인구 대역전

인플레이션이 온다

1판 1쇄 펴냄 | 2021년 4월 22일
1판 9쇄 펴냄 | 2023년 10월 10일

지은이 | 찰스 굿하트·마노즈 프라단
옮긴이 | 백우진
발행인 | 김병준
편   집 | 김서영
디자인 | 김은영·이순연
마케팅 | 김유정·차현지
발행처 | 생각의힘

등록 | 2011. 10. 27. 제406-2011-000127호
주소 | 서울시 마포구 독막로6길 11, 우대빌딩 2, 3층
전화 | 02-6925-4185(편집), 02-6925-4188(영업)
팩스 | 02-6925-4182
전자우편 | tpbook1@tpbook.co.kr
홈페이지 | www.tpbook.co.kr

ISBN 979-11-90955-12-6 93320